# 과학자의
# 종교노트

## 기독교 편

# 과학자의 종교노트

## 기독교 편

곽영직 지음

MiD

## 프롤로그

# 서로 다른 모습의 하나님을 만난 사람들의 이야기

오래전에 기독교 관련 다큐멘터리 영상물을 본 적이 있다. 기독교 초기 1,000년의 역사를 다룬 이 동영상에는 1,000년 동안에 있었던 중요한 사건들이 소개되어 있었다. 그러나 중요한 몇몇 사건들만으로는 기독교 역사를 자세하게 알 수 없어 이를 정리하기 시작했다. 원고를 수정 보완한 다음 한동안 숙성시키는 과정을 몇 년 반복하다 보니 어느 사이 기독교 역사가 다시 읽어보고 싶을 만큼 잘 정리되었다는 느낌이 들었다.

기독교 역사 이야기를 이렇게 정리한 것은 우연히 본 동영상 때문만은 아니었다. 고향 마을 한가운데 있던 교회를 다니던 초등학교 때부터 교회에 대해, 신에 대해 더 많은 것을 알고 싶었다. 저녁에 비행기로 서울 상공을 지나며 줄지어 늘어선 붉은 십자가들을 보면서도 언젠가는 기독교의 역사를 정리해 보고 싶다는 생각을 했다. 유대인들의 민족종교에서 시작해 온갖 박해를 이겨낸 후 세계종교로 성장한 기독교의 역사에는 '인류가 누군가'에 대한 해답이 숨어 있을 것만 같았기 때문이었다. 몇 년 전 본 다큐멘터리 동영상은 그것을 실천으로 옮길 수 있는 계기를 제공했다.

그러나 종교의 역사를 정리하는 일은 생각보다 어려운 일이었다. 종교와 관련된 대부분의 글들은 특정 교파의 입장에서 쓴 글들이다. 따라서 객관적인 사실보다는 자신이 속한 종파를 비호하고 다른 종파의 주장을 폄하하는 내용이 대부분이다. 이런 글들에서 객관적인 사실을 추려내는 것도 쉬운 일이 아니지만, 그것을 글로 쓰는 것은 더욱 어려운 일이다. 종파마다 사용하는 용어가 다르기 때문에 어떤 용어를 사용하느냐에 따라 내용과는 관계없이 글쓴이의 입지가 결정되기 때문이다. 예를 들어 성서라고 하느냐 성경이라고 하느냐, 또는 마가복음이라고 하느냐 마르코 복음서라고 하느냐에 따라 글쓴이가 어떤 종파의 입장에서 글을 썼는지가 결정된다. 따라서 과학자가 과학글을 쓰는 방법으로 종교 역사 이야기를 한다는 것은 가능하지 않을 것 같았다.

기독교의 역사를 만들어 온 사람들은 기독교라는 테두리 안에서 서로 다른 모습의 하나님을 만난 사람들이다. 그들이 살아가는 모습이 달랐던 것처럼 그들이 만난 하나님의 모습도 달랐다. 그러나 사람들은 다른 사람들이 만난 하나님의 모습을 인정하지 않는다. 사람들은 자신들이 만들어 놓은 잣대를 이용하여 다른 사람들을 평가하고, 그들이 만난 신을 평가한다. 기독교 역사를 정리하는 일을 오랫동안 해 오면서도 그것을 세상에 내놓을 생각을 하지 못했던 것은 이 때문이다. 다른 사람들의 생각을 비판하고 평가하는 글이 아니라 있는 그대로 사실만을 쓰는 데 익숙한 과학자에게는 이런 평가가 부담스러울 수밖에 없기 때문이다.

그러나 세상에 내놓기 위해서가 아니라 나를 위해서 기독교 역사노트를 정리하기로 하면서 다른 사람들의 평가를 의식할 필요가 없어졌다. 따라서 사용하는 용어에도 신경을 쓸 필요가 없게 되었다. 어느 교파에서 사용하는 용어인지 따져보지 않고 그냥 내게 익숙한 용어를 사용했다. 새로 번역된 성경이 여럿 나와 있어 어떤 성경을 인용할지를 잠깐 고민하기도 했지만, 오래전부터 내가 가지고 있던 성경에서 인용하기로 했다.

그리고 철저하게 과학글을 쓰는 방법으로 기독교 역사 이야기를 정리해 보기로 했다. 과학글에서는 나를 주어로 하는 문장은 거의 사용하지 않는다. 내 생각이 아니라 객관적인 사실만을 다루려고 하기 때문이다. 내가 실험을 해서 새로운 사실을 밝혀낸 경우에도 그 사실이 나의 주장이나 생각이 아니라, 실험결과가 이끌어 낸 결론이라고 설명한다.

내 생각이 빠진 하나님 이야기는 알맹이가 없는 이야기가 될 수 있다. 사람들은 다른 사람이 어떻게 하나님을 만나고 있는지 알고 싶어 하고, 다른 사람들의 신앙고백을 듣고 싶어 한다. 그러나 내가 쓴 종교 역사 이야기는 내가 만난 하나님에 대한 이야기가 아니다. 이 이야기는 하나님을 만나기 위해 노력했던 사람들의 이야기이다. 따라서 신앙고백서에서 느낄 수 있는 감동을 느낄 수 없을 것이고, 특정 교리에 대한 설득이나 비판을 찾을 수 없을 것이다. 대신 신을 만나려고 노력했던 사람들의 다양한 모습들을 발견할 수 있을 것이다.

나는 종교 역사를 아는 것이나, 신학을 공부하는 것이 신앙생활에 꼭 필요한 것이라고 생각하지 않는다. 신앙생활은 종교의 역사를 몰라도 되고, 신학을 공부하지 않아도 된다. 신앙생활은 신과 만나는 일이어서 종교의 역사를 아는 것이나 신학을 공부하는 것과는 다르다. 그러나 종교 역사 이야기가 자신의 신앙과 자기가 속한 종파의 교리, 그리고 인류가 누구인가 하는 문제를 다시 돌아볼 수 있도록 하는 계기를 제공할 수는 있을 것이다.

처음 기독교 역사를 정리하기 시작할 때는 연대별로 정리했지만 후에 주제별로 다시 분류했다. 그러다 보니 역사적으로는 중요하지만 특정한 주제에 포함시키기 어려운 일부 내용은 제외할 수밖에 없었다. 그러나 주제와 조금 다르더라도 없애버리기 아쉬운 내용은 비슷한 시기에 끼워 넣기도 했다. 여러 번의 수정을 통해 짜임새 있는 구성을 만들려고 노력했지만 아직도 일부 부자연스러운 부분이 남아 있는 것은 조금이라도 더 많은 자료들을 포함시키려고 욕심을 부렸기 때문이다.

나 자신을 위해 쓴 이 글이 뜻밖의 계기로 MID의 출판부와 만나 책으로 만들어지게 되었다. 이 글을 쓴 것만으로 이미 꼭 해야 할 일을 해냈다는 큰 성취를 맛보았는데 MID 출판부의 권유에 힘입어 많은 독자들을 위한 책으로 만들어지게 되어 더 큰 기쁨을 맛볼 수 있게 되었다. 이 글을 책으로 만들도록 격려해 주고, 짜임새 있는 구성이 되도록 조언해 준 MID 편집부에 깊이 감사드린다.

2020년 가을

곽영직

Ⅸ Chapter 9

## 서방교회의 분열과 교회개혁 운동



Ⅹ Chapter 10

## 16세기에 일어난 종교개혁



Ⅺ Chapter 11

## 영국국교회와 제세례파, 그리고 반종교개혁



Ⅻ Chapter 12

## 17세기를 점철한 전쟁과 혁명, 그리고 교리 논쟁

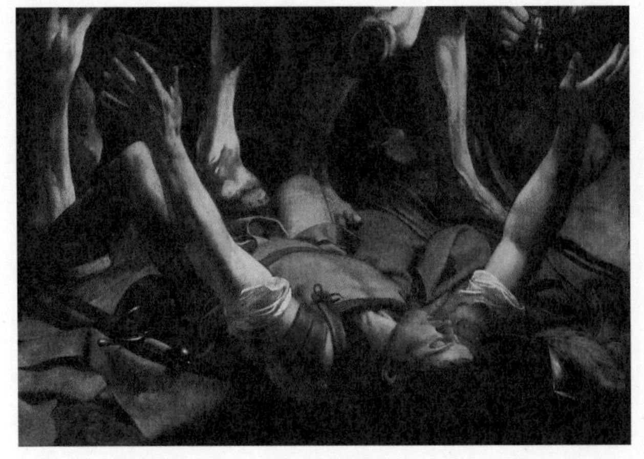

〈바울의 회심〉(카라바조, 1600)

0 25 50

|  |  |
|---|---|
| 31 | 오순절 성령 강림 |
| 34 | 스데반의 순교 |
| 34 | 바울의 회심 |
| 47 | 바울의 1차 전도여행 |
| 49 | 예루살렘 사도회의 |
| 50 | 바울의 2차 전도여행 |
| 53-57 | 바울의 3차 전도여행 |
| 59 | 바울의 체포 |

Chapter 1

# 사도행전을 통해 본 기독교 역사의 시작

# 들어가며

기독교는 1세기 초 중동의 유대 지방에 살다가 유대교와 로마 총독부에 의해 처형된 예수가 유대교의 성서에 예언되어 있던 메시아였으며, 예수가 십자가에 달려 죽음으로 인해 인류가 죄에서 벗어나 하나님에게 나아갈 수 있게 되었다고 믿는 종교이다. 예수를 로마의 압제 하에 있던 유대인을 구원할 메시아라고 생각했던 예수의 제자들은 예수가 십자가에서 처형되자 크게 실망했지만, 예수가 부활하여 승천했다고 믿으면서 예수가 십자가에 매달린 것은 인류가 가지고 있는 원죄를 속죄하기 위한 속죄양이기 때문이라고 믿게 되었다.

기독교 신앙에 따르면 하나님이 특별하게 창조한 인간의 조상인 아담이 하나님에게 불순종함으로 지은 '원죄original sin'는 아담의 후손인 모든 인간이 가지고 있는 죄이다. 원죄 속에 태어난 인간의 행위나 희생으로는 해결할 수 없던 원죄가 죄 없는

희생양인 예수의 대속으로 죄가 사해졌다는 소식이 복음이다. 기독교는 이 복음을 모든 사람들에게 알려주려는 종교이다.

기독교는 예수가 처형된 후 사방으로 흩어졌던 제자들이 다시 모여 예수의 부활과 성령 강림을 주장하면서 성립되었다. 기독교의 기초를 닦은 '사도'들은 예수가 이 세상에 살아있는 동안 그와 함께 생활했던 제자들과, 처음에는 기독교도들을 박해하는 데 앞장섰지만 빛 속에서 예수의 음성을 듣고 회심하여 기독교를 전파하는 데 일생을 바친 바울이다. 예수의 제자들과 바울의 활동으로 기독교의 기반이 마련된 시기가 사도시대이다.

사도시대는 초대교회들이 설립된 시기이자, 신약성경에 포함된 문서들이 기록되어 기독교 신학이 정립된 시기이며, 기독교가 유대인들의 민족종교라는 한계를 넘어 세계종교가 되기 위한 기반을 다진 시기이다. 그리고 사도들의 활발한 포교로 기독교 신자들이 늘어나자 유대교와 기독교의 갈등이 고조된 시기이기도 하다. 따라서 기독교의 역사 이야기는 사도시대에 있었던 일들에서부터 시작해야 한다. 사도시대에 있었던 일들에 대해서는 신약성경 중 유일한 역사서인 사도행전Acts에 기록되어 있는 내용을 중심으로 살펴보기로 했다. 사도시대에 있었던 일들은 아직 역사의 전면에 드러나지 않아 다른 역사서에는 기록되어 있지 않기 때문에 사도행전의 기록을 통해 살펴볼 수밖에 없기 때문이다.

# 사도시대

## 사도행전은 어떤 책인가?

사도행전은 누가복음의 저자인 누가Luke가 기록한 것으로 보인다. 누가복음의 첫머리(누가복음 1장 1-3)에 누가복음을 데오빌로에게 보내는 편지라고 명시해 놓은 것과 마찬가지로 사도행전의 첫머리에도 "데오빌로여 내가 먼저 쓴 글에는 무릇 예수의 행하시며 가르치시기를 시작하심부터 그의 택하신 사도들에게 성령으로 명하시고 승천하신 날까지의 일을 기록했노라(사도행전 1장 1-2)"라고 언급하고 있어, 두 성경의 저자가 동일인이라는 것을 짐작할 수 있다. 그리고 사도행전에는 바울의 전도여행을 설명하면서 '우리'라는 표현을 자주 사용했는데, 이는 바울의 두 번째 전도여행 때부터 로마까지 바울과 동행했던 누가의 행적과 일치한다.

사도행전은 60년에서 62년 사이에 기록된 것으로 보인다. 사도행전의 마지막 장인 28장에는 바울이 로마에 도착하여 로마 병사의 감시를 받으며 유대인들과 만나고 로마에 압송되기까지의 과정이 설명되어 있지만, 64년에 있었던 네로의 박해나 67년에 있었던 바울의 순교는 기록되어 있지 않다. 따라서 바울이 로마로 압송된 후 바울과 함께 생활했던 누가가 로마에서 누가복음과 사도행전을 기록한 것으로 보인다.

사도행전은 성령 강림 이후 예루살렘교회가 성립되는 과정과 안

그림1-1 터키에 위치한 안디옥교회의 현재 모습

디옥[1]에 세운 교회에서 바나바Banabas와 바울Paul을 선교사로 파송하기까지의 내용을 다룬 전반부와, 바울을 비롯한 사도들이 소아시아와 그리스, 그리고 로마에까지 복음을 전파하는 내용을 다룬 후반부로 이루어져 있다. 전반부에는 예수가 처형 당한 후 일어난 예수의 승천(1장), 성령 강림 사건(2장), 사도들의 선교 활동과 예루살렘교회의 성립 과정(3장-5장), 스데반의 순교 사건(6장-7장), 사마리아교회의 성립(8장), 바울의 회심 사건(9장)이 기록되어 있다. 그리고 13장부터 시작되는 후반부에는 바울과 바나바의 1차 전도여행(13장-14장), 예루살렘교회 회의(15장), 바울의 2차 및 3차 전도여행과 로마로의 압송 과정이 기록되어 있다.

사도행전이 역사서라고는 하지만 신약성경의 한 권이어서 일상

1 안디옥은 터키와 시리아의 국경 부근에 위치해 있는 도시로 로마 통치 하에서는 로마 전체에서 로마와 알렉산드리아에 이어 세 번째로 큰 도시였다. 현재는 터키에 속해 있다. 313년 기독교가 공인된 후에는 로마, 예루살렘, 콘스탄티노폴리스, 에베소와 함께 기독교 5대 도시 중 하나가 되었다. 고대의 정확한 지명은 안티오키아였으며 현재는 안티키야라고 부른다.

적인 의미의 역사서라고 할 수는 없다. 따라서 사도행전에는 역사적 사실보다 종교적인 의미로 해석해야 할 내용이 많이 포함되어 있다. 그러나 기독교가 아직 많은 사람들의 주목을 받기 전에 있었던 일들을 기록한 다른 기록이 존재하지 않으므로 사도들의 활동 내용과 초기교회의 성립 과정, 그리고 기독교 신학 체계가 형성되어 가는 과정에 대해서는 사도행전에 기록된 내용에 의존하지 않을 수 없다. 종교노트 기독교 편을 신약성경의 다섯 번째 책인 사도행전에 기록되어 있는 내용으로 시작하려는 것은 이 때문이다.

## 오순절의 성령 강림

기독교의 역사는 오순절에 있었던 성령 강림 사건에서부터 시작되었다. 오순절은 유월절[2] 이튿날로부터 50일째 되는 날로 예수의 부활로부터 50일째 되는 날이기도 하다. 오순절은 기독교인과 유대인이 공통으로 지키는 유일한 절기이다. 유대인들은 오순절을 시내 산에서 모세Moses가 하나님으로부터 율법을 받은 날로 기념하고 있다.

그러나 기독교에서 오순절은 예수가 부활하고 50일째 되는 날에 한곳에 모여 있던 예수의 제자들이 성령으로 충만하게 되어 전도 활동을 시작한 성령 강림일이다. 예수가 승천한 후 성령이 이 땅에 온 성령 강림일은 제자들이 복음을 전파하기 시작한 날이므로 기독교가 시작된 날이라고 할 수 있다.

성령이 강림했던 장소가 어디였는지는 확실하지 않다. 성령이

---

2 유대인들이 이집트의 노예 생활로부터 탈출한 사건을 기념하는 날로 기독교에서는 공식적인 전례로 기념하진 않으나 예수의 수난이나 부활과 밀접한 연관을 가지고 있어서 중요한 절기로 여긴다.

그림1-2 〈성령 강림〉(티치아노, 1570)

강림한 곳이 마가의 다락방이었다고 주장하는 사람들도 있으나 근거가 확실하지 않다. 사도행전에 기록된 내용의 전후 사정을 볼 때 성령이 강림한 장소는 좁은 다락방이 아니라 많은 사람이 모일 수 있는 넓은 장소였을 가능성이 크다. 중세 화가들이 그린 성령이 강림한 장소는 좁은 다락방이라기보다는 천장이 높은 성전과 같은 장소였다.

성령 강림이 있은 직후 제자들이 열다섯 가지 다른 언어로 복음을 전하기 시작했다. 사도들이 여러 가지 기적을 행하며 적극적으로 복음을 전하자 신자의 수가 크게 늘어났다. 예수의 승천 사건 이후 모인 무리의 수는 120명에 불과했다. 그러나 오순절에 있었던 성령 강림 사건 후에는 하루에 3,000명의 신자가 늘어났고, 베드로Peter가 신전 문 앞에서 앉은뱅이를 걷게 한 후에는 예수를 믿게 된 사람이 남자만도 5,000명이나 되었다고 기록되어 있다.

이렇게 빠른 속도로 교세가 확장되자 유대교 제사장들이 위협을 느끼고 이들에 대한 박해의 수위를 높여가지만 그 후에도 기독교 신자의 수는 빠르게 늘어나 예루살렘교회와 안디옥교회가 선교사를 파송할 정도로 교세를 확장했다. 예수가 십자가에서 처형되자 사방으로 흩어졌던 제자들이 예수의 부활 소식을 듣고 다시 모인 지 불과 30년 만에 기독교가 로마에까지 교세를 확장하고 새로운 세계종교를 만들어 낼 수 있었던 것은 사도들의 적극적인 전도 활동 덕분이었다.

기독교의 교세가 이렇게 급속도로 확장될 수 있었던 것은 성령이나 천사들이 직접 사도들의 선교 활동을 도와 이적이나 기적을 자주 보여주었기 때문이다. 베드로를 비롯한 제자들이 앉은뱅이를 고치고, 병든 사람과 귀신 들린 자들을 고쳤는가 하면, 성령이 재산을 감춘 아나니아와 그의 아내 삽비라를 직접 벌하기도 하고, 옥에 갇힌 바울 일행을 풀어주기도 했다. 이 외에도 이적이나 성령의 출현은 사도행전에 여러 차례 기록되어 있다.

사도행전의 저자는 사도시대의 급속한 교세 확장이 초월적인 능력을 가지고 있는 성령이 사람들의 일에 개입하고 있다는 증거라는 것을 말하려고 했다. 다시 말해 기독교는 사도라는 사람들이 만든 종교가 아니라 예수가 보내기로 약속했던 성령이 실제로 지상에 와서 활동한 결과 만들어진 종교라는 것이다.

기독교뿐만 아니라 모든 종교에서 과학적으로 설명할 수 없는 이적이나 계시, 또는 신적인 체험은 그 종교를 지탱하는 중요한 요소이다. 어떤 면에서 종교가 유지되는 것은 과학적 사실이나 합리적인 교리 때문이 아니라 계시나 이적과 같은 신비 체험 때문일지도 모른다. 상식적으로는 받아들이기 어려운 교리를 주장하는 신흥종교들이 많은 신자를 확보할 수 있는 것 역시 병 고침이나 계시와 같은 이적을 앞세우기 때문이다. 인간의 감각 경험과 이성적 판단을 바탕으로 하는 과학이 모든 것을 설명할 수는 없기 때문일 것이다.

사도시대에는 기독교인들이 재산을 팔아 사도들에게 맡기고, 이를 사도들이 필요한 사람들에게 나누어주는 재산 공동체였다. 아나니아와 그의 아내 삽비라는 재산을 판 돈 일부를 감추었다가 혼이 나가 죽는 벌을 받았다. 사도행전의 기록만으로는 사도시대에 세워진 모든 초대교회에서 이런 재산의 공동 소유가 이루어졌는지 알 수 없지만 신도들이 재산의 상당 부분을 선교 활동을 위해 내놓았다는 것은 알 수 있다. 사도행전의 이런 기록은 후대에 나타난 재산의 공동 소유를 주장하는 많은 기독교 공동체들의 신학적 근거가 되었다.

### 스데반의 순교

예수를 그리스도라고 믿는 기독교는 로마제국의 변방이던 유대지방에서 시작되어 300년 만에 로마 전체를 지배하는 종교로 발전했다. 기독교가 세력을 확장해 가는 과정에는 수많은 박해와 그로 인해 목숨을 버린 많은 순교자들이 있었다. 기독교 신앙을 지키기 위해 순교한 사람들 중 첫 번째 순교자가 스데반Stephen이다.

예수가 승천한 후 제자들은 예수를 배반한 가룟 유다Judas 대신 맛디아Matthias를 제자로 뽑아 사도의 수를 다시 열두 명으로 만들었다. 그리고 신자의 수가 늘어나자 사도들이 전도에 전념할 수 있도록 하기 위해 여러 가지 일들을 처리할 집사 일곱 명을 선발했다. 기독교 역사상 첫 번째 순교자가 된 스데반은 이때 뽑힌 일곱 명의 집사 중 한 사람이었다.

스데반은 은혜와 권능이 충만하여 큰 기사와 표적을 행했다. 학식 있는 유대교 랍비들과 율법학자들은 그를 쉽게 이길 수 있을 것이라고 생각하고 그와 공개 토론을 벌였다. 그러나 스데반이 지혜와 성령으로 말함으로 율법학자들이 당할 수 없었다. 그러자 제사장들과 관원들은 스데반을 잡아 유대에서 최고 재판권을 가지고 있던 종교적 자치기관인 산헤드린Sanhedrin으로 데려갔다.

산헤드린에서도 스데반이 계속 비난하자 크게 분노한 제사장들과 관원들이 스데반에게 달려들었다. 스데반은 열려진 하늘문을 통해 하나님과 그리스도의 영광을 바라보았다. 그리스도가 당신의 이름을 위해 이제 막 순교하게 될 종을 곁에서 붙잡아 주시려 보좌에서 일어나는 것이 보였다. 스데반이 자기 눈앞에 보이는 이 광경을 보고 크게 외치자 박해자들은 더 이상 참을 수 없게 되었다. 그들은 미친 듯이 스데반을 향해 달려들어 돌로 쳐 죽였다.

스데반을 죽인 사람들은 스데반과의 논쟁에서 중심 역할을 했으며 그를 죽이는 데 앞장섰던 사울Saul의 발밑에 그의 옷을 벗어 놓

그림1-3 〈스데반의 순교〉(조르조 바사리, 1560)

았다. 사울은 스데반의 죽음을 마땅히 여겼다. 그 날에 유대인들이 예루살렘에 있는 교회를 크게 박해하자 사도들을 제외한 신도들이 유대와 사마리아로 흩어졌다. 경건한 사람들이 스데반을 장사하고 그를 위하여 크게 울었다. 사울은 후에 성령을 만나 회심한 후 복음 전파에 앞장 선 바울이었다.

스데반의 순교 이후 예루살렘교회의 신자들이 각지로 흩어지면서 시리아 안디옥 지역에 정착하여 안디옥교회가 형성되었다. 안디옥교회는 예수를 그리스도로 고백했던 사람들을 처음으로 그리스도인들이라고 불렀던 곳이며, 초대교회 선교의 출발지라 할 만큼 중요한 곳이었다.

# 바울의 회심과 전도여행

## 바울의 회심

회심하기 전에는 사울이라는 이름으로 불렸던 바울[3]은 스데반의 순교 이후 기독교를 따르는 사람을 만나면 남녀를 막론하고 결박하여 예루살렘으로 잡아오기 위해 애썼다. 그는 대제사장의 권한을 위임 받아 다메섹[4]으로 가던 중, 빛 가운데서 예수의 음성을 듣고 회심한 후 아나니아로부터 세례를 받았다.

이후 바울은 다메섹에 사는 유대인들에게 예수가 구세주라고 전도했다. 그러나 유대인들이 바울을 죽이려고 하자 제자들이 밤에 그를 광주리에 담아 성에서 탈출시켰다. 예루살렘으로 간 바울은 바나바를 만났는데, 그는 바울을 사도들에게 데리고 가서 바울이 다메섹으로 가는 도중에 회심한 것과 그 후 예수를 그리스도라고 증거하던 것을 이야기해 주었다. 예루살렘에서도 바울이 예수를 구세주라고 전도하자 유대인들이 바울을 죽이려 하므로 가이사랴를 거쳐 다소로 피신했다.

예루살렘에 있는 동안 바울은 '주의 형제'라고 불리던 야고보James를 만난 것으로 기록되어 있다. 학자들 중에는 야고보가 예수의 배다른 형제였다고 주장하는 사람들도 있고, 같은 믿음을 공유

---

3 우리나라 가톨릭교회에서는 바오로라고 부르고, 성공회에서는 바울로라고 부르며, 개신교에서는 바울이라고 부른다. 영어권에서는 폴(Paul)이라고 한다.

4 다메섹은 현재 시리아의 수도인 다마스커스이다.

그림1-4 〈바울의 회심〉(카라바조, 1600)

하고 있다는 의미에서 주의 형제라고 불렸을 뿐이라고 주장하는 사람들도 있다. 야고보가 예루살렘교회의 초기 지도자였던 것은 확실하다.

안디옥교회에 있던 바울은 성령의 부름을 받고 소아시아와 그리스 지역에 있는 이방인들을 전도하기 위한 전도여행을 떠났다. 당시 유대인들이 흩어져 살고 있던 소아시아와 그리스 지역에는 유대인이 아니면서 유대교의 의식에는 참여했으나, 할례와 같은 유대인들의 전례는 따르지 않던 사람들이 많았다. 바울은 이들을 신을 두려워하는 사람들이라고 했다. 초기에 바울이 전도했던 사람들은 주로 이런 신을 두려워했던 사람들이었다. 바울은 전도여행을 통해 많은 교회를 세웠고 교회에 보내는 많은 편지를 썼다. 바울이 세운 교회는 초기 기독교의 기초가 되었고, 바울이 이 교회들에 보낸 편지들은 신약성경의 일부가 되었다.

### 바울의 전도여행과 예루살렘 사도 회의

바울의 전도여행은 3차에 걸쳐 이루어졌다. 바울이 안디옥교회의 파송을 받아 바나바와 함께 첫 번째 전도여행을 떠난 것은 46년 경이었다. 바울과 바나바는 안디옥을 떠나 구브로섬과 남갈라디아 지방을 여행하면서 전도했다. 구브로섬에 있는 살라미에서 요한 마가를 만나 한동안 동행하기도 했다. 바울 일행은 비시디아, 이고니온, 루스드라, 더베에서 전도하고 안디옥으로 돌아왔다.

안디옥교회로 돌아온 바울은 자신이 전도했던 갈라디아 지역의 교회들에게 보내는 갈라디아서를 기록했다. 바울 일행이 안디옥교회에서 1차 전도여행의 결과를 보고하고 있을 때, 예루살렘에서 온 신자가 모세의 법대로 할례를 하지 않으면 구원을 얻지 못한다고 하면서 할례를 하지 않아도 예수를 믿으면 구원을 받을 수 있다는 복음을 전하는 바울을 비난했다. 안디옥교회에서는 예수의 복음을 받아들인 이방인도 유대 전례에 따라 할례를 해야 하느냐에 대한 문제를 협의하기 위해 바울과 바나바를 예루살렘으로 보냈다. 바울 일행이 예루살렘에 도착하자 야고보와 베드로, 그리고 요한John 사도와 원로들이 그들을 영접했다.

그림1-5 〈베드로와 바울〉(엘 그레코, 1600)

베드로는 "어찌하여 하나님을 시험하여 우리 조상과 우리도 능히 메지 못하던 멍에를 제자들의 목에 두려느냐 우리가 저희와 동일하게 주 예수의 은혜로 구원 받은 줄을 믿노라 하니라(사도행전 15장 10절-12절)"하며 바울을 지지했고, 야고보가 "그러므로 내 의견에는 이방인 중에서 하나님께로 돌아오는 자들을 괴롭게 말고 다만 우상의 더러운 것과 음행과 목매어 죽인 것과 피를 멀리 하라고 편지하는 것이 가하니(사도행전 15장 19절-20절)"라고 하며 이 문제를 매듭지었다. 사도들은 바사바라고 하는 유다와 실라를 선택하여 바울 일행과 함께 안디옥으로 보내기로 결정했다. 이로서 이방인 전도와 그에 따른 전례 문제가 마무리되었다.

1차 전도여행을 마친 후 이방인의 전례 문제를 협의하기 위해 예루살렘교회에 다녀온 바울은 49년경에 제2차 전도여행을 떠났다. 2차 전도여행을 떠나기 전 1차 전도여행 때 한동안 동행했던 마가 요한을 데리고 가는 문제로 바나바와 다툰 바울은 바나바와 헤어지고 실라와 함께 수리아와 길리기아로 가서 디모데Timothy를 만나 함께 전도여행을 떠났다.

2차 전도여행에서 바울은 마게도냐로 가서 빌립보에서 전도했다. 자색 염료 장사를 하던 루디아Lydia는 하나님의 은혜를 받고 바울 일행을 자기 집에 머물도록 했다. 루디아의 집은 유럽 최초의 교회인 빌립보교회의 기초가 되었다. 빌립보교회는 후에 바울이 로마에서 감옥에 갇혀 병들어 있을 때 에바브로 디도Epaphroditos를 보내 간호하게 하고 헌금을 보내기도 했다. 바울 일행이 빌립보에서 복음을 전하는 도중 감옥에 갇히는 고난을 당하기도 했지만 지진이 나서 풀려나기도 했다.

바울은 디모데와 함께 53년경 3차 전도여행을 떠났다. 바울은 자신의 출생지인 다소와, 수리아와 길리아에 있는 교회 방문을 시작으로 지난번 전도여행 때 갔던 교회들을 다시 방문했다. 그러나 브루기아 지역을 지난 후에는 서쪽으로 방향을 돌려 소아시아의 중심인 에베소로 가서 그곳에서 3년 정도를 머물렀는데, 이처럼 한 곳에 오래 머문 것은 이곳이 처음이었다. 바울의 전도는 큰 성공을 거두어 에베소교회뿐만 아니라, 그 지역 전체에 복음을 전했다. 소아시아의 일곱 교회[5]는 직접 혹은 간접적으로 바울의 지도를 받았다. 3차 전도여행을 끝낸 바울은 예루살렘으로 갔다. 57년에서 59년 사이 예루살렘에 도착한 바울은 야고보를 만나 이방 전도 내용을 보고했다.

### 바울의 체포와 로마 압송

바울이 예루살렘에서 사도들을 만난 후, 바울을 반대하는 사람들이 그가 이방인을 예루살렘 성전에 들어오게 했다는 이유로 죽이려 하므로 천부장이 바울을 체포했다. 체포된 바울은 다섯 번의 재판을 받았다. 첫 번째는 성전 지역의 북서쪽 모퉁이에서 유대인들로부터 받은 것이었고, 두 번째는 예루살렘에 있는 유대 최고 회의에서 받은 것이었다. 이 두 재판은 유대인이 한 재판이었다. 세 번째와 네 번째 재판은 가이사랴에서 연이어 유대 총독이 된 벨릭스Felix와 베스도Festus앞에서 받은 것이었고, 다섯 번째는 가이사랴에서 헤롯 아그립바 2세Herod Agrippa II에게 받은 것이었다. 이 재판들에서 유대인들은 바울을 적대적으로 대했고, 로마인들은 바울을

5 에베소, 서마나, 버가모, 두아디라, 사데, 빌라델비아, 라오디게아

우호적으로 대했다.

로마 시민이었던 바울은 황제에게 제소하여 로마로 가게 되었다. 이때 사도행전의 기록자로 알려져 있는 의사인 누가도 동행했다. 바울은 먼저 가이사랴에서 그레데로 이송되었다. 후에 바울 일행이 바다에서 심한 풍랑을 만났지만 바울은 배에 탄 사람들에게 용기를 잃지 말라고 권유했으며, 죄수들을 죽이려는 로마 관리를 자제시켰고, 도망치려는 죄수들을 배에 함께 머물러 있도록 설득했다. 그는 배에 탄 사람들이 모두 구원을 받게 될 것이라고 안심시켰다.

바울의 말대로 그들이 탄 배는 멜리데란섬에 난파되었고, 그 배에 탄 모든 로마 관리들과 죄수들은 목숨을 구할 수 있었다. 배에서 탈출하여 섬으로 간 바울은 해변에서 뱀에게 물렸지만 죽지 않는 기적을 체험했다. 바울은 섬에 머무는 동안 병에 걸린 사람들을 고쳐주었다. 로마에 도착한 후 바울은 2년 동안 한 사람의 군인과 함께 셋집에 살면서 비교적 자유롭게 방문하는 사람들에게 복음을 전했다.

로마에 있는 동안 바울은 자신이 세운 에베소교회, 빌립보교회, 골로새교회 그리고 빌레몬교회에 편지를 보냈다. 그리고 자유를 얻어 잠시 동안 동방으로 여행을 했다.[6] 이 여행을 하는 동안 바울은 장래를 위한 충고와 사랑이 가득한 편지를 디모데와 디도에게 보냈다. 여행을 마친 다음에는 다시 로마 감옥에서 겨울을 보냈다. 정확한 기록은 남아있지 않지만 바울은 네로Nero의 기독교 박해 때 로마 외곽에 있는 오스티안 도로 위에서 참수를 당했다고 한다. 그

6 이 여행을 바울의 제4차 전도여행이라고도 한다.

그림1-6 〈바울의 죽음〉(시몬 드 보스, 1640)

시기는 67년이나 68년일 것으로 추정된다.

초기 기독교 지도자들이었던 야고보와 베드로를 비롯한 12사도들이 주로 예루살렘교회를 중심으로 하여 유대인에게 전도했던 것과 달리, 바울은 로마가 지배하고 있던 지중해 연안 전역에 전도하여 기독교가 세계종교로 발돋움하는 계기를 마련했다.

바울은 유대인이 아니더라도 예수를 믿으면 하나님과의 관계가 회복되고 하나님으로부터 의롭다고 인정받을 수 있다고 전도했다. 혈통이나 율법보다 믿음을 중요하게 생각했던 바울의 전도는 사도들과 마찰을 빚기도 했으나, 이로 인해 기독교는 많은 이방인 신자들을 확보할 수 있었고, 로마가 위협을 느낄 정도로 교세를 확장할 수 있었다.

‘믿음을 통해 의인의 신분을 얻게 된다’는 바울의 이신득의以信得義 사상은 인간의 노력을 중요하게 생각하는 다른 종교와 대비되는 기독교의 핵심 사상이 되었다. 이는 후에 사람의 행위에 의해서가 아니라 ‘오로지 믿음으로 의인으로 불리게 된다’는 이신칭의以信得義 사상의 기반이 되었다.

## 신약성경의 기록

기독교 신앙의 바탕을 이루는 신약성경이 기록된 것도 사도시대였다. 처음에는 예수의 복음이 사도들의 입을 통해 구전으로 전해졌다. 그러다가 기독교 신자가 늘어나면서 사도들을 직접 대면할 수 없는 사람들을 위해 사도에게 들은 예수 이야기를 단편적인 글로 적어 전하는 사람들이 나타나기 시작했을 것이다. 이런 문서들을 모아 예수의 일대기를 기록한 4대 복음서가 쓰여졌다. 그리고 사도들이 각 지역교회에 보낸 편지들이 전도에 이용되면서 성경의 역할을 하게 되었고, 계시서인 요한계시록도 이 시기에 기록되었다. 이로서 신약성경을 구성하고 있는 예수의 일생을 기록한 4대 복음서와 사도들이 각 교회에 보낸 편지들인 서신서, 그리고 사도들의 행적을 기록한 역사서라고 할 수 있는 사도행전과 계시서인 요한계시록이 모두 기록되었다. 사도시대에 기록된 이 문서들이 신약성경으로 확정된 것은 훨씬 후의 일이었다.

### 4대 복음서

공관복음서라고도 불리는 마태복음, 마가복음, 누가복음은 70년 이전에 기록되었으며, 요한복음은 90년경에 기록된 것으로 보인다. 이중 마가Mark가 기록한 마가복음이 예수의 생애 전반을 기록한 최초의 복음서였던 것으로 보인다. 마가는 바울의 1차 전도여행 때 동행했다가 중도에 돌아간 인물이며, 바울이 2차 전도여행을 떠나기 전 동행 여부를 놓고 다투다가 바울과 바나바가 헤어지게 되는 원인을 제공한 사람이었다. 그러나 후에 로마에서 바울의 사역을 도왔으며 바울의 사후에는 베드로의 통역으로 일하기도 했던 것으로 알려져 있다. 마가는 로마교회에 보내는 편지 형식으로 마가복음을 썼다.

구약성경에 기록된 메시아에 대한 언약이 예수를 통해 어떻게 이루어졌는가를 다루고 있는 마태복음은 예수의 열두 제자 중 한 사람인 마태Matthew가 기록한 복음서이다. 마태는 세리였다가 예수의 부름을 받고 제자가 된 사람이었다. 신약성경의 첫 번째 책인 마태복음은 첫 장에서 유대 왕들의 족보를 통해 예수가 유대인의 왕으로 세상에 왔다는 것을 이야기하며 하나님이 구약성경을 통해 약속한 것을 이루기 위해 이 땅에 온 만왕의 왕이자 세상의 구원자라고 밝히고 있다. 마태복음이 유대인들을 위한 복음서라고 하는 것은 이 때문이다.

누가복음은 유대인이 아닌 사람이 기록한 복음서로 이방인을 위한 복음서이다. 대부분의 학자들이 누가복음의 저자라고 인정하고 있는 누가는 안디옥 출신의 이방인 개종자로, 의사였다고 알려져 있다. 누가는 바울의 2차 전도여행에 동행했으며, 3차 전도여행 때도 빌립보에서 합류한 것으로 보인다. 사도행전과 누가복음은 누가가 로마에 머물던 시기에 기록된 것으로 추정하고 있다. 이방인 의사가 기록한 누가복음은 유대인들에 의해 배척받던 이방인이나 가난한 사람들에게 초점을 맞추고 있다. 누가복음을 이방인의 복음이라고 부르는 것은 이 때문이다. 마태복음에서 예수의 족보가 아브

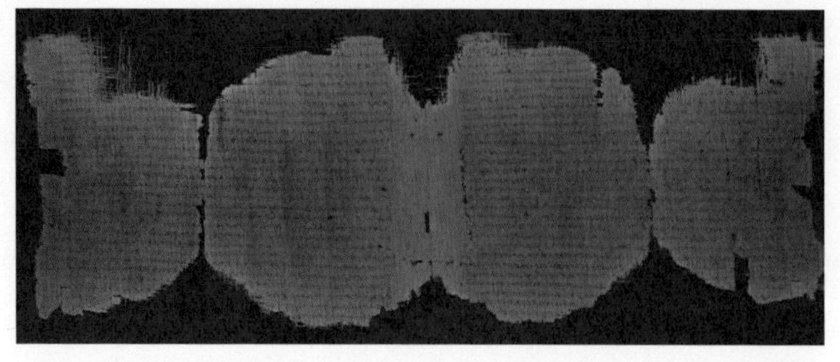

그림1-7 3세기경 작성된 누가복음 11장 50절-12장 12절(체스터 비티 도서관 소장)

라함부터 시작한 것과는 달리 누가복음에서는 아담에게까지 거슬러 올라가고 있다. 그것은 예수의 복음이 유대인만을 위한 것이 아니라 모든 인류를 위한 복음이라는 것을 나타내기 위한 것이다.

공관복음서들은 내용상 유사점이 많고 관점이 비슷하다. 마가복음의 내용 중 약 93%는 마태복음이나 누가복음과 같으며, 마태복음의 약 58%는 마가복음과 누가복음에, 누가복음의 약 41%는 마태복음이나 마가복음에 들어 있다. 마가복음의 내용 대부분이 다른 두 복음서에 포함되어 있는 것은 아마도 마가복음이 가장 먼저 기록된 후 다른 두 복음서의 저자들이 마가복음의 내용과 구전해 오는 전승을 결합하여 새로운 복음서를 썼기 때문일 것이다.

제4복음서라고도 일컬어지는 요한복음에서는 요한복음의 저자를 마지막 만찬장에서 예수의 품에 의지하여 "주여 주를 파는 자가 누구입니까"라고 묻던 사람이라고 밝혀 놓고 있다. 따라서 대부분의 학자들은 사도 요한이 밧모(파트모스)섬으로 추방되기 전 에베소에서 목회할 때 요한복음을 쓴 것으로 보고 있다. 그러나 학자들 중에는 요한복음을 사도 요한 한 사람이 쓴 것이 아니라고 주장하는 사람들도 있다. 요한복음은 다른 복음서들과는 많이 달라 약 8%만이 공관복음과 같은 내용을 다루고 있을 뿐 나머지 92%는 독창적인 내용으로 구성되어 있다.

요한복음의 가장 큰 특징은 철학을 기독교 신학에 도입했다는 것이다. 요한복음은 서두에 예수를 사람이 되신 말씀이라고 소개하고 있다. 요한복음은 사랑의 복음서라고 불릴 만큼 하나님의 사랑과 그의 독생자 예수의 인류에 대한 사랑을 강조하고 있다. 요한복음의 핵심 메시지는 "하나님이 세상을 이처럼 사랑하사 독생자를 주셨으니 이는 저를 믿는 자마다 멸망치 않고 영생을 얻게 하려 하심이니라(3장 16절)"는 구절에 가장 잘 나타나 있다.

### 서신서와 요한계시록

신약성경에는 4대 복음서와 사도행전 외에 바울과 다른 사도들이 쓴 21편의 서신서가 포함되어 있다. 이중 14편은 바울이 전도여행 중이거나 로마에 체류하는 동안 쓴 것이다. 그러나 신약성경에 포함된 서신서들을 사용된 언어와 내용을 바탕으로 다음과 같이 구분하기도 한다.

① 확실하게 바울이 쓴 편지 : 로마서, 고린도전서, 고린도후서, 갈라디아서, 빌립보서, 데살로니가전서, 빌레몬서

② 바울이 썼을 가능성이 있으나 증거가 부족한 편지 : 데살로니가후서

③ 바울이 쓰지 않았으나 그의 사상이 담긴 편지 : 골로새서, 에베소서

④ 바울의 이름이 나오나 그와는 다른 시대, 다른 상황에서 기록된 편지 : 디모데전서, 디모데후서, 디도서

⑤ 다른 사도들이 기록한 편지: 히브리서, 야고보서, 베드로전서, 베드로후서, 요한1서, 요한2서, 요한3서, 유다서

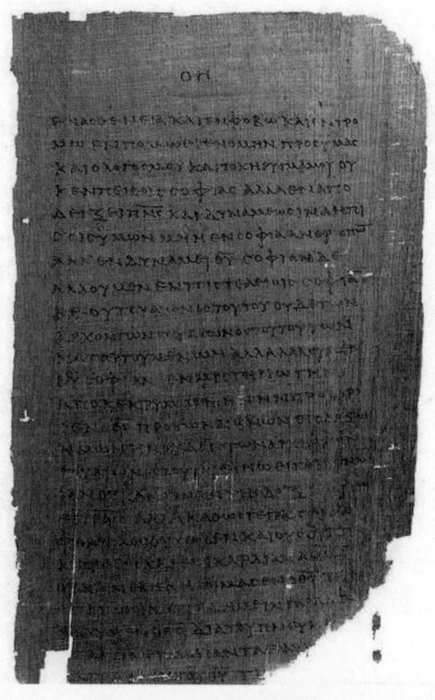

그림1-8 2세기경 작성된 고린도전서 2장 11절-3장 5절(미시간대학교 소장)

신약성경의 마지막 책인 요한계시록은 도미티아누스 황제에 의해 밧모섬으로 추방되었던 사도 요한이 신의 계시를 적은 책이라고 알려져 있다. 그러나 요한이라고 불리던 다른 사람이 이를 기록

했다고 주장하는 사람들도 있다. 요한은 당시 유대에 매우 흔한 이름이었다. 요한계시록에는 많은 상징과 비유가 포함되어 있어 정확한 내용을 이해하는 것이 매우 어렵다. 학자들은 이 책이 박해를 받고 있던 기독교인들이 결국 세속권력을 물리치고 승리할 것이라는 희망을 주기 위해 쓰인 책이라고 주장하지만, 일부에서는 인류의 종말에 일어날 일들을 예언한 책이라고 주장하기도 한다. 종말론을 주장하는 사람들이나 극단적인 신앙 행태로 많은 물의를 일으켰던 사람들은 대부분 요한계시록에 포함되어 있는 상징과 비유를 자의적으로 해석한 사람들이었다.

〈순교자들의 마지막 기도〉(장레옹 제롬, 1883)

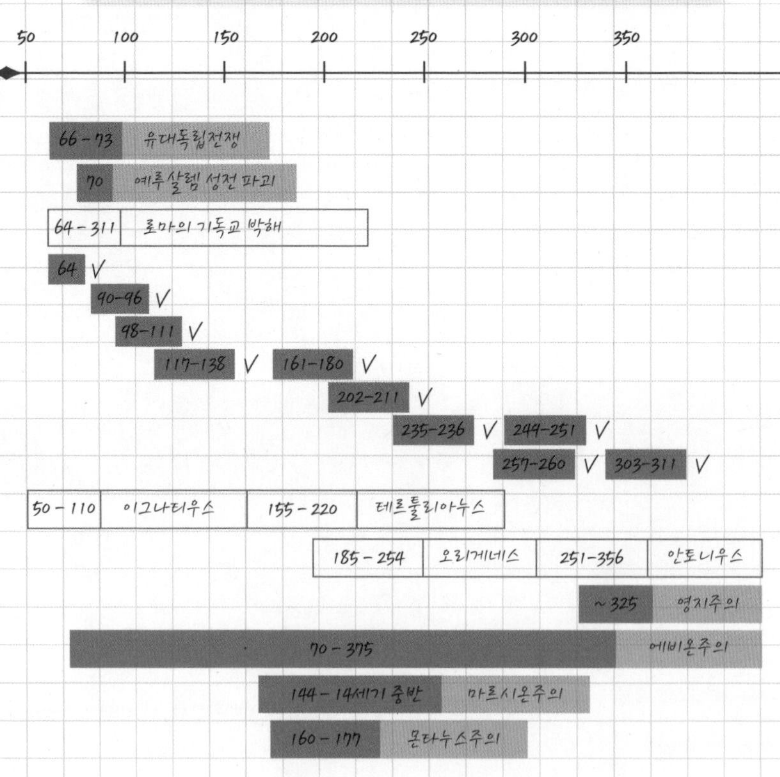

# Ⅱ

## Chapter 2

# 로마의 기독교 박해와 속사도들의 활동

# 들어가며

로마가 다스리고 있던 유대 지역에서 시작한 기독교는 로마의 박해를 이기고 로마제국의 국교가 되었으며, 로마의 영향력에 힘입어 세계적인 종교로 성장했다. 따라서 기독교의 역사는 로마의 역사와 밀접한 관계를 가지고 있다. 도시국가에서 시작하여 거대한 제국으로 발전한 로마의 역사는 7명의 왕이 다스리던 왕정기(기원전 753-기원전 509), 원로원에서 중요한 정치 현안을 결정하던 공화정기(기원전 509-기원전 27), 황제가 다스리던 제정기(기원전 27-476)로 나눌 수 있다.

로마가 거대한 제국으로 성장할 수 있는 기초를 마련한 것은 공화정기였다. 이 시기에 로마는 이탈리아를 통일했고, 서부 지중해 연안을 장악했으며, 마케도니아를 정벌하여 속주로 편입시켰다. 이후 기원전 60년에는 시리아를, 기원전 30년에는 이집트를 복속시켜 거대한 국가로 발전했다.

로마가 세계적인 제국으로 발전할 수 있었던 것은 로마의 독특한 통치 제도 덕분이었다. 로마는 정복한 나라들을 멸망시키는 대신 로마의 질서 속에 편입시켰다. 로마에 협력하는 사람들에게는 로마 시민권을 주어 로마인들과 동등하게 대우했고, 로마의 신들과 황제 숭배를 인정하면 자신들의 종교나 전통을 유지하는 것을 금지하지 않았다. 로마는 또한 정복한 속주들을 직접 통치하는 대신 로마에 협력적인 현지의 권력자들이 계속 통치하도록 했다. 그러나 카르타고나 유대인들과 같이 로마의 질서를 받아들이지 않는 나라들은 철저하게 파괴했다.

로마가 공화정을 끝내고 황제가 다스리는 제정기로 들어선 것은 공화정 체제 안에서 황제와 같은 막강한 영향력을 행사하고 있던 율리우스 카이사르가 암살 당한 후 혼란기를 수습한 카이사르의 양자 옥타비아누스가 원로원으로부터 아우구스투스라는 칭호를 받으면서부터이다. 예수를 십자가에서 처형하도록 최종 결정한 유대 총독 본디오 빌라도Pontius Pilate는 로마의 두 번째 황제 티베리우스가 임명한 사람이었다.

기독교의 교세가 확장되자 처음 기독교를 박해한 것은 유대교였다. 그러나 기독교를 유대교의 한 분파로 보았던 로마는 유대교와 기독교에 똑같이 로마법을 적용하였다. 그러나 유대 전쟁으로 예루살렘 성전이 파괴되고, 유대인들이 세계 곳곳으로 흩어진 후 로마 전역으로 확산된 기독교가 로마의 신들과 황제 숭배를 거부하자 로마가 기독교를 박해하기 시작했다. 따라서 기독교가 세계적인 종교로 자리 잡게 되기까지는 로마의 혹독한 박해를 이겨내는 과정을 거쳐야 했다.

# 유대전쟁과 예루살렘 성전 파괴

## 유대전쟁과 디아스포라

『유대전쟁사』와 『유대고대사』를 쓴 요세푸스Flavis Josephus는 제사장 가문 출신으로 제1차 유대독립전쟁 때 갈릴리 방어를 책임졌던 유대 장군이었으나 로마군에 투항한 후 로마 황제 베스파시아누스의 요구로 『유대전쟁사』를 썼다. 따라서 이 기록은 로마의 입장에서 기록한 유대독립전쟁의 역사라고 할 수 있다. 요세푸스의 기록에 의하면 예루살렘 성전이 파괴된 제1차 유대독립전쟁은 로마 총독 게시우스 플로루스Gesius Florus가 66년에 예루살렘 성전의 금고를 약탈한 것이 직접적인 계기가 되었다.

비슷한 시기에 메나헴Menahem이 이끄는 열혈 당원들이 군사 요충지 마사다를 점령한 사건과 대제사장 아나니아스의 아들 엘리아살이 성전에서 로마 황제를 위해 드리던 제사를 중지시킨 사건이 일어났고, 이는 로마에 대한 반란으로 이어졌다. 반란군은 예루살렘 성을 점령하고 문서보관실에 침입하여 문서들을 불태웠다. 로마군이 지키던 요새와 헤롯 왕궁이 반란군의 수중에 들어간 후 마사다에 있던 메나헴이 예루살렘에 입성하여 헤롯 왕의 통치권을 넘겨받았다.

로마 군대는 예루살렘 성의 외곽으로 후퇴했다가 항복하지만 모두 살해되었다. 그러나 이 과정에서 유대인 내부의 강경파와 온건파 사이에 내분이 일어나 메나헴이 살해되고 메나헴의 추종자들은 마사다로 퇴각했다. 로마는 시리아 행정관 갈루스를 보내 반란을 진압하려고 했지만 벳 호른 근처에서 유대군에 패배하여 시리아로 후퇴했다. 이 승리로 유대인들의 사기가 크게 높아졌다. 유대인들은 이 승리를 기념하는 주화를 만들기도 했다.

네로 황제는 후에 황제가 되는 베스파시아누스를 보내 반란을 진압하려고 했다. 67년 초 베스파시아누스는 아들 티투스와 함께 6만의 군대를 이끌고 갈릴리를 점령했다. 이때 갈릴리의 군사 책임자였던 요세푸스가 로마군에 투항했다. 갈릴리 지방을 점령한 로마군은 예루살렘으로 진격했다. 강경파와 온건파로 분열되어 내전 상태에 있던 혼란을 틈타 베스파시아누스는 베레아를 비롯한 유대의 여러 지방을 점령했다. 이때쯤 네로 황제가 죽어 전쟁이 일시 중단되었다. 그러나 이 동안에도 유대인들의 내분은 더욱 격화되었다. 이때 기독교도들은 예루살렘을 떠나 동부 요르단의 펠라로 피신하여 전쟁에 참여하지 않았다.

69년 7월 이집트 알렉산드리아에 머물고 있던 베스파시아누스가 이집트 주둔 군단에 의해 황제로 추대되었다. 황제가 된 베스파시아누스는 70년 아들 티투스로 하여금 예루살렘을 공격하도록 했다. 티투스는 잘 훈련된 로마 군단을 이끌고 70년 봄 예루살렘 성을 포위하고, 예루살렘 주민들을 아사시키기 위해 예루살렘 주변에 돌로 벽을 쌓아 외부로부터의 식량 유입을 차단했다. 70년 7월에는 예루살렘 성이 점령당했고, 예루살렘 성전이 파괴되어 불에 탔다. 이어 9월 초 예루살렘 전역을 점령한 로마군은 수많은 유대인을 살해하고 포로로 잡아갔다.

그림2-1 〈파괴되는 예루살렘 성전〉(프란체스코 하예즈, 1867)

일부 기록에 의하면 당시 예루살렘 성 안에는 약 270만 명의 유대인이 있었는데 이중 110만 명이 살해되었다고 한다. 이로서 예루살렘은 폐허가 되었고 남은 유대인들은 로마제국 전역으로 흩어지게 되었다. 팔레스타인 지방을 떠나 다른 지방에 흩어져 살면서도 유대교의 규범을 지키는 사람들의 집단이나 거주지를 디아스포라diaspora라고 하는데 이때부터 전 세계에 디아스포라가 나타나기 시작했다.

예루살렘이 함락된 뒤에도, 예루살렘 서남쪽에 있는 헤로디온과 사해 동쪽에 있는 마카이로스, 그리고 서쪽에 위치한 마사다에서는 강경파들이 항전을 계속했다. 헤로디온과 마카이로스는 일찍 점령당했고 마지막까지 항전을 계속하던 마사다 요새도 73년 유대인들이 모두 자살함으로써 함락되어 유대전쟁은 막을 내렸다.

### 기독교와 유대교의 결별

전쟁 후 대제사장 제도가 폐지되었고, 그때까지 군대가 주둔하지 않았던 예루살렘에 1만 명의 로마 군대가 상주하게 되었다. 유대인들이 해마다 성전에 바치던 봉납금은 '유대인세'라는 이름으로 로마의 주피터 신전에 바치도록 했다. 유대인들은 유대인세를 바치는 대신 병역을 면제받았다. 이 전쟁으로 대제사장을 중심으로 한 유대교의 제사장 계급은 완전히 몰락했다.

유대전쟁은 유대교와 기독교의 관계에도 큰 영향을 주었다. 전쟁 이전까지는 기독교를 유대교의 한 분파로 생각하는 사람들이 많았다. 유대교는 예수를 메시아라고 인정하지 않았으며, 기독교인 처형에 앞장섰다. 그러나 유대교가 예수를 처형하는 데 앞장선 것은 예수를 유대교 내의 이단자로 보았기 때문이다. 유대교가 기독교를 박해한 것 역시 같은 맥락에서 이해할 수 있다. 다시 말해 유대전쟁 이전까지 유대인들은 예수나 기독교를 유대교 내의 이단 집단으로 간주한 것이다.

그러나 유대교와 기독교 사이에 남아있던 이러한 유대관계마저 유대전쟁을 계기로 완전히 끊어지게 되었다. 유대인들은 유대인의 편에서 전쟁에 동참하지 않았던 기독교를 더 이상 유대교의 한 부류로 인정하지 않게 되었다. 80년대에 유대인들의 일상 기도문에 기독교도들을 저주하는 내용을 포함시킨 것은 이런 사정을 잘 나타낸다. 기독교의 기록자들은 유대전쟁을 예수를 그리스도로 인정하지 않고 십자가에서 처형한 유대인들에 대한 하나님의 징벌이라고 주장했다. 그들은 예수가 살아있는 동안에 이미 예루살렘 성전의 파괴를 예언했다고 주장하기도 했다.

# 로마의 기독교 박해

## 박해의 시작

초기 기독교도들은 대부분 유대교의 생활양식을 그대로 받아들이고 있었기 때문에 로마는 기독교를 유대교의 한 종파로 간주하고, 유대교의 기독교 박해를 유대교 내 종파 분쟁으로 보았다. 따라서 유대교와 기독교 모두에 똑같이 로마법을 적용했기 때문에 유대교에 의한 박해에서는 기독교가 로마법의 보호를 받을 수 있었다. 바울이 체포된 후 유대교에서는 바울의 처형을 주장했지만, 로마의 시민권을 가지고 있던 바울이 황제에게 재판받을 권리를 주장하여 처형당하지 않고 로마로 압송될 수 있었던 것은 이런 정황을 잘 나타낸다.

그러나 황제를 신으로 숭배할 것을 강요한 로마는 크게 세력을 확장한 기독교가 황제 숭배를 거부하자, 이들이 로마의 위험요소가 될 것이라 생각하고 기독교를 박해하기 시작했다. 사람의 피를 마신다는 기독교인들에 대한 잘못된 소문도 기독교인들을 박해하도록 하는 원인이 되었다. 성찬의식 때 마시는 포도주를 예수의 피라고 설명했기 때문이었다. 따라서 로마에서는 기독교를 식인종이라고 생각하는 사람들도 있었다.

그리고 기독교인들이 로마의 생활방식을 받아들이지 않고 자신들의 생활방식을 고집한 것 역시 기독교를 박해하는 원인이 되었다. 로마는 자신들이 정복한 곳의 주민들을 로마의 질서 속에 편입시키려고 했다. 로마를 중심으로 한 평화를 구축하는 것이 그들의 목표였기 때문이다. 로마가 만들려는 지상의 평화를 받아들이지 않고 현세는 내세를 위한 준비기간이라고 생각하는 기독교들은 로마의 커다란 장애물이었다. 따라서 로마는 기독교를 박해하기 시작했다. 로마의 기독교 박해는 64년부터 311년까지 약 250년 동안 계속되었고, 이 기간 동안에 많은 기독교도들이 처형되거나 투옥되는 열 번의 대박해가 있었다.

### 열 번에 걸친 대박해

기독교를 본격적으로 박해하기 시작한 황제는 로마제국의 다섯 번째 황제였던 네로(재위 54-68)였다. 첫 번째 박해의 직접적인 원인은 64년 7월 18일 로마에서 발생한 대화재였다. 목조 건물이 대부분이었던 로마는 6일 동안 계속되었던 이 화재로 도시의 3분의 2 이상이 불에 타버렸다. 네로 황제의 폭정에 대해 불만을 가지고 있던 시민들 사이에서는 이 화재가 네로 황제의 짓이라는 소문이 퍼졌다. 네로는 로마 시민들의 민심을 안정시키기 위해 화재의 책임을 기독교도들에게 돌리고 이들을 체포하여 처형했다. 네로의 박해 때 로마 시민이었던 바울이 참수형에 의해 처형당하고, 베드로는 십자가에 거꾸로 매달려 처형당했다고 전해진다.

두 번째 대대적인 기독교 박해는 도미티아누스(81-96)[7] 황제 때 있었다. 로마 전통 신앙을 재건하려고 했던 도미티아누스는 자신

7 로마의 열한 번째 황제였던 도미티아누스는 수많은 정적들을 처형했고 많은 원로원 의원들을 반역죄로 고발하여 처벌했다. 따라서 그가 죽기 전 4년 동안(93년-96년)은 유례없는 공포정치의 시기로 여겨지고 있다. 도미티아누스는 96년 9월에 근위대장과 궁정관리, 그리고 아내의 음모로 살해당했다.

그림2-2 〈순교자들의 마지막 기도〉(장레옹 제롬, 1883)

을 신이라 칭하는 동시에 로마 전역에 금과 은으로 만든 자신의 형상을 만들어 놓고, 이를 숭배할 것을 강요했다. 유대인들이 이것을 거절하자 유대인과 기독교도를 박해했다. 도미티아누스는 기독교인들 때문에 로마의 신들이 노했다고 주장하고 기독교도들의 재산을 압수하고 추방하거나 불순분자로 몰아 맹수들과 결투하도록 했다. 야고보의 형제로 소아시아의 일곱 교회를 지도하고 있던 사도 요한도 이때 밧모섬으로 추방되어 그곳에서 요한계시록을 썼다. 요한은 사도들 중 유일하게 처형당하지 않고, 94살에 세상을 떠난 것으로 알려져 있다.

도미티아누스 황제가 암살된 후 100년 동안 ①네르바(96–98), ②트라야누스(98–117), ③하드리아누스(117–138), ④안토니누스(138–161), ⑤마르쿠스 아우렐리우스(161–180)의 5현제 시대가 이어져 로마제국은 평화시대를 맞이했다. 5현제 시대에 로마의 영토는 최대로 넓어졌고, 로마 안에 거주하는 인구의 수는 7,000만 명에 달했다. 이 시기에는 속주provincia,屬州 와의 무역이 활발하게 전개되었고, 외국과의 교류도 활발해져 인도나 중국과 같은 국가와도 교류하게 되었다. '모든 길은 로마로 통한다'는 말처럼 로마는 세계의 중심지가 되었다. 그러나 5현제 시대에도 기독교에 대한 박해는 계속되었다.

세 번째 대규모 기독교 박해는 5현제 중 한 사람인 트라야누스 황제 시대에 있었다. 정복전쟁을 통해 로마의 영토를 크게 확장하여 원로원과 로마 시민으로부터 크게 칭송을 받았던 트라야누스는 현제라는 명성을 얻었던 사람이었지만, 기독교에 대해서만큼은 적대적이었다. 황제 숭배를 강요했던 트라야누스는 기독교인들을 정치적 음모를 꾀하는 비밀 결사대라고 생각했다. 그는 기독교를 금지하는 법을 만들어 기독교라는 이름도 사용할 수 없게 하는 등 기독교를 조직적으로 박해했다. 트라야누스의 박해 때 안디옥교회의 이그나티우스 감독이 체포되어 로마로 압송된 후 원형경기장에서 처형당했다.

네 번째로 기독교를 심하게 박해한 황제는 하드리아누스였다. 그는 트라야누스 황제의 5촌 조카로, 트라야누스의 보살핌을 받으며 많은 전공을 세우고 트라야누스가 죽기 직전에 양자로 정해졌다가 곧 그 뒤를 이어 황제가 되었다. 하드리아누스는 125년에 발표한 칙령을 통해 할례와 안식일 준수, 율법 교육을 금지했으며, 예루살렘 성전 자리에 주피터 신전을 세우고 우상 제사를 강요했다. 유대교와 함께 기독교를 믿는 것 역시 국법을 어기는 죄로 간주하여 처벌했다. 하드리아누스 박해 때 서머나교회의 감독이자 사도 요한의 제자였으며 겸손하고 온유한 사람이었던 폴리캅[8]이 순교했다.

---

8 폴리캅(Polycarp, 69-155)은 요한계시록 2장(8-11)에 언급된 서머나교회의 감독이었다.

스토아학파에 속한 철학자로 『명상록』을 저술하기도 했던 마르쿠스 아우렐리우스 황제는 국가의 재해나 질병이 기독교인들 때문이라고 생각하고 기독교인들을 잡아 들여 심한 고문을 가하고, 신앙을 포기하도록 강요했으며, 끝까지 신앙을 버리지 않으면 처형하는 다섯 번째 기독교 박해를 단행했다.

여섯 번째 기독교 박해는 셉티미우스 세베루스(193-211) 황제 때 있었다. 아프리카 군인 출신의 세베루스는 유대교와 기독교를 함께 금지했으며, 기독교로의 개종을 금지하여 기독교인이 늘어나는 것을 막으려고 했다. 알렉산드리아교회에서는 세례교인들이 많은 박해를 받았다. 사도시대의 정신을 속사도시대로 계승한 교부였던 서머나교회의 감독 폴리캅에게 교육을 받은 후 리용의 감독이 되었던 이레니우스도 이때 순교했다. 이레니우스는 일생 동안 영지주의를 논박하고 하나님의 구원 계획을 역사 신학 체계 안에서 설명했으며, 최초로 신약에 구약과 같은 권위를 부여한, 기독교 역사에서 중요한 위치를 차지하는 사람이다.

제정 로마시대 중 가장 혼란스럽던 시기인 군인황제시대의 첫 번째 황제로, 사병 출신으로 황제가 되어 3년간 제위에 있었던 막시미누스(235-238) 황제는 많은 성직자를 처형하는 일곱 번째 기독교 박해를 단행했다. 즉위한 지 3년이 되는 해에 그는 모든 사람들에게 신전에 나와 희생 제사를 드리도록 명령했다. 이 명령을 거부하는 기독교인들을 색출하여 투옥시켰으며, 지도자들을 유배했다. 막시미누스의 박해 동안에는 순교하는 사람보다 감옥에 투옥되는 사람들이 더 많았다.

여덟 번째 대규모 기독교 박해는 로마가 건국 1,000년을 맞아 성대한 축제를 열었던 247년에 있었다. 축제 후에 심한 역병이 로마를 휩쓸자 기독교의 급속한 성장으로 신들이 노해 그런 재앙이 발생했다고 생각한 데키우스(249–251) 황제는 노한 신들을 달래기 위해 로마제국 전역에서 기독교를 박해했다. 황제는 지방 관료들에게 지정한 장소에서 지정한 날짜에 신에게 제사를 드리게 했으며 제사에 참여한 사람에게 제사 증명서를 발급하도록 하고, 제사 증명서를 소지하지 않은 사람은 체포하여 투옥하고 고문했다. 이 박해로 수많은 목회자들이 옥중에서 입은 상처로 순교했다. 데키우스의 박해로 알렉산드리아를 대표하는 교부였던 오리게네스[9]가 순교했다.

아홉 번째 기독교 박해는 여덟 번째 박해가 있고 11년이 지난 258년에 있었다. 발레리아누스(253–260) 황제는 처음 몇 년 동안은 기독교인들에게 호의를 베풀어 기독교인들이 궁전에 머물기도 했다. 그러나 흉년이 계속되자 기독교인들로 인해 신들이 분노했다고 하여 교회의 재산을 몰수하고 집회를 금지했다. 발레리아누스는 기독교를 처벌하라는 칙령을 발표하고 성직자들이 유죄 판결을 받을 경우 사형에 처하도록 했다. 또 기독교로 개종한 귀족들의 직위를 박탈하고 재산을 몰수했으며, 평민들은 강제노동 수용소로 보냈다. 황제가 페르시아의 샤프르 1세와의 전쟁에서 포로가 되어 죽은 후 그의 아들 갈리에누스(253–268)가 황제에 즉위하자 기독교는 잠시 동안 번영의 시기를 맞기도 했다.

하층민 출신으로 황제가 된 후 쇠퇴해 가는 로마를 되살리기 위해 개혁 정책을 실시했던 디오클레티아누스(284–305) 황제는 마지

9 오리게네스(Origenes, 185–254)는 교부이며, 알렉산드리아 학파의 대표적인 신학자이다.

막으로 가장 강력하게 기독교를 탄압했다. 303년 2월 그는 칙령을 발표하여 기독교 교회와 그 성물, 성전을 파괴하고 기독교인의 모임을 불허했다. 기독교가 널리 확산되어 있던 소아시아에서 이에 대한 저항으로 봉기가 일어나기도 했으나, 황제는 군대를 보내 이를 진압했다.

304년에 디오클레티아누스는 고발이 없어도 기독교인들을 체포하여 고문할 수 있도록 하는 칙령을 발표했다. 이로써 순교자가 많이 나온 반면 배교자도 많이 나왔다. 이때 배교했다가 로마가 기독교를 공인한 후 다시 기독교로 전향한 사람들에 대한 대우와 처리 문제는 후에 종교적 갈등을 불러왔다. 일부 자료에는 디오클레티아누스의 박해로 약 3,000명 내지 3,500명이 순교한 것으로 되어 있지만 정확한 숫자는 알 수 없다.

### 박해의 결과

약 250년 동안 계속된 기독교에 대한 박해는 313년 콘스탄티누스(306-337) 황제가 밀라노 칙령으로 기독교를 공인하면서 막을 내렸다. 로마의 전통 신들을 부정하고 황제 숭배를 반대한 기독교를 말살하기 위한 로마의 박해는 기독교를 말살하는 데 실패했을 뿐만 아니라 기독교가 로마제국 내에 존재하던 수많은 종교들 중에서 가장 위대한 종교라는 것을 증명하는 계기를 제공했다.

박해의 시기에 기독교로 개종한 사람들 중에는 죽음을 담대하게 받아들이는 순교자들을 보고 감동을 받아 개종한 사람들이 많았다. 로마 시민권을 가지고 있던 로마 시민들은 로마법의 보호를 받으며 인간다운 생활을 할 수 있었지만, 대다수를 차지하고 있던 하층민들은 인간 이하의 비참한 생활을 하고 있었다. 하루하루를 살아가는 것이 고통이었던 사람들은 죽음 앞에서도 천국에 대한 소망으로 행복한 눈물을 흘리는 순교자들에게서 감동과 힘을 느꼈고, 기독교도가 제시하는 천국의 존재를 인정하게 되었다. 박해를 피해 지하로 숨어든 기독교는 오히려 더 많은 추종자들을 확보할 수 있었다. 이것은 전성기를 구가하던 로마시대에도 로마가 건설하려는 평화로운 현세보다 기독교에서 제시하는 내세에 가게 될 천국에 더 큰 희망을 거는 사람들이 많았다는 것을 나타낸다.

박해시대에 기독교는 로마 근교에 있던 지하 공동묘지인 카타콤 catacomb을 중심으로 활동했다. 카타콤은 기독교가 집회장소로 사용하기 이전부터 만들어진 지하 공동묘지였지만 박해를 피해 숨어들

그림2-3 로마 박해 당시 기독교인들이 사용한 카타콤의 모습

어간 기독교도들이 사용하면서 기독교도들의 공동묘지로 알려지기도 했다. 카타콤은 로마 근교에만 있는 것이 아니라 나폴리, 시라쿠사, 프랑스 파리, 몰타, 우크라이나의 오대사와 같은 곳에서도 발견된다. 카타콤은 가로와 세로로 길이 10 내지 15미터, 폭 1미터, 높이 2미터 정도의 동굴을 여러 층으로 만들고, 계단을 이용해 아래 위층으로 이동할 수 있도록 했으며, 동굴을 따라 묘실이 설치되어 있었다. 카타콤이 기독교도들의 집회 장소로 사용되면서 동굴 벽에 많은 벽화가 그려졌다. 벽에 바른 회반죽이 마르기 전에 그린 카타콤 동굴 벽면의 프레스코fresco화는 기독교 미술의 출발점이 되기도 했다.

지하로 숨어든 기독교의 추종자들이 폭발적으로 늘어나자 로마제국의 권력 투쟁 과정에서 기독교 세력을 이용하는 사람들이 나타나기 시작했다. 기독교 세력과 연대하려는 사람들이 로마의 권력을 잡게 되면서 313년에 로마가 기독교를 공인하게 되어, 기독교에 대한 박해가 종식되었다. 그 후 380년 기독교가 로마의 국교로 정해지면서, 로마제국의 변방이었던 유대 지방에서 시작된 기독교는 박해를 이겨내고 로마제국을 지배하는 종교가 되었다.

# 박해 가운데 기독교의 기초를 닦은 속사도들

## 사도들을 대신한 속사도들

예수와 함께 활동했거나 예수의 행적을 잘 알고 있던 사도들이 세상을 떠난 후, 콘스탄티누스 1세가 밀라노 칙령Edict of Milan으로 기독교를 공인하기까지의 시기를 속사도시대Post-Apostolic Age라고 한다. 기독교 신앙과 교회가 보다 구체적으로 형성된 시기였던 이 시기에 활동했던 교회 지도자들을 속사도 또는 속사도 교부敎父들이라고 부른다.

속사도시대는 기독교가 로마제국으로부터 박해를 받던 시기였다. 박해에 직면한 교회는 효과적으로 박해에 대처하기 위해 가정교회의 형태에서 조직화된 교회로 발전했으며 이로 인해 감독이라는 교회 지도자가 나타나기 시작했다. 사도시대에는 사도와 집사는 있었지만, 교회의 전반적인 내용을 책임지는 교회 지도자는 없었다. 바울이 각 교회에 보낸 초기 서신서에 교회의 직책에 대한 언급이 없는 것은 당시에는 아직 감독이나 주교에 해당하는 교회 지도자가 없었다는 것을 나타낸다.

그러나 교회가 커지면서 교회 지도자가 필요하게 되자 처음에는 신도들이 지도자를 선출했다. 이렇게 선출된 지도자들은 교회의 지도자라기보다는 신도들의 대표라는 성격이 짙었다. 하지만 차츰

교회의 전반적인 문제를 책임지는 지도자가 나타났고, 이들을 감독이라고 불렀다. 각 지역교회의 감독으로 교회를 조직하고 교회를 이끈 사람들이 속사도들이다. 후에 기독교가 로마의 국교로 인정된 다음에는 감독이 주교라는 이름으로 불리게 되었다.

속사도시대에는 아직 모든 교회의 대표들이 모여 협의하는 교회회의나 모든 교회를 총괄하는 조직은 없었지만 지역교회의 감독을 중심으로 체계적인 전도 활동을 하고 있었고, 기독교를 적대시하는 사상가들과 논쟁하는 가운데 기독교의 기본 교리들이 형태를 갖추어 가고 있었다. 이 시기에 교회를 이끌었던 속사도들 중 많은 사람들이 로마의 기독교 박해 때 순교했다.

## 이그나티우스

이그나티우스Ignatius of Antioch(50-110)는 안디옥교회의 감독으로 사도 요한의 제자였을 것으로 추정된다. 그가 안디옥에서 체포되어 로마로 압송되는 중에 교회와 친구들에게 보낸 편지들을 통해서 그의 인격과 교회와 순교에 대한 생각을 알 수 있다. 이그나티우스는 교회가 로마의 정치체제와 같은 조직을 갖추어야 하며, 위계질서를 존중해야 한다고 주장하고, 주교의 권위에 복종할 것을 강조했다. 이그나티우스가 편지에서 주교를 중심으로 단결할 것을 권고한 것으로 보아 당시에 이미 교회를 지도하는 감독 내지는 주교가 있었다는 것을 알 수 있다. 그러나 학자들 중에는 당시의 주교가 아직 교회의 통치자가 아니었다고 주장하는 사람들도 있다. 그들은 이그나티우스가 주교를 중심으로 단결하라고 권고한 것이 로마의 박해를 이겨내기 위해서는 기독교도 로마 정부와 같이 강력한 권한을 가지는 체제를 갖추어야 한다고 권고한 것이라 주장하고 있다.

이그나티우스는 그리스도의 참된 인성을 강조하고 자신도 그리스도를 따라 순교하기를 열망했다. 그는 안디옥에서 체포되어 로마로 호송되는 과정에서 가는 곳마다 지역의 주교와 기독교도들을 만나 기독교도로 살아가는 데 필요한 지침을 주었고, 그 지역을 떠난 후에는 베풀어 준 호의에 감사하는 편지를 보냈다. 그는 자신의 사면을 위해 탄원하지 말도록 부탁하는 편지를 로마교회에 보내기도 했다. 이그나티우스가 보낸 편지의 내용은 주로 거짓 교리들과 거짓 가르침을 경계하라는 것과, 주교를 포함한 성직자들에게 교회 내에서 평화와 화해를 유지하기 위해 노력하라는 권면이었다.

이그나티우스는 안식일을 준수하는 등 유대교 의식을 따르던 유대교 복귀주의자들과, 신성을 가지고 있던 그리스도는 고난을 당하는 척했을 뿐이라고 주장하는 가현설주의자들을 비판했다. 이그나티우스는 그리스도는 신성과 함께 인성을 가지고 있었다고 주장했다. 그는 그리스도가 실제로 고난을 받아 죽지 않고 고난을 당하는 시늉만 했다면 자기가 당하는 고난과 그리스도를 위해서 희생당하려는 의도가 모두 헛된 일이라고 했다.

이그나티우스가 그의 편지에서 주교와 함께할 것을 강조한 것은, 주교가 지상에서 그리스도를 대표하고 있어서 주교와 하나가 된다는 것은 그리스도와 하나가 되는 것을 의미한다고 보았기 때문이다. 이그나티우스는 보편교회(가톨릭교회)라는 말을 처음 사용한 사람이었다.

이그나티우스가 순교자가 되고 싶어 했던 것은 그리스도와 같은 고난을 당하는 것이 그리스도와 연합하는 길이라고 보았기 때문이다. 그는 교회들에 보낸 편지에서 자신은 아직 시험을 받지 않았기 때문에 불완전하다고 자책하며, 로마에 있는 친구들의 노력으로 자신이 사면되어 완전을 향한 길에서 낙오될 것을 걱정했다. 이그나티우스의 이런 태도는 순교를 두려워하지 않던 당시 기독교도들이 가지고 있던 자세를 잘 보여준다.

그림2-4 〈순교의 성자 이그나티우스〉(저작권 불명)

## 테르툴리아누스

삼위일체trinity라는 용어를 가장 먼저 사용한 사람으로 알려져 있는 테르툴리아누스Quintus Tertullianus(155–220)는 3세기 초에 활동했던 신학자였다. 북아프리카의 카르타고에서 비기독교도인 로마 총독 관저의 백부장의 아들로 태어난 테르툴리아누스는 법률을 공부한 후 로마에서 법률가로 일했다. 그러다가 197년 어느 시기에 기독교인들이 신앙을 지키기 위해서 순교하는 모습을 보고 감동을 받아 기독교로 개종했다. 초기에는 전통교회를 지지했던 테르툴리아누스는 한때 몬타누스주의Montanism에 호감을 가지기도 했다. 테르툴리아누스는 이 집단에 가입하지는 않았지만 이들의 엄격한 도덕성에는 공감했다.

그림2–5 〈테르툴리아누스〉(저작권 불명)

테르툴리아누스는 최초로 라틴어로 글을 저술한 뛰어난 저술가이기도 하다. 그의 문장은 문체가 아름다운 것으로 널리 알려져 있다. 테르툴리아누스는 그의 저술에서 영지주의gnocism를 강력히 반대했다. 그의 가장 긴 저술은 마르시온을 비판한 『마르시온에 반대하여』라는 다섯 권으로 된 책이다. 이 책에서 그는 예수의 인성을 부정하고 신인 하나님이 십자가에서 수난을 당했다는 것은 십자가의 수치라고 주장한 마르시온에게 다음과 같이 말했다.

"그리스도의 십자가 수치는 기독교 신앙에 필수적이다. 너희들이 하나님에게 부당하다고 하는 것이 나에게는 모두 유익하다. 하나님의 아들이 십자가에 못박히셨다는 사실은 부끄러워 할 일이기 때문에 나는 그것을 부끄럽게 여기지 않는다. 하나님의 아들이 죽으셨다는 사실은 어리석은 일이기 때문에 믿을 만한 것이다. 땅에 묻히신 분이 부활하셨다는 사실은 불가능한 일이기 때문에 확실하다."

테르툴리아누스는 하나님은 삼위 안에 한 본체라고 하는 삼위일체를 주장했다. 그는 『파락세아스를 반대하여』에서 삼위일체 하나님의 한 본질과 세 위격을 주장하고 예수의 신성과 인성을 구분했다. 테르툴리아누스는 로마의 기독교 박해에 맞서 기독교도들의 신앙을 변호했다. 그는 순교자들의 피는 교회의 씨앗이라고 주장하고 기독교에 대한 박해가 기독교를 소멸시키지 못할 것이라고 했다. 그러나 몬타누스주의의 영향을 받은 테르툴리아누스는 카르타고교회가 배교자들을 받아들이는 것과 도덕적이지 못한 것을 비판해 교회와 불편한 관계를 가지기도 했다.

## 오리게네스

로마의 기독교 박해로 순교한 아버지를 둔 오리게네스Oregenes Adamantius(185-254)는 이집트 알렉산드리아에서 185년경에 태어났다. 알렉산드리아에서 문법학교를 세우고 학생들을 가르치면서 신학적 주제의 글을 쓰던 오리게네스가 성직자로 활동하기 시작한 것은 40대부터로 보인다. 금욕적 생활을 위해 스스로 거세한 것이 문제가 되어 주교 서품을 거부당하기도 했다.

오리게네스는 성경신학, 조직신학, 기독론의 기초를 마련한 신학자였다. 오리게네스는 그의 저서『원리에 관하여』에서 예수의 인성을 부정하는 마르시온주의Marcionism자들과, 예수가 고난을 받은 것은 사실이 아니라 그렇게 보였을 뿐이라고 주장하는 가현설주의자들에 대항하여 창조주 하나님의 자비와 예수 그리스도의 인성과 신성을 강조했다. 그런데 그는 자비하신 하나님께서는 사람뿐만 아니라 사탄과 마귀까지 구원할 것이라는 '만물의 복귀'를 주장해 후에 문제가 되기도 했다.

오리게네스는 그리스 문학과 철학을 바탕으로 원어의 의미를 학문적으로 고찰하여 성경을 해석한 최초의 성경학자였다. 오리게네스는 성경을 문자적으로만 해석하는 것의 문제점을 지적하고, 성경은 문자적으로 해석하는 동시에 영적으로 해석해야 한다고 주장했다. 오리게네스는 "평강의 하나님이 친히 너희로 온전히 거룩하게 하시고 또 너희 온 영과 혼과 몸이 우리 주 예수 그리스도 강림하실 때에 흠 없게 보전되기를 원하노라(데살로니카전서 5장 23절)"라는 성경 말씀을 근거로 사람이 몸과 혼과 영으로 이루어져 있는 것처럼 성경을 해석할 때도 몸에 해당하는 문자적 의미, 혼에 해당하는 도덕적 의미, 마지막으로 영에 해당하는 비유적인 의미를 파악해야 한다고 주장했다. 그러나 오리게네스가 성경의 영적 의미를 강조한 나머지 영적인 의미의 해석과 문자적 의미 해석을 조화시키지는 못했다고 비판하는 사람들도 있다.

오리게네스의 3중적 의미의 성경 해석은 후대에 4중적 의미의 해석 방법으로 발전되어 아우구스티누스를 비롯한 후대의 성경해석에서 중요한 역할을 했다. 4중적 해석에서는 성경에서 ①역사적 의미 또는 문자적 의미, ②도덕적 의미, ③비유적 의미, ④영적 의미를 찾아내야 한다고 주장한다. 영적 의미란 성경을 읽은 사람의 마음이 하나님을 생각함으로써 받는 감동이나 영감을 말한다.

그림2-6 〈학생들을 가르치는 오리게네스〉(얀 뤼켄, 1700)

## 안토니우스

안토니우스Anthony the Great(251–356)는 수도자들의 교부라고 알려졌으며, 대大안토니우스라고도 불린다. 알렉산드리아의 아타나시우스가 저술한 『안토니우스의의 생애』를 통해 수도원 운동의 한 획을 그은 안토니우스의 일생에 대해 잘 알 수 있다. 안토니우스는 251년경 이집트에서 부유한 토지 소유주의 아들로 태어났다. 34세이던 285년에 그는 "예수께서 가라사대 네가 온전하고자 할진대 가서 네 소유를 팔아 가난한 자들을 주라. 그리하면 하늘에서 보화가 네게 있으리라. 그리고 와서 나를 따라라(마태복음 19장 21절)"라고 한 성경 말씀을 따르기로 결정하고 가문이 소유했던 재산을 팔아 이웃들과 가난한 사람들에게 나누어준 다음 은둔하여 수도생활을 시작했다.

안토니우스는 사막에서 13년을 지냈다. 아타나시우스의 기록에 따르면 이때 악마가 지루함과 게으름으로, 때로는 혼령으로 나타나 안토니우스를 괴롭혔는데 그는 이를 기도의 힘으로 극복했다고 한다. 그 후 그는 음식을 가져다 주는 지역 주민들의 도움을 받을 수 있는 오래된 무덤으로 갔다. 이 무덤에서 그는 악마의 폭행으로 의식을 잃었다. 그를 만나러 온 친구가 의식을 잃은 그를 발견하고 교회로 옮겼다.

건강이 회복된 그는 사막에 있는 더 먼 산으로 들어가 오래전에 버려진 로마 요새에서 약 20년 동안 엄격히 외부와 격리된 채 생활했다. 그가 요새에서 수도생활을 하는 동안에는 음식을 공급해 주는 벽의 틈을 통해 바깥 세계와 소통했는데 그는 몇 마디의 말만 하곤 했다. 안토니우스는 6개월 동안 먹을 많은 빵을 마련하곤 했

그림2-7 〈유혹당하는 안토니우스〉(미켈란젤로, 1488)

다. 그 후 어느 날 그는 주민들의 도움으로 요새의 문을 허물고 밖으로 나왔다. 사람들은 그가 은둔생활로 인해 쇠약해졌을 것이라고 예측했지만 그는 건강하고 평온한 상태로 나타났다. 그 후 안토니우스는 그리스도 때문에 투옥된 사람들을 만나서 그들을 위로하는 등 활발하게 활동했다. 이로 인해 총독으로부터 박해를 받을 위험에 처하기도 했다.

알렉산드리아를 떠난 안토니우스는 로마의 옛 요새로 되돌아갔다. 그곳으로 많은 사람들이 그의 가르침을 듣기 위해 찾아오자 그는 이집트 동부 사막으로 더 멀리 들어갔다. 그곳에서 그와 제자들은 일을 하며 수도생활을 계속했다. 가끔 그는 신도들을 만나기 위해 사막 외곽에 있는 한 수도원으로 갔다가 돌아오기도 했다. 세상을 떠날 날이 가까워오자 안토니우스는 제자들에게 가지고 있던 물품을 나누어주고, 자신을 비석 없는 비밀 묘에 묻어 달라는 유언을 남겼다.

안토니우스는 문명 세계와 단절된 채 생활하려고 했던 금욕주의자들 가운데 한 사람이었다. 안토니우스 이전에도 이런 생활을 하는 사람들이 있었으므로 그를 최초의 은둔 수도자라고 할 수는 없겠지만, 그의 엄격한 수도자적인 생활방식은 후세의 수도자들에게 모범이 되어 수도원 운동의 전기가 되었다.

금욕주의적 수도생활을 주장하고 실천한 수도자들의 고통스러운 수도생활은 교회의 세력이 확장되면서 세속권력과 영합하는 것에 대한 반발의 결과이기도 했지만, 자신이 직접 신을 만나기를 강렬히 원했던 사람들의 격렬한 투쟁이기도 했다. 신을 직접 대면하고 신의 뜻을 확인하고 싶어 했던 은둔 수도자들 중에는 오랫동안 나무 위에서만 생활했던 사람도 있고, 좁은 탑 안에서만 생활했던 사람도 있었다. 안토니우스의 수도생활이 알려진 후에 금욕적인 수도생활을 선택하는 사람들의 수가 더욱 늘어났다.

# 초기 기독교와 대립했던 사상들

## 영지주의

그노시스파 또는 그노시즘이라고도 부르는 영지주의는 신비적이고 계시적이며 밀교적인 지식이나 깨달음을 뜻하는 그리스어 그노시스γνῶσις, gnosis로부터 유래한 말이다. 영지, 즉 그노시스는 영적인 지식 또는 신성한 프네우마pneuma에 대한 지식을 뜻한다. 1945년 이집트 나그함마디 마을 근처에서 영지주의 문서인 나그함마디 문서[10]가 발견되어 영지주의를 좀 더 깊이 있게 이해할 수 있게 되었다. 나그함마디 문서가 발견되기 전에는 초기 교부들이 영지주의를 비판하기 위해 작성한 문서들을 통해서 영지주의를 부분적으로 이해할 수밖에 없었다.

영지주의는 주장하는 내용이 다양해 하나의 종교 분파 또는 하나의 교의 체계로 묶어서 이야기할 수는 없다. 그러나 영지주의에서는 일반적으로 우리가 살고 있는 우주가 데미우르고스Demiurge라고 불리는 불완전한 하위의 신이 최고의 신인 프네우마Pneuma의 지혜 일부를 사용하여 창조한 세계라고 가르친다. 기독교에서는 구원이 예수 그리스도의 대속에 대한 믿음을 통해 가능하다고 주장한 데 반해, 영지주의에서는 구원이 영지(그노시스)에 대한 깨달

10 1945년 이집트 나그함마디 마을 근처에서 한 농부가 12권의 파피루스 문서를 발견했는데 여기에는 영지주의 문서 52편, 헤르메스주의 문헌의 문서 3편, 그리고 플라톤의 『국가』의 번역본이 들어 있었다.

그림2-8 1945년 발견된 나그함마디 문서 원본(콥트 박물관 소장)

음을 통해 이루어진다고 주장했다. 다시 말해 영지주의자들은 영혼이 물질계의 속박으로부터 벗어나 해방된 상태를 얻기 위해서는 그노시스에 대한 깨달음을 반드시 갖추어야 한다고 보았다.

시리아와 이집트에서 활동한 영지주의자들 중 많은 분파들이 정통 기독교에서 정경으로 인정하지 않는, 기독교와 관련된 원천 문헌들을 가지고 있었다. 시리아와 이집트의 영지주의자들은 정통파 기독교와는 많은 부분에서 달랐음에도 불구하고 자신들을 기독교인이라 불렀다. 이들은 기독교의 구원론과 다른 구원론을 주장했으므로 초기 교부들의 비판의 대상이 되었다.

일부 영지주의자들은 거짓 메시아인 예수가 세례자 요한이 맡긴 가르침들을 타락시켰다고 주장했다. 어떤 영지주의에서는 아담과 이브의 셋째 아들인 셋, 그리고 마니교Manic haesim의 창시자인 마니를 메시아라고 주장하기도 했다. 나그함마디 문서에 포함된 영지주의 문서 중 하나인『이집트 복음서』에는 아담과 이브의 셋째 아들인 셋이 예수의 전생들 중 하나라고 기록되어 있다. 물질계라는 감옥으로부터 사람들의 영혼을 구원하기 위해 셋이라는 메시아로 화신했다가 다시 예수로 화신하여 나타났다는 것이다.

영지주의자들은 예수의 생애에 대해서도 기독교와는 다른 주장을 했다. 그들은 예수가 지상의 인류를 구원할 수단인 그노시스를 인류에게 가져다주고 가르치기 위하여 고통이 없는 세상인 플레로마pléróma를 떠나 고통이 가득한 물질계에 탄생하여 고난을 받는 희생을 감수한 존재로, 지고한 존재의 물질적 화신이라고 주장했다. 영지주의 경전 중 하나인『피스티스 소피아』에 따르면 예수는 십자가에 못박히고 부활한 다음 하늘로 승천했다가 다시 지상으로 와 제자들을 11년간 더 가르쳤는데, 그 가르침은 첫 번째 신비를 완전히 알 수 있게 하는 영지였다고 한다.

이처럼 예수를 이 세상에 영지를 전하기 위해 온 계시자로 여겼던 영지주의에서는 물질과 육체는 모두 악하다는 생각에 따라 예수의 인성을 인정하지 않았다. 일부 영지주의자들은 예수의 육체는 육체처럼 보였을 뿐이며 예수의 고난과 죽음, 그리고 부활은 실제적인 것이 아니라는 가현설docetism을 주장했다. 그들의 사상은 그리스 철학을 근간으로 하여 동방의 신비 종교 사상을 혼합한 것으로 하나님의 창조, 그리스도의 성육신과 부활을 부인했기 때문에 기독교에 심각한 위협이 되었다.

오랫동안 많은 학자들은 영지주의가 기독교의 한 분파로 시작되었다고 생각해왔다. 그러나 기원전에도 영지주의가 존재했었다고 주장하는 학자들도 있다. 영지주의는 3세기까지 로마제국 전역과 지중해 연안, 그리고 중동 지방으로 전파되었다. 그러나 325년에 열린 니케아 공의회의 결의로 배척되었고, 로마 황제의 칙령으로 알렉산드리아 도서관이 파괴되는 등 압박을 받아 4세기에는 영지주의 문헌 대부분이 파괴되었다. 4세기 이후 유럽에 일부 남아 있던 영지주의자들도 알비 십자군[11]의 공격을 받아 그 수가 크게 감소했다.

### 에비온주의

초대 기독교도들 중에는 유대교에서 기독교로 개종한 유대인들이 많았다. 이런 유대인 기독교도들 중에 유대교적 요소를 버리지 못하고 기독교 신앙을 유대교의 틀 안에서 유지하려고 했던 사람들이 있었는데, 이들을 에비온주의Ebionism자라고 부른다. 에비온주의는 초기 기독교에 많은 혼란을 가져왔다. 유대인 기독교인들 중 일부는 자신들을 에비온주의자라고 불렀는데, 에비온은 가난한 자라는 의미를 가진 그리스어로 기독교를 믿던 유대인들이 대부분 가난한 사람들이었다는 것을 나타낸다.

에비온주의자들은 유대교 율법을 준수할 것을 강력하게 주장하고, 율법과 유대인의 전통 위에 기독교를 세울 것을 주장했다. 그들은 바울이 예수의 직접적인 제자가 아니라는 이유로 그의 사도

11 교황 인노첸시오 3세에 의해 영지주의를 받아들였던 카타리파를 이단으로 토벌하기 위해 조직되었던 알비 십자군은 1209년부터 1229년까지 활동하면서 약 20만 명에서 100만 명 사이의 카타리나파를 살해했다.

성을 부인하고, 이방인들에게 기독교를 전도했다는 이유로 바울을 유대교의 배반자라고 불렀다. 따라서 그들은 바울의 서신들을 경전으로 인정하지 않았다. 그들은 또한 예수의 동정녀 탄생을 부인했다. 에비온주의자들은 유대교적 율법주의자들로 기독교를 유대교의 일부로 만들려고 했던 사람들이었다.

## 마르시온주의

마르시온Marcion of Sinope(85-160)은 85년경 흑해 연안에 있는 항구 폰투스에서 교회 감독의 아들로 태어났다. 그는 처녀를 미혹했다는 혐의를 받고 교회의 감독이었던 아버지에 의해 교회에서 추방되었다. 140년경 로마로 간 마르시온은 크레도라는 사람으로부터 영지주의를 배워, 유대교와 물질세계를 증오했던 자신의 신학을 발전시켜 크레도의 사상을 구체화시켰다. 마르시온은 144년 독자적으로 교회를 세워 많은 추종자를 확보했다.

마르시온은 극단적인 바울 추종자였다. 그는 예수의 제자들을 유대주의자들로 여겨 사도로 인정하지 않았으며, 오직 바울만이 예수의 가르침을 바르게 이해한 진정한 사도라고 생각했다. 그는 구약성경은 유대인의 역사서이며 유대인을 위한 율법일 뿐이라고 주장했다. 그는 구약성경에서 이야기하는 신은 지고한 하나님이 아니라 분노와 복수의 마음을 지닌 열등한 창조주에 불과하고, 바울의 하나님만이 사랑으로 충만한 참 하나님으로 우주적 구세주인 그리스도를 보내신 분이라 보았다. 마르시온이 정경으로 인정한 것은 마르시온 정경이라고 부르는 바울이 쓴 10통의 서신과 누가복음의 편집본뿐이었다.

그림2–9 〈시노프의 마르시온〉(저작권 불명, 10세기경)

마르시온은 영지주의자들과 마찬가지로 그리스도는 육체를 지니지 않은 영적 존재라고 가르쳐, 그리스도가 참 인간이었음을 부정하는 가현설을 주장했다. 가현설에서는 몸과 피를 가지고 있지 않았던 예수의 몸은 환상일 뿐이며, 십자가에 달려서 고난을 받은 것도 모두 환상이라고 주장했다. 따라서 그는 육체의 부활은 없고 최후의 심판도 없다고 했다. 또 물질과 육체는 악한 것이므로 육식이나 부부생활을 금하는 엄격한 금욕생활을 해야 한다고 주장했다. 마르시온은 160년경에 죽었지만 마르시온의 추종자들은 이후에도 오랫동안 활동했다.

## 몬타누스주의

초대 기독교는 예수 그리스도의 재림을 고대하면서 신앙을 지켜나갔다. 그러나 속히 이뤄질 것으로 생각했던 예수의 재림이 지연되자 신앙이 점점 퇴색되었다. 이처럼 신앙이 약화되는 경향에 대한 반작용으로 나타난 것이 몬타누스주의였다. 몬타누스주의는 160년경 몬타누스Montanus(생졸연대 미상)가 소아시아 프리기아에서 성령이 자신에게 임했다고 주장하면서 시작되었다.

몬타누스는 자신의 가르침을 새 예언이라고 하면서 방언과 환상의 체험을 강조했다. 몬타누스는 자신과 자신을 돕는 두 여사제 프리스킬라와 막시밀라를 통하여 성령이 말씀하신다고 주장했으며, 이로 인해 성령의 시대가 도래했다고 주장했다. 그는 프리기아 지

그림2-10 〈몬타누스와 추종자들〉(저작권 불명)

방의 페푸자라는 도시 근처에 새 예루살렘이 세워질 것이라고 주장하며, 기독교인들은 세상일을 그만 두고 페푸자로 가서 임박한 세상의 종말을 기다려야 한다고 했다. 몬타누스의 추종자들은 결혼을 하지 않고, 엄격한 금욕생활을 실천했다.

기독교 신학의 시조라고 불리는 카르타고의 테르툴리아누스가 몬타누스주의의 엄격한 도덕 생활과 금욕주의에 호감을 가지는 등 몬타누스주의는 일시적으로 세력을 크게 확장했다. 이에 위협을 느낀 소아시아교회의 감독들은 교회 회의를 소집하여 177년 몬타누스주의를 이단으로 결정했고, 교회의 결속을 위하여 감독의 지위와 권한을 강화시켰다.

몬타누스의 주장이나 행적은 그 후 인류 역사에 나타났던 수많은 기독교계 소수 종파들의 주장이나 행적과 매우 유사했다. 특히 새로운 세기가 시작되는 시기나 새로운 천 년이 시작되는 시기에 자신이 재림 예수라고 주장하는 사람들이 많이 나타나 시한부 종말론을 내세우면서 추종자들에게 세상적인 일을 포기하고 종말이나 휴거에 대비하도록 했다. 이들은 몬타누스와 마찬가지로 요한계시록의 내용을 자의적으로 해석하여 자신들이 있는 곳이 새로운 왕국의 중심지가 된다고 주장했으며, 자신들과 같은 믿음을 가지고 있는 사람들만이 구원을 받고 재림 예수가 세상을 다스리는 천년왕국에서 함께 세상을 다스릴 것이라고 믿었다. 이들에게는 자신들의 집단에 속하는 것이 구원의 필수 조건이었다.

기독교가 세계 곳곳으로 전파되면서 현지의 민속신앙과 결합하여 자신이 세상을 구하러 온 하나님, 하나님의 사자, 또는 재림 예수라고 주장하는 사람들이 많이 나타났다. 이들은 하나님, 재림 예수와 같은 기독교 용어를 사용했지만 그 행태는 민속신앙과 크게 다를 것이 없는 경우가 많았다. 이들 역시 자신의 성장 과정과 경험을 계시록의 기록과 대비시켜 자신이 계시록에서 예언한 구원자라는 것을 증명하려고 했다.

이들은 몬타누스의 생각을 계승한 사람들이 아니라 기독교와 민속신앙이 만들어 낸 토양에서 자생한 종교 집단이었다. 그러나 2,000년 전에 몬타누스가 했던 것과 비슷한 주장을 하는 사람들이 현재에도 계속 나타나고 있다는 것은 기독교 내지는 종교의 속성에 대해 다시 생각해 보지 않을 수 없게 한다.

이런 사람들이 이끈 신흥 종파 중에는 반사회적인 집단으로 변해 사회적 물의를 일으킨 종파도 많았다. 자신을 메시아, 예수, 부처, 신적인 존재의 현신이라고 주장하고, 신도들에게 가이아나의 존스타운으로 이주할 것을 강요했으며, 1978년에 276명의 어린이를 포함한 914명의 추종자들에게 자살하도록 강요한, 미국의 짐 존스가 설립한 인민사원Temple of People은 이런 집단의 대표적인 예이다.

"그리스도의 십자가 수치는 기독교 신앙에 필수적이다.
너희들이 하나님에게 부당하다고 하는 것이 나에게는 모두 유익하다.
하나님의 아들이 십자가에 못박히셨다는 사실은
부끄러워 할 일이기 때문에 나는 그것을 부끄럽게 여기지 않는다.
하나님의 아들이 죽으셨다는 사실은
어리석은 일이기 때문에 믿을 만한 것이다.
땅에 묻히신 분이 부활하셨다는 사실은
불가능한 일이기 때문에 확실하다."

카르타고의 테르툴리아누스 (155–220)

〈십자가 계시〉(라파엘로 학파, 1520)

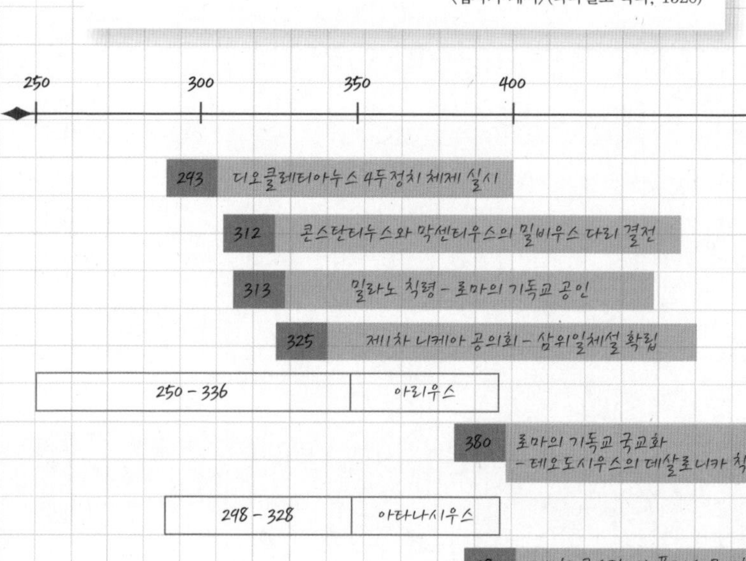

# Chapter 3

# 로마의 기독교 공인과 삼위일체 교리 논쟁

# 들어가며

로마의 박해로 어려움을 겪던 기독교가 로마제국이 공인하는 종교가 되고, 마침내는 로마의 국교가 되는 과정은 로마의 정치적 상황과 밀접한 관계를 가지고 있었다. 영국에서 지중해, 중동 지방, 그리고 북아프리카를 포함하는 거대한 제국을 형성하고 있던 로마는 영토가 넓은 만큼 외적의 침입도 많이 받았다. 외적의 침입을 효과적으로 막아내기 위해 디오클레티아누스 황제는 로마를 두 명의 정제와 두 명의 부제가 나누어 다스리는 4두 정치체제를 도입했다. 정제와 부제들 사이의 후계 다툼에서 십자가의 계시를 보고 승리한 콘스탄티누스는 313년에 발표한 밀라노 칙령을 통해 기독교를 공인했다. 이것은 콘스탄티누스와 막센티우스의 대결에서 기독교가 중요한 역할을 할 수 있을 정도로 기독교가 큰 세력을 형성하고 있었다는 것을 나타낸다.

두 개의 제국으로 분리되었던 로마를 다시 통일한 콘스탄티누스는 교리로 인해 교회가 분열되는 것을 바라지 않았다. 따라서 콘스탄티누스는 교리를 통일하기 위해 첫 번째 교회 회의인 니케아 공의회Councils of Nicaea를 개최했다. 니케아 공의회의 가장 중요한 의제는 예수는 누구이며, 하나님과 예수, 그리고 성령은 어떤 관계인가 하는 문제였다. 니케아 공의회에서는 성부와 성자, 그리고 성령은 다른 위격으로 존재하지만 본질은 같다는 삼위일체설을 정통 교리로 채택했다.

전체 로마제국을 다스렸던 마지막 황제인 테오도시우스 1세는 380년 기독교를 로마의 국교로 정했다. 이로서 기독교는 박해를 받던 종교에서 제국을 다스리는 종교가 되었다. 밀라노 주교였던 암브로시우스의 호소를 무시하고 데살로니카 주민을 학살한 테오도시우스 1세가 한동안 교회 출입을 금지 당하자 밀라노교회로 찾아가 암브로시우스 주교에게 사죄한 것은 당시 기독교의 위상이 얼마나 높아졌는지를 잘 나타낸다.

# 로마의 기독교 공인

### 디오클레티아누스와 4두 정치체제

디오클레티아누스는 비천한 신분에서 시작하여 황제에 오른 인물로 어린 시절에 대해서는 알려진 것이 거의 없다. 284년 사산조 페르시아 원정 중 누메리아누스 황제가 살해되자 휘하의 군단이 디오클레티아누스를 황제로 옹립했다. 284년 디오클레티아누스는 장군 막시미아누스를 부제(케사르)로 임명하고 285년 6월 경쟁자였던 카리누스 황제를 모이시아 지방에서 격퇴한 후 정식 황제에 올랐다. 286년 4월 1일 막시미아누스를 다시 정제(아우구스투스)로 승격시키고 제국을 공동으로 통치했다. 디오클레티아누스는 50년이 안 되는 짧은 기간 동안 20명이 넘는 황제가 교체될 정도로 불안했던 로마 정국의 혼란을 수습했으며, 외부의 적을 격퇴하고 방위선을 강화하여 강력한 통치권을 확립했다.

제국을 안정시킨 디오클레티아누스는 293년에 4두 정치체제를 실시했다. 4두 정치체제는 로마제국을 동서로 양분하여 두 명의 정제가 맡아 통치하고 각각의 정제는 부제를 한 명씩 두어 방위를 분담하는 통치 방식이었다.

디오클레티아누스는 동방의 정제가 되어 갈레리우스를 부제로 임명했고, 서방은 막시미아누스가 통치하게 두어 콘스탄티우스를 부제로 임명했다. 4두 정치체제를 통해 디오클레티아누스는 거대한 영토를 다스리던 로마제국의 방위를 분담하며 보다 효과적으로 제국을 통치할 수 있게 되었다.

4두 정치체제 아래에서도 두 명의 정제가 동등한 것은 아니었다. 4두 정치체제는 외적의 침략으로부터 방위를 분담하는 것이 목적이었기 때문에 로마의 중요한 정치적인 문제는 디오클레티아누스가 결정했다. 디오클레티아누스는 자신을 다른 정제와 구별하여 '세니오르'라고 불렀다.

디오클레티아누스는 입법 기능을 상실해 가고 있던 원로원의 입

**1기 4두체제의 정제와 부제**

동방 정제 : 디오클레티아누스　　부제 : 갈레리우스

서방 정제 : 막시미아누스　　부제 : 콘스탄티우스

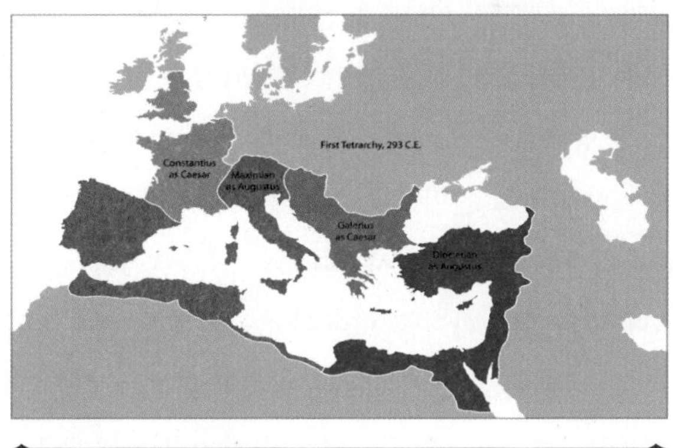


그림3-1 4두 정치체제 하의 로마제국

법 기능을 없애버리는 등 내정개혁에 힘을 쏟았고, 로마군의 병력도 증강시켰다. 이러한 개혁으로 인해 재정 수요가 늘어나자 새로운 세금을 신설하여 이를 충당했다.

305년 5월 1일 디오클레티아누스와 막시미아누스가 은퇴한 후 후임 정제와 부제들이 임명되어 제2기 4두 정치체제가 실시되었다. 하지만 디오클레티아누스가 퇴위한 후 정제와 부제들이 대립하여 내전이 발발해 4두 정치체제는 빠르게 와해되었다. 디오클레티아누스는 은퇴 후 현재의 크로아티아에 속한 스플리트에 거대한 궁을 짓고 채소를 키우며 조용하게 말년을 보내다 313년에 죽었다. 그가 죽던 해에 기독교를 공인하는 밀라노 칙령이 발표되어 로마에서의 기독교 박해가 완전히 끝났다.

디오클레티아누스가 나누어 놓은 동서 로마는 콘스탄티누스 황제에 의해 다시 하나로 통합되었다. 그러나 곧 다시 두 명의 황제가 나누어 다스리다가 테오도시우스 1세가 동서 로마를 모두 통치한 후, 그가 죽기 전인 395년에 동서 로마제국을 두 아들에게 나누어 물려줌으로써 로마의 분열이 고착되었다. 서로마제국은 476년 게르만 용병대장 오도아케르에 의해 멸망했지만 동로마제국은 1453년 오스만제국의 침입으로 콘스탄티노폴리스가 함락될 때까지 1,000년 가까이 명맥을 유지했다.

학자들에 따라 언제까지를 로마제국으로 보느냐에 대한 견해가 크게 다르다. 마지막으로 기독교를 박해했던 디오클레티아누스까지를 로마제국으로 보는 학자가 있는가 하면 서로마제국이 멸망한 476년까지를 로마제국으로 보는 학자들도 있으며, 동로마제국이 멸망한 1453년까지를 로마제국으로 보는 학자들도 있다.

그러나 비잔티움을 중심으로 이어져 온 동로마제국은 로마제국이라는 명칭만 사용했을 뿐 로마제국과는 다른 국가체제를 가지고 있었으므로 동로마를 로마제국으로 보는 학자는 그리 많지 않다. 종교적인 면에서 보면 기독교를 공인한 후에는 서로마제국도 이전의 로마와는 전혀 다른 성격을 가진 제국이었지만 로마를 수도로 하고 있었다는 면에서 서로마의 멸망까지를 로마제국으로 보는 학자들이 많다.

## 콘스탄티누스의 기독교 공인

콘스탄티누스 1세(272–337)는 서방의 부제였던 콘스탄티우스 클로루스의 아들로 태어났다. 아버지가 서방 부제로 있는 동안 콘스탄티누스는 동방 정제 디오클레티아누스의 휘하에서 근무했다. 305년 디오클레티아누스와 막시미아누스가 은퇴한 후 콘스탄티우스가 서방의 정제로 승격하자 콘스탄티누스는 아버지에게로 돌아왔다. 서방의 부제에는 막시미아누스의 아들 막센티우스를 제치고 세베루스가 임명되었다. 동방의 정제에는 부제였던 갈레리우스가 임명되었고 부제에는 막시미아누스 다이아가 임명되어 2기 4두 정치체제가 성립되었다.

**2기 4두체제의 정제와 부제**

동방 정제 : 갈레리우스 부제 : 막시미아누스

서방 정제 : 콘스탄티우스 부제 : 세베루스

306년 7월 서방의 정제였던 콘스탄티우스가 죽자 휘하의 장병들이 콘스탄티누스를 정제로 추대했다. 그러나 동방의 정제 갈레리우스는 콘스탄티누스가 아버지의 영토를 승계하는 것은 인정했지만 정제로는 인정하지 않았으며, 서방 정제로는 부제였던 세베루스를 임명했다. 콘스탄티누스는 이를 받아들였지만, 307년 콘스탄티우스의 전임 서방 정제인 막시미아누스의 아들 막센티우스가 봉기하여 정제인 세베루스에게 자살을 강요하고 스스로 서방 정제에 오르는 일이 발생했다.

한편 311년 동방의 정제 갈레리우스가 죽자 리키니우스가 동방의 정제가 되었다. 콘스탄티누스는 리키니우스와 동맹을 맺은 후 막센티우스를 처단하기 위해 출정했다. 잉글랜드 지방에 주둔해 있던 콘스탄티누스는 312년 초 알프스를 넘어 이탈리아로 진격하여 투린과 베로나에서 막센티우스군을 차례로 무찌르고 로마 근교까지 진출했다. 로마 근교에 있는 밀비우스 다리 앞에서 콘스탄티누스군과 막센티우스군 사이에 최후의 결전이 벌어졌다.

이 전투에 대해서는 여러 가지 일화가 지금까지 전해오고 있다. 콘스탄티누스가 막센티우스와 마지막 결전을 벌이던 날 정오에 태양 위에 빛나는 십자가가 나타났고, 그 십자가에 '이것으로 이겨라'는 글자가 쓰여 있었다고 한다. 이 십자가를 본 후 전투를 시작한 콘스탄티누스는 전투에서 대승을 거두었고, 밀비우스 다리 전투에서 막센티우스군을 격퇴시킨 콘스탄티누스는 서방의 정제가 되었다는 것이다.

313년 동방의 정제 리키니우스와 서방의 정제 콘스탄티누스는 밀라노에서 만나 동맹관계를 확인하고, 기독교를 공인한 밀라노

그림3-2 〈십자가 계시〉(라파엘로 학파, 1520)

칙령을 발표했다. 따라서 밀라노 칙령을 콘스탄티누스-리키니우스 밀라노 칙령이라고도 부른다. 이로써 로마제국의 서방과 동방에 두 명의 정제만 남게 되었다. 그러나 콘스탄티누스와 리키니우스의 동맹도 오래가지 못했다. 324년 콘스탄티누스와 리키니우스는 로마의 패권을 놓고 결전을 벌였고, 여기서 콘스탄티누스가 승리하여 콘스탄티누스는 로마제국의 유일한 황제가 되었다. 로마제국의 유일한 통치자가 된 콘스탄티누스는 비잔티움을 대대적으로 개조하고 로마에 있던 원로원과 같은 공공건물들을 지어 새로운 로마라고 불렀다. 콘스탄티누스가 죽은 후 비잔티움은 콘스탄티노폴리스로 이름을 바꾸었다.

첫 번째 기독교도 황제였던 콘스탄티누스 1세의 치세는 기독교 역사의 중요한 전환점이 되었다. 콘스탄티누스는 기독교에 대한 박해를 끝내고 기독교를 공인했을 뿐만 아니라 디오클레티아누스의 기독교 박해 때 압류된 재산을 돌려주고 피해에 대하여 보상했다. 그러나 콘스탄티누스는 337년 죽기 직전이 되어서야 니코메디아의 유세비우스에게 세례를 받았다. 콘스탄티누스가 죽기 직전에야 세례를 받은 정확한 이유는 알려지지 않았지만, 일부에서는 이 세상에 살아있는 동안에 저지른 죄를 모두 씻기 위해 죽기 전에 세례를 받는 것이 당시에는 흔한 일이었다고 주장하기도 한다.

반면, 콘스탄티누스가 기독교를 공인한 것은 기독교를 정치에 이용하기 위한 정치적인 행위의 하나였을 뿐이라고 평가하는 사람들도 있다. 콘스탄티누스가 죽기 직전에야 세례를 받은 것과, 간통 혐의를 받은 아들과 아내를 무참히 죽인 것 등을 이유를 들어 그가 기독교를 받아들인 것이 아니라 기독교를 정권을 잡는 수단으로 이용했을 뿐이라는 것이다. 그러나 그의 치세 동안에 콘스탄티누스는 재정적인 지원을 통해 많은 교회를 세웠고, 기독교도들을 관료로 등용하여 기독교의 발전에 크게 기여했다.

동서로 나누어져 있던 로마제국을 다시 하나로 통일한 콘스탄티누스의 가장 큰 관심사는 로마를 하나의 종교로 통일시키는 일이었다. 그러나 기독교에는 수많은 분파들이 대립하고 있었다. 여러 종파들이 나누어 대립하는 것은 통일된 로마에 도움이 되지 않는다고 생각한 콘스탄티누스는 325년 제1차 니케아 공의회를 소집하여 대립하고 있던 기독교의 교리 논쟁을 정리하도록 했다. 니케아 공의회를 소집하여 기독교 교리를 정리한 것은 콘스탄티누스가 기독교 발전에 기여한 공헌 중의 하나라고 볼 수 있다. 그러나 이에 대해서도 황제가 공의회를 소집하고 주재하는 나쁜 관례를 남겼다고 비판하는 사람들도 있다.

## 니케아 공의회와 니케아신경

동방교회의 주교 1,000명, 서방교회 주교 800명이 참석하여 지금의 터키 지방에 있는 니케아에서 열린 공의회에서 주로 논의한 내용은 아버지인 하나님과 아들 예수 사이의 관계에 대한 것이었다. 니케아 공의회에서는 하나님과 예수를 별개의 존재로 보는 아리우스파, 성부와 성자 성령의 삼위일체를 주장하는 알렉산드리아파, 중간파인 오리게네스주의파의 3파로 나뉘어 논쟁을 벌였다.

난항을 거듭한 끝에 공의회에서는 아버지와 아들을 동질, 즉 호모우시오스homousios로 보는 니케아신경을 채택하고 아버지와 아들을 별개의 존재로 보는 아리우스파를 이단으로 단죄했다. 삼위일체 교리를 정통 교리로 결정하고, 예수를 피조물이라고 주장한 아리우스파를 이단으로 규정한 이 공의회는 황제가 공의회를 소집한다는 전례를 남겼다. 니케아신경의 내용은 다음과 같다.

"우리는 한 분이신 하나님을 믿는다. 그분은 전능하신 아버지이시며, 유형무형의 만물을 창조한 분이시다. 그리고 우리는 한 분이신 주 예수 그리스도를 믿는다. 그분은 하나님의 외아들이시며, 아버지에게서 나셨으며, 곧 아버지의 본질에서 나셨다. 하나님에게서 나신 하나님이시며, 아버지와 본질에서 같으시다. 그분으로 말미암아 만물이, 하늘에 있는 것들이나 땅에 있는 것들이 생겨났다. 그분은 우리 인간을 위하여, 우리의 구원을 위하여 내려오시어 육신을 취하시고, 사람이 되셨으며, 고난을 받으시고, 사흘 만에 부활하시고, 하늘로 올라가셨으며, 산 이와 죽은 이들을 심판하러 오실 것이다. 그리고 우리는 성령을 믿는다."

니케아신경은 예수에 대한 신학적 진술이 거의 대부분을 차지하고 있다. 이것은 니케아 공의회의 가장 중요한 토의 주제가 예수의 위상에 대한 것이었다는 것을 나타낸다. 381년 제1차 콘스탄티노폴리스 공의회에서 이 신경을 보완하여 제정한 니케아-콘스탄티노폴리스신경을 니케아신경이라고 부르는 경우도 있지만 325년에 제정된 니케아신경과는 구별된다.

원래 니케아신경에 없었던 이단 파문에 대한 내용이 후에 니케아신경의 마지막 부분에 추가되었다. 추가된 내용은 다음과 같다.

"그분이 존재하지 않은 시대가 있었다", "나시기 전에 존재하지 않았다"고 말하는 사람들을, 또는 비존재에서 생겨났다거나, 다른 히포스타시스hypostasis 또는 우시아ousia에서 존재한다고 말하는 사람들을, 또는 하나님의 아들은 창조되었으며, 변할 수 있으며, 달라질 수 있다고 말하는 사람들을, 보편되고 사도로부터 이어오는 교회에서 파문한다.

그러나 니케아 공의회에서 이단으로 정죄된 후에도 아리우스주의는 상당한 세력을 형성하여 삼위일체를 옹호했던 알렉산드리아의 주교 아타나시우스를 다섯 번이나 주교직에서 쫓아내기도 했다. 삼위일체를 부정하는 아리우스주의는 380년 기독교를 로마의 국교로 정한 테오도시우스 1세 때가 되어서야 그 세력이 크게 위축되었다.

그림3-3 〈니케아신경을 들고 있는 콘스탄티누스 황제와 주교들〉(저작권 불명)

## 삼위일체 교리의 정립

### 삼위일체 교리

삼위일체 교리는 성부, 성자, 성령은 삼위로 존재하지만 본질은 같다는 교의이다. 구약성경과 신약성경에는 삼위일체라는 말이 나타나지 않지만 로마 가톨릭교회를 포함한 대부분의 기독교 교파에서는 삼위에 대한 개념이 요한복음을 비롯한 여러 성경에 내재되어 있다고 보고 있다. 다시 말해 본질은 같지만 세 위격으로 존재하는 성부와 성자, 그리고 성령을 받아들여야 복음서의 내용을 모순 없이 이해할 수 있다는 것이다.

삼위일체 교리의 성경적 근거는 "내 아버지께서 모든 것을 내게 주셨으니 아버지 외에는 아들을 아는 자가 없고 아들과 또 아들의 소원대로 계시를 받는 자 외에는 아버지를 아는 자가 없느니라(마태복음 11장 27절)", "그러나 우리에게는 한 하나님 곧 아버지가 계시니 만물이 그에게서 났고 우리도 그를 위하며 또한 한 주 예수 그리스도께서 계시니 만물이 그로 말미암고 우리도 그로 말미암았느니라(고린도전서 8장 6절)"와 같은 말씀에서 찾을 수 있다. 아들 예수가 아버지 하나님으로부터 '모든 것을 받았다'는 것을 이야기하고 있는 이 성경 구절에서 모든 것을 받았다는 것을 본질적으로 동등하다는 의미로 해석한 것이다.

요한복음 14장에서도 삼위일체를 암시하는 내용을 발견할 수 있다. "예수께서 가라사대 내가 곧 길이요 진리요 생명이니 나로 말미암지 않고는 아버지께로 올 자가 없느니라 너희가 나를 알았더면 내 아버지도 알았으리로다 이제부터는 너희가 그를 알았고 또 보았느니라(요한복음 14장 6절–7절)", "내가 아버지 안에 있고 아버지께서 내 안에 계심을 믿으라 그렇지 못하겠거든 행하는 그 일을 인하여 나를 믿으라(요한복음 14장 11절)"

속사도 교부들 중에도 삼위일체설을 주장한 사람들이 많이 있었다. 1세기에 활동했던 속사도 교부인 로마의 클레멘스[12]는 삼위일체를 언급하며 예수가 육체를 입고 세상에 오기 전에도 존재했다고 주장했다. 속사도 교부인 안티오키아의 이그나티우스도 요한복음의 내용을 근거로 하여 삼위일체 교의를 언급했다. 그 후 3세기 신학자 히폴리투스와 테르툴리아누스의 삼위일체 교리를 바탕으로 니케아 공의회의 결정이 이루어졌다.

삼위일체 교리에 대한 반론도 만만치 않았다. 삼위일체론을 반대하는 사람들도 성경을 그 근거로 제시했다. 그들은 "이스라엘아 들으라 우리 하나님 여호와는 오직 하나인 여호와시니(신명기 6장 4절)"라고 한 신명기의 구절과 "이에 예수께서 말씀하시되 사단아 물러가라 기록되었으되 주 너의 하나님께 경배하고 다만 그를 섬기라 하였느니라(마태복음 4장 10절)"라고 한 마태복음의 말씀은 하나님은 한 분뿐이며 하나님과 예수는 다르다는 것을 이야기하고 있다고 주장했다. 성부와 성자, 그리고 성령이 본질적으로 같은 존재였다면, "오직 그분에게만"이라고 하지 말고 "우리에게"라고 했어야 한다는 것이다.

12 클레멘스는 베드로에 의해 사제에 서임되어 1세기 말에 로마교회에서 사목했다.

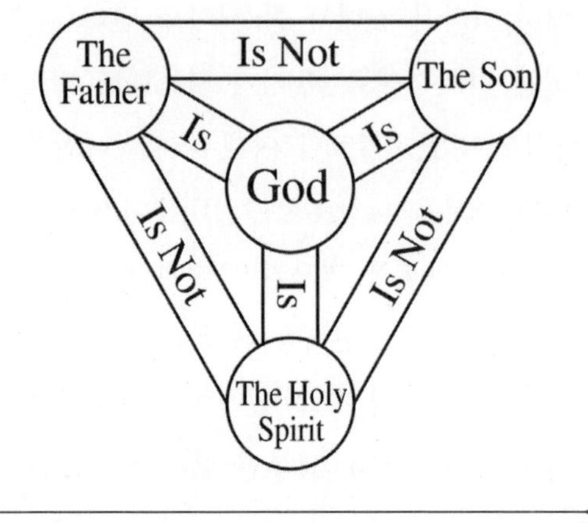


그림3-4 삼위일체론 관계도

삼위일체설을 반대하는 사람들은 다양한 방법으로 하나님과 예수의 관계를 설명했다. 삼신론에서는 하나님, 예수, 성령이 서로 다른 인격을 가진 세 하나님이라고 주장했으며, 양태론에서는 하나님은 한 분이지만 시대에 따라 성부, 성자, 성령의 모습으로 나타난다고 설명했다. 구약시대에는 성부로, 신약의 시대에는 성자로, 신약 이후에는 성령으로 활동한다는 것이다. 종속론에서는 성자와 성령은 성부에게 종속되어 있다고 보았다. 양자론은 하나님이 예수를 양자로 선택했기 때문에 예수가 하나님의 아들이 되었다고 주장한다. 삼위일체를 반대하는 이런 모든 이론들은 이단으로 정죄되었지만 기독교의 역사에는 삼위일체를 부정하는 새로운 종파가 계속 등장하여 삼위일체를 받아들이는 교회와 대립했다.

### 아리우스

알렉산드리아에서 250년경 리비아 이주민의 아들로 태어난 아리우스Arius(250-336)는 안디옥에서 신학을 공부했고, 312년에 알렉산드리아 아킬라스 교구에서 사제 서품을 받았으며, 313년에는 알렉산드리아 바우칼리스 교구 사제가 되었다. 아리우스의 반대자 중 하나였던 키프로스 주교 에피파니우스의 기록에 따르면, 아리우스는 키가 크고 군살이 없는 몸매에 준수한 용모와 공손한 말투를 썼다. 여자들은 그의 정중하고 예의바른 행동과 준수한 외모에 감동했으며, 남자들은 그의 지적 탁월함에 감명을 받았다고 한다.

알렉산드리아교회의 사제가 된 아리우스는 오직 하나님인 성부만이 영원하며 성자는 모든 피조물과 마찬가지로 창조된 존재로, 피조물과 신을 중개하는 역할을 하며, 세상을 구원하도록 신에게 선택받았다고 주장했다. 즉, 예수 그리스도는 신의 은총을 입어 하나님의 양자로 선택 받은 하나님의 피조물이라는 것이다.

알렉산드리아의 알렉산더 주교가 아리우스의 교리에 반대하는 편지에서 소개한 아리우스의 가르침은 다음과 같다.

"하나님은 늘 아버지가 아니라, 아버지가 아니었던 시기가 있었다. 하나님의 말씀은 영원 전부터 있었던 것이 아니라 무에서 만들어진 것이다. 영원히 존재하는 하나님은 존재하지 않았던 아들을 무에서 만들었다. 따라서 그가 존재하지 않았던 시기가 있었으며, 아들은 피조물이다. 따라서 아들은 아버지와 같지 않고, 아버지의 진정한 말씀이나 진정한 지혜가 아니며, 하나님이 만든 창조물에 지나지 않는다. 그도 다른 피조물과 마찬가지로 하나님의 말씀과 지혜로 만들어졌기 때문에 말씀과 지혜 자체라고 하는 것은 잘못된 것이다."

니케아 공의회에서는 아리우스의 주장을 이단으로 규정하고 배척했지만, 아리우스파는 콘스탄티누스 2세 치하에서 전 로마제국에 걸쳐 세력을 키웠다. 아리우스주의를 적극적으로 비판하고 반대했던 알렉산드리아의 주교 아타나시우스가 다섯 번이나 교회에서 추방되었다가 복귀하는 고초를 겪은 것은 아리우스주의가 얼마나 큰 세력을 확보했었는지를 잘 나타낸다. 380년에 기독교를 로마의

그림3-5 〈이단으로 단죄 받는 아리우스〉(저작권 불명)

국교로 정한 테오도시우스 1세가 모든 아리우스파 교회들을 폐쇄하고 추종자들을 추방한 후에 아리우스주의는 크게 쇠퇴했다.

### 아타나시우스

325년 부제 자격으로 알렉산드리아의 주교 알렉산더를 수행하여 제1차 니케아 공의회에 참석해 아리우스 논쟁의 현장을 목격했던 아타나시우스Athanasius(293-373)는 328년 알렉산더 주교가 죽은 후 젊은 나이에 알렉산드리아 주교직을 계승한 후 아리우스주의를 공격하는 데 평생을 바쳤다.

니케아 공의회의 결정에도 불구하고 콘스탄티누스 1세와 그의 뒤를 이은 황제들은 대체로 아리우스주의에 호의적인 사람들이어서 아리우스주의에 격렬하게 반대했던 아타나시우스는 심한 박해를 받아야 했다. 니케아 공의회에서 이단으로 단죄된 것을 절치부심하던 아리우스파는 335년 아타나시우스의 알렉산드리아 총대주교직 박탈을 결의했고, 콘스탄티누스 1세는 그를 현재의 레바논인 티레로 추방시켰다.

콘스탄티누스 1세의 사후 로마제국은 그의 세 아들이 나누어 통치하게 되는데, 세 아들은 각각 콘스탄티누스 2세(둘째 아들), 콘스탄티우스 2세(셋째 아들), 콘스탄스(막내 아들)라는 이름의 황제로 집권한다. 이중 콘스탄티우스 2세는 아리우스파를 지지하고, 콘스탄스는 정통 기독교를 지지하여 아타나시우스는 변화하는 정치 상황에 따라 탄압받기도 하고, 추대받기도 한다.

콘스탄티누스 1세가 죽은 337년 추방당했던 아타나시우스는 콘스탄티누스 2세에 의해 복권되었다. 그러나 339년에 아리우스파는

그림3-6 〈아타나시우스〉(저작권 불명)

안티오키아에서 교회 회의를 열어 알렉산드리아 주교 자리에 그레고리우스를 임명하고 아타나시우스를 다시 추방했다. 아타나시우스는 로마로 가서 로마 주교 율리우스 1세와 콘스탄스의 지지를 받아 다시 알렉산드리아로 돌아와 복권되었다. 그러나 아타나시우스의 옹호자였던 콘스탄스 황제가 죽자 아리우스파는 356년에 군대를 파견하여 아타나시우스가 미사를 집전하고 있던 교회를 급습하고 많은 신도들을 죽였다. 아타나시우스는 탈출에 성공하여 약 6년 동안 이집트의 사막에 있는 수도원으로 피신했다. 이 도피는 콘스탄티우스 2세가 죽고 율리아누스 황제가 즉위하자 끝났다.

그러나 율리아누스 황제와 그의 뒤를 이은 발렌스 황제에 의해 아타나시우스는 두 번 더 추방과 복권을 반복했다. 아리우스파였던 발렌스 황제는 365년에 다섯 번째로 아타나시우스를 추방했다. 그러나 알렉산드리아 시민들의 봉기로 366년 복권된 후에는 373년 5월 2일 78세로 죽을 때까지 알렉산드리아의 주교로 지냈다.

아타나시우스는 모든 박해와 망명에서 벗어나 알렉산드리아 교구의 주교직에 복귀한 직후인 367년 부활절에 교구 교우들에게 보낸 편지에 오늘날까지 거의 모든 기독교 교파에서 신약성경으로 사용하고 있는 27권의 신약성경 목록을 포함시켰다. 아타나시우스가 만든 27권 목록은 383년 교황 다마소 1세가 주도한 로마 공의회에서 신약성서의 정경으로 인용되었고, 397년 카르타고 공의회에서 받아들여져 신약성경으로 확정되었다.

# 로마의 국교가 된 기독교

## 테오도시우스 1세

테오도시우스 1세Flavius Theodosius(347–395)는 히스파니아에 있는 기독교 집안에서 자랐다. 유능한 로마 장군이었던 아버지는 368년 브리타니아에서 일어난 반란을 성공적으로 진압했다. 이때 종군했던 테오도시우스도 374년 로마군 지휘관으로 임명되었으나 아버지가 궁정 내 음모로 불명예스럽게 처형당하자 은퇴하여 가문의 영지에 은둔했다. 378년에 서로마 황제 그라티아누스는 칩거하고 있던 테오도시우스를 불러들여 발칸 반도의 방위를 맡겼다.

테오도시우스가 임무를 성공적으로 수행하자 그라티아누스는 379년에 그를 공동 황제로 임명하고 제국의 동부 지역을 통치하게 했다. 그라티아누스의 뒤를 이어 서로마 황제가 되었던 발렌티니아누스 2세가 죽은 후 테오도시우스 1세는 동로마와 서로마 모두를 통치했다. 그는 죽기 전에 두 아들을 제국 동부와 서부의 황제로 임명하여 로마제국을 분리했다. 그 후 로마제국의 분열은 그대로 고착되었다.

테오도시우스 1세가 황제로 있던 시기에는 삼위일체를 인정한 니케아신경을 고수하는 교회와, 삼위일체를 부정하는 아리우스파의 대립으로 교회가 어려움을 겪고 있었다. 로마제국의 정치적 안정을 위해서는 교리의 통일이 필요하다고 생각한 테오도시우스 1세는 심한 병에서 회복된 후인 380년 2월 28일 모든 시민들이 니케아 신경을 신봉해야 한다고 규정한 데살로니카 칙령을 발표하여 기독교를 로마의 국교로 정했다. 이때부터 성부, 성자, 성령의 삼위일체를 믿는 사람들만 보편적 기독교(가톨릭)인으로 인정되었다.

다음 해 열린 제1차 콘스탄티노폴리스 공의회에서 주교 150명이 모여 아리우스파를 다시 이단으로 단죄했으며, 콘스탄티노폴리스 교구는 로마 교구에 버금가는 명예와 위신을 가진다고 발표했다. 아리우스파는 모든 도시에서 집회를 금지 당했고, 가톨릭교회로 개종하라는 명령이 내려졌다. 385년에 테오도시우스 1세는 동물을 제물로 바치는 제사를 엄격히 금지했고, 391년에는 로마와 이집트에서 일체의 비기독교 의식을 금지했으며, 이듬해에는 공적이든 사적이든 모든 형태의 이교 숭배를 불법으로 규정했다.

테오도시우스 1세가 집권 중이던 390년, 그리스의 데살로니카에서 로마군 수비대장 한 명이 주민들과의 사소한 다툼 끝에 집단 폭행을 당하여 살해당하는 사건이 일어났다. 테오도시우스는 이 소식을 듣고 격분하여 철저히 보복할 것을 명령했다. 당시 밀라노에서 큰 영향력을 가지고 있던 암브로시우스 주교가 선처를 호소했지만, 테오도시우스 1세는 이를 무시하고 약 7,000명의 데살로니카 주민들을 학살했다. 암브로시우스 주교는 데살로니카 학살을 비난하고 황제가 미사에 참석하는 것을 금지했다. 황제는 자신의 명령이 잘못되었음을 시인하고 맨머리에 베옷을 입고 밀라노 대성당에 가서 용서를 구했다. 그러나 암브로시우스는 부활절부터 크리스마스까지 황제의 성당 출입을 금지하다가 크리스마스가 되어서야 황제를 용서하고 미사에 참여하도록 허락했다.

그림3-7 〈테오도시우스의 밀란 성당 출입을 막는 암브로시우스〉(루벤스, 1615)

이 사건은 최고 권력자인 황제가 성직자에게 굴복한 사건으로 중세에 계속되었던 교권과 세속권력 사이의 대립이 이때 이미 시작되었음을 나타내는 사건이었다. 교권과 세속권력의 대립으로 황제가 무력을 이용하여 교황의 선출과 성직자 임명에 직접 개입하는 일도 여러 번 있었고, 교황이 황제를 파문하고 황제가 교황에게 용서를 빈 카노사의 굴욕(1077)과 같은 사건도 있었다.

### 제1차 콘스탄티노폴리스 공의회

381년 5월에 열린 제1차 콘스탄티노폴리스 공의회에는 150명의 아타나시우스파 주교와 36명의 아리우스파 주교들이 참석했으나 서로마의 주교나 교황대사는 참석하지 않았다. 이 공의회에서는 신아리우스주의, 성령배격론자, 마케도니아파 등 여러 교파들을 이단으로 배격하고, 성령의 신성을 확인한 니케아신경을 재확인하여 니케아-콘스탄티노폴리스신경을 확정했다. 니케아-콘스탄티노폴리스신경은 니케아신경에 "또한 주님이시요 생명을 주시며 성부에게서 좇아나시며 성부와 성자와 더불어 같은 흠숭을 받으시고 같은 영광을 받으시며 예언자를 통하여 말씀하신 성령을 믿나이다"라는 구절을 첨가했다.

이 결의는 로마 교황에게 보고되었고, 교황 다마소 1세는 서로마의 그라시아누스 황제에 의해 소집된 로마교회 회의에서 동방주교들의 결정을 재확인하고 삼위일체에 대한 교리법령을 선포했다. 이로써 니케아 공의회 이후 계속된 삼위일체 논쟁이 일단락됐다.

그러나 제1차 콘스탄티노폴리스 공의회의 성령에 관한 결의는 아리우스주의와 성령종속론 등을 단죄하는 것이 주목적이었기 때문에 동서방교회의 미묘한 신학적 차이에는 신경을 쓰지 않았다. 동방교회는 성령이 '성자를 통하여 성부에게서' 좇아난다고 이해했고 서방교회에서는 성령이 '성부와 성자에게서' 좇아난다고 해석했다. 이런 해석의 차이는 후에 동서 교회 분열의 불씨가 되었다.

〈아우구스티누스와 도나투스파의 카르타고 공의회 논쟁〉(카를 반 루, 연도 미상)

350 400 450

367 알렉산드리아의 아타나시우스 신약성경 규정

382 다마소 1세의 신약성경 확정 - 로마 공의회

419 정경의 성립 - 카르타고 공의회

354 - 430 아우구스티누스

360 - 420 펠라기우스

# Ⅳ

## Chapter 4

# 기독교 세계관의 확립

# 들어가며

기독교는 380년 테오도시우스 1세에 의해 로마의 국교로 정해졌지만, 아직 모든 교회가 받아들이는 경전인 성경이 공식적으로 정해져 있지 않았다. 속사도 교부시대와 로마의 공인, 그리고 국교화 과정을 거치면서 교회에서 사용하는 문서들이 많이 정리되기는 했지만 공식적인 경전이 정해진 것은 아니었기 때문이다. 따라서 5세기에 들어서면서 기독교가 가장 먼저 한 일은 정경을 정한 것이었다. 많은 교회에서 사용하는 신약의 문서들은 이미 많이 정리되어 있어 정경을 정하는 데 큰 어려움이 없었다. 그러나 구약에는 종류가 다른 많은 사본이 존재했기 때문에 정경을 정하는 일이 쉽지 않았다. 현재 여러 교파에서 사용하는 구약의 정경이 다른 것은 정경을 정하는 일이 쉽지 않았음을 잘 나타낸다. 정경이 결정된 것은 419년에 열렸던 카르타고 공의회였다.

한편 5세기 초반에 있었던 기독교 교리 논쟁에서 가장 중요한 것은 구원론 논쟁이었다. 기독교 내에서 예수의 대속을 통해 구원에 이른다는 데는 이견이 없었지만 구원이 오로지 신의 은혜에 의해서만 이루어지는 것이라고 주장한 '은혜 구원론'과 신의 은혜와 함께 사람의 노력, 즉 선행이 있어야 구원에 이를 수 있다고 주장한 '선행 구원론'이 팽팽히 대립했다. 구원론 논쟁은 16세기에 있었던 종교개혁 이후에도 계속되었고, 현재의 기독교 교파 사이에도 조금씩 이에 대한 생각이 다르다.

기독교가 로마의 국교로 정해지면서 기독교의 여러 가지 전통이 확립되었다. 여러 가지 기독교 전통들이 확립하는 과정에서는 기독교 내부의 논쟁도 있었지만 로마 황제의 영향력도 많이 작용했다. 따라서 교회에 따라서는 이 시기에 확립된 교회 전통 중 일부는 성경이 아니라 로마의 신화에서 유래했다고 주장하기도 한다. 그러나 초기 기독교에서 확립된 여러 가지 전통들은 기독교에서 경전이나 교리만큼이나 중요한 역할을 하고 있다.

# 정경의 성립

## 신약성경의 성립

기독교에서 경전으로 인정받는 책들을 정경이라고 한다. 『유대전쟁사』를 쓴 요세푸스는 정경을 '하나님의 영감을 통해서 특정한 기간 동안에 기록된 문헌'이라고 정의했다. 초대교회에서는 구약성경만을 사용하고 예수의 행적과 복음은 예수와 함께 생활했던 사도들이 직접 가르쳤기 때문에 따로 신약이라고 할 수 있는 정경이 없었다. 그러나 시간이 지나면서 사도들이 각 교회나 개인에게 보낸 편지들이 복음을 전파하는 문서로 사용되기 시작했다. 따라서 이 시기에는 지역에 따라 그리고 교회에 따라 조금씩 다른 문서를 가지고 복음을 전파했다.

그러나 예수와 함께 생활했던 사도들이 세상을 떠난 2세기부터 영지주의나 마르시온주의와 같은 다양한 교리들이 등장하자 정통 교회에서 가르쳐야 할 내용을 정할 필요가 생겼다. 기독교와 유대교 사이의 연관성을 부정했던 극단적인 바울 추종자인 마르시온은 마태복음처럼 구약성서적인 배경을 가진 복음서들을 배제하고 누가복음과 바울의 서신서 10편만을 정경으로 인정했다. 마르시온의 이런 주장은 이단으로 배척되었으나 그로 인해 그때까지 사용되어 오던 구약성경이 아닌 새로운 경전을 정하는 것이 필요하다는 것을 인식하게 되었다. 2세기부터 정경을 확정할 필요성이 인식되었지만 정경이 최종적으로 정해진 것은 5세기 초였다. 이는 정경을 결정하는 과정이 쉽지 않았다는 것을 나타낸다.

밀라노 칙령 이후 기독교가 빠르게 확산되자 정경을 결정하는 일이 점점 더 중요해졌다. 이에 따라 로마 가톨릭교회에서는 사도로 인정되는 이가 직접 기록한 문서이거나 사도와 직접적으로 관련된 이가 기록한 문서, 성령의 영감을 받아 쓰였다고 믿을 수 있는 문서, 다른 문서들과 모순되는 내용이 없는 문서, 보편교회Catholic Church에서 사용하기에 적합한 문서여야 한다는 기준을 통해 신약성경에 포함될 문서들을 선정했다. 여기에는 다음과 같은 문서들이 포함되었다.

① 경전성에 의심이 없는 문서 Homolo-goumena(호모루구메나):
4복음서, 바울의 서신, 베드로가 보낸 첫 번째 편지, 요한이 보낸 첫 번째 편지.
② 경전성에 논란의 여지가 있는 문서 Antilegomena(안티레고메나):
베드로가 보낸 두 번째 편지, 요한의 두 번째, 세 번째 편지, 유다의 편지, 야고보의 편지
③ 경전으로 인정하기는 어려우나, 잘 알려진 문서 Nota(노타):
베드로계시록, 요한계시록, 디다케, 바나바의 편지, 헤르마스의 목자

알렉산드리아의 대주교였던 키릴로스는 이중에서 호모루구메나와 안티레고메나를 합쳐 26권의 목록을 만들었다. 이는 367년에 개최된 라오디케아 공의회에서 추인되어 현재 사용되고 있는 신약성경의 뼈대가 되었다. 그러나 알렉산드리아의 주교였던 아타나시

우스가 367년 부활절에 교구 신도들에게 보낸 편지에는 키릴로스가 노타로 분류했던 요한계시록을 포함시켜 모두 27권으로 된 신약성경 목록이 포함되어 있었다. 아타나시우스의 주장이 반영된 27권으로 구성된 신약성경은 382년 교황 다마소 1세가 주관한 로마 주교 의회와 397년 열린 카르타고 공의회에서 신약성경으로 규정했고, 419년에 열린 카르타고 공의회에서 확정되었다.

그러나 안디옥교회를 비롯한 일부 동방교회에서는 베드로후서, 요한2, 3서, 유다서와 요한계시록을 제외한 22개의 책들만 신약으로 인정했다. 동방교회들이 27권을 모두 신약성경의 정경으로 받아들인 것은 5세기 후반이었다.

### 구약성경의 성립

구약성경에 포함될 정경을 정하는 것은 신약에 포함될 경전을 정하는 일보다 훨씬 더 어려웠다. 유대교에서 오랫동안 사용해 온 구약성경의 원본은 남아있지 않았고, 여러 가지 사본만 전해졌기에 구약성경의 원본이 언제, 어디에서 쓰였는지를 알아내는 것은 쉬운 일이 아니었다.

구약성경은 크게 율법서인 토라Torah, 선지자들이 전한 야훼의 말씀을 기록한 예언서인 느비임Nebiim, 기타 문서들인 크투빔Ktuvim으로 나눌 수 있다. 이중 가장 먼저 작성된 것은 모세오경이라고도 부르는 토라로, 기원전 15세기경에 기록된 것으로 추정된다. 예언서인 느비임은 바벨론 유수[13]에서 돌아온 이후부터 기원전 400년

13 기원전 587년 유다왕국이 멸망한 후 유대인이 바빌로니아의 수도 바빌론에 포로로 잡혀갔다가 기원전 538년에 바빌로니아를 정복한 페르시아제국의 키루스 2세에 의해 풀려날 때까지 약 50년 동안의 기간 또는 그 사건을 바벨론 유수라고 한다.

그림4-1 70인역 성경 사본

까지 사이에 기록된 것으로 추정된다. 나머지 문서들도 예언서와 비슷한 시기에 작성된 것으로 보지만, 일부 학자들은 기원전 2세기경에 들어서 구약성경에 포함된 것으로 보기도 한다.

초대교회에서 사용하던 구약성경은, 히브리어로 되어 있던 성경을 헬라어라고도 부르는 코이네 그리스어[14]로 번역한 70인역 성경이다. 유대인들 사이에서 히브리어가 점점 사라져가면서 성서를 당시 널리 사용되던 헬라어로 번역할 필요성이 생겼다. 따라서 유대에서 초청된 72명의 유대인들이 알렉산드리아에서 히브리어 성경을 헬라어로 번역했다. 72명이 번역에 참여했다고 알려져 있었지만 편리하게 70인역이라는 의미인 셉투아진트Septuagint라고 불리게 된 70인역 성경은 실제로는 오랫동안 여러 지역에서 많은 사람들에 의해 번역되었을 것으로 추정된다.

70인역 성경의 번역은 기원전 300년경에 처음 이루어진 것으로 알려졌는데, 처음 번역된 것은 모세오경뿐이었고, 나머지는 이후

14 코이네 그리스어는 헬레니즘시대와 로마시대에 사용되었던 고대 그리스어이다.

100년 동안에 걸쳐 번역이 이루어졌다. 1세기에는 히브리어가 더 이상 사용되지 않았으며 예수도 아람어[15]를 사용했다. 따라서 사도 시대에는 히브리어로 된 원본보다는 헬라어로 번역된 70인역이 더 널리 사용되었다. 그러나 70인역에는 히브리어 원문과 비교해 잘못 번역된 부분이 많았고, 히브리어 원문[16]이 존재하지 않는 일곱 권의 책과 두 개의 추가분도 포함되어 있었다.

예루살렘이 파괴된 후 랍비 요하난 벤 자카이Yohanan ben Zakkai가 얌니아에 세운 학교에서 90년경에 개최된 얌니아 회의에서는 유대교의 입지를 크게 위축시키고 있는 기독교와 관련된 문제를 다뤘다. 이 회의에서는 ①유대교가 정경으로 인정하지 않았던 책들을 포함하고 있는 70인역을 배격하고 히브리어 원본 성경인 타나크Tanak[17]만을 인정할 것과 ②매일의 기도문에 기독교 신자들을 저주하는 문구를 삽입할 것 등을 결정했다.

그러자 기독교 내부에서도 70인역의 신뢰성에 대해서 의문을 제기하는 사람들이 나타나기 시작했다. 그러나 사도들이 서신서에 인용해 온 70인역은 이미 기독교 내에서 상당한 권위를 인정받고 있었기 때문에 70인역을 계속 사용할 것을 주장하는 사람들도 많았다. 382년 로마 공의회를 주관하여 신약성경을 확정한 교황 다마소 1세는 같은 해에 히에로스무스Eusebius Hieronymus(348–420)로 하

---

15 아람어는 기원전 500년경부터 600년 무렵까지 중동 지방에서 널리 사용되던 국제 언어였다.

16 유대교 경전은 대부분 히브리어로 저술되어 있어 히브리 성경이라고 부른다. 이는 기독교에서 사용하는 70인역에 대비하여 유대교의 경전을 지칭하는 말이기도 하다. 히브리 성경은 대부분 히브리어로 써 있지만 다니엘과 에즈라의 일부, 예레미야의 한 구절, 창세기의 두 단어로 된 지명 등은 아람어로 쓰여 있다.

17 타나크 역시 성경의 여러 사본 중 하나이다. 성경의 원본은 존재하지 않고 원본에 가깝다고 여겨지는 여러 사본들이 존재할 뿐이다. 여러 사본들 중에서 가장 중요하게 여겨지는 사본은 마소라 사본이다. 개신교에서는 구약성경 번역의 기초로 마소라 사본을 사용하고 있다.

여금 70인역 성경이 아닌 히브리어로 된 사본을 라틴어로 번역하도록 했다. 히에로스무스가 라틴어로 번역한 베르시오 불가타versio vulgata[18]성경은 가톨릭교회의 정통 성경이 되었다. 베르시오 불가타 성경에는 구약성경 46권, 신약성경 27권, 3권의 외경이 포함되어 있었다. 그러나 이중에 어떤 것을 정경으로 하느냐 하는 문제는 아직 결정하지 못하고 있었다.

신약성경 27권을 정하는 데 중요한 역할을 한 아타나시우스는 히브리어 원본이 존재하는 39권만을 정경으로 인정해야 한다고 주장했다. 베르시오 불가타 성경의 번역자 히에로니무스도 이에 동조했다. 그러나 아우구스티누스를 비롯한 보수적인 학자들은 70인역 성경에 포함되어 있는 외경으로 분류된 문서들도 정경에 포함해야 한다고 주장했다. 419년에 개최된 카르타고 공의회에서는 보수적인 학자들의 의견이 받아들여져 70인역에 포함되어 있는 경전을 정경으로 결정했다.

### 종파에 따른 정경과 외경

정경에 포함되지 않았지만 종파에 따라서 경전으로 인정받는 문서들을 외경이라고 한다. 마카베오 상하권, 지혜서, 집회서, 유딧기, 바룩서, 토빗기, 에스더 10장 4절-16장, 다니엘 3장 24-90절 및 13, 14장의 7권이 외경으로 분류되고 있는 경전들이다. 가톨릭교회는 382년 로마 주교 회의 및 397년 카르타고 공의회, 그리고 419년에 개최된 카르타고 공의회의 결정을 존중하여 외경을 제2경전으로 취급하고 있다.

---

18 베르시오 불가타는 번역되어 출판되었다는 의미를 가지고 있는 말이다.

그러나 16세기 이후 종교개혁자들은 419년 카르타고 공의회에서 결정된 구약성경을 인정하지 않고, 유대교에서 정경으로 인정한 히브리어 원본이 있는 구약성경 39권만을 정경으로 받아들였다. 신약성경의 경우에는 카르타고 공의회에서 인준한 27권을 그대로 정경으로 인정했는데, 영국 성공회는 외경을 준정경으로 인정한다. 그런가 하면 동방정교회에서는 외경을 정경에 비해 덜 중요하게 여겨 권위에 차별을 두고 있다. 각 교파에서 사용하고 있는 구약성경과 신약성경의 정경과 외경을 표로 정리하면 다음과 같다.

구약성경[19]

| 문서 | 가톨릭교회 | 개신교 | 그리스 정교회 | 슬라브 정교회 | 시리아 정교회 |
|---|---|---|---|---|---|
| 창세기 | 정경 | 정경 | 정경 | 정경 | 정경 |
| 출애굽기 | 정경 | 정경 | 정경 | 정경 | 정경 |
| 레위기 | 정경 | 정경 | 정경 | 정경 | 정경 |
| 민수기 | 정경 | 정경 | 정경 | 정경 | 정경 |
| 신명기 | 정경 | 정경 | 정경 | 정경 | 정경 |
| 여호수아 | 정경 | 정경 | 정경 | 정경 | 정경 |
| 사사기 | 정경 | 정경 | 정경 | 정경 | 정경 |
| 룻기 | 정경 | 정경 | 정경 | 정경 | 정경 |
| 사무엘 | 정경 | 정경 | 정경 | 정경 | 정경 |
| 열왕기 | 정경 | 정경 | 정경 | 정경 | 정경 |
| 역대 | 정경 | 정경 | 정경 | 정경 | 정경 |
| 므낫세의 기도 | 부록 | 외경 | 정경 | 정경 | 정경 |
| 에스라 | 정경 | 정경 | 정경 | 정경 | 정경 |
| 느헤미아 | 정경 | 정경 | 정경 | 정경 | 정경 |
| 에스드라상 | 외경 | 외경 | 정경 | 정경 | 정경 |
| 에스드라하 | 외경 | 외경 | 외경 | 외경 | 정경 |

19 이 표에서 부록이라고 표시된 것은 부록으로만 인정하고 있다는 뜻이다.

| 에스더 | 정경 | 정경 | 정경 | 정경 | 정경 |
|---|---|---|---|---|---|
| 에스더 속편 | 정경 | 외경 | 정경 | 정경 | 정경 |
| 토빗기 | 정경 | 외경 | 정경 | 정경 | 정경 |
| 유딧기 | 정경 | 외경 | 정경 | 정경 | 정경 |
| 욥기 | 정경 | 정경 | 정경 | 정경 | 정경 |
| 시편1-150장 | 정경 | 정경 | 정경 | 정경 | 정경 |
| 시편 151장 | 부록 | 외경 | 정경 | 정경 | 정경 |
| 시편 152-155장 | 외경 | 외경 | 외경 | 외경 | 외경 |
| 예레미아 애가 | 정경 | 정경 | 정경 | 정경 | 정경 |
| 잠언 | 정경 | 정경 | 정경 | 정경 | 정경 |
| 전도서 | 정경 | 정경 | 정경 | 정경 | 정경 |
| 아가 | 정경 | 정경 | 정경 | 정경 | 정경 |
| 지혜서 | 정경 | 외경 | 정경 | 정경 | 정경 |
| 집회서 | 정경 | 외경 | 정경 | 정경 | 정경 |
| 이사야 | 정경 | 정경 | 정경 | 정경 | 정경 |
| 예레미아 | 정경 | 정경 | 정경 | 정경 | 정경 |
| 바룩서 | 정경 | 외경 | 정경 | 정경 | 정경 |
| 예레미아의 편지 | 정경 | 외경 | 정경 | 정경 | 정경 |
| 바룩의 제2서 | 외경 | 외경 | 외경 | 외경 | 외경 |
| 바룩의 편지 | 외경 | 외경 | 외경 | 외경 | 외경 |
| 바룩의 제3서 | 외경 | 외경 | 외경 | 외경 | 외경 |
| 바룩의 제4서 | 외경 | 외경 | 외경 | 외경 | 외경 |
| 에스겔 | 정경 | 정경 | 정경 | 정경 | 정경 |
| 다니엘 | 정경 | 정경 | 정경 | 정경 | 정경 |
| 다니엘 속편 | 정경 | 외경 | 정경 | 정경 | 정경 |
| 소예언서 | 정경 | 정경 | 정경 | 정경 | 정경 |
| 마카베오 제1서 | 정경 | 외경 | 정경 | 정경 | 정경 |
| 마카베오 제2서 | 정경 | 외경 | 정경 | 정경 | 정경 |
| 마카베오 제3서 | 부록 | 외경 | 정경 | 정경 | 정경 |
| 마카베오 제4서 | 부록 | 외경 | 부록 | 부록 | 외경 |
| 에녹서 | 외경 | 외경 | 외경 | 외경 | 외경 |
| 희년서 | 외경 | 외경 | 외경 | 외경 | 외경 |
| 메카비안 1-3서 | 외경 | 외경 | 외경 | 외경 | 외경 |

## 신약성경

| 문서 | 가톨릭교회 | 개신교 | 동방정교회 |
|---|---|---|---|
| 복음서 | | | |
| 마태복음 | 정경 | 정경 | 정경 |
| 마가복음 | 정경 | 정경 | 정경 |
| 누가복음 | 정경 | 정경 | 정경 |
| 요한복음 | 정경 | 정경 | 정경 |
| 역사서 | | | |
| 사도행전 | 정경 | 정경 | 정경 |
| 바울서신 | | | |
| 로마서 | 정경 | 정경 | 정경 |
| 고린도전서 | 정경 | 정경 | 정경 |
| 고린도후서 | 정경 | 정경 | 정경 |
| 갈라디아서 | 정경 | 정경 | 정경 |
| 에베소서 | 정경 | 정경 | 정경 |
| 빌립보서 | 정경 | 정경 | 정경 |
| 골로새서 | 정경 | 정경 | 정경 |
| 데살로니가전서 | 정경 | 정경 | 정경 |
| 데살로니가후서 | 정경 | 정경 | 정경 |
| 디모데전서 | 정경 | 정경 | 정경 |
| 디모데후서 | 정경 | 정경 | 정경 |
| 디도서 | 정경 | 정경 | 정경 |
| 빌레몬서 | 정경 | 정경 | 정경 |
| 공동서신 | | | |
| 히브리서 | 정경 | 정경 | 정경 |
| 야고보서 | 정경 | 정경 | 정경 |
| 베드로전서 | 정경 | 정경 | 정경 |
| 베드로후서 | 정경 | 정경 | 정경 |
| 요한1서 | 정경 | 정경 | 정경 |
| 요한2서 | 정경 | 정경 | 정경 |
| 요한3서 | 정경 | 정경 | 정경 |
| 유다서 | 정경 | 정경 | 정경 |
| 계시록 | | | |
| 요한계시록 | 정경 | 정경 | 정경 |

## 정경을 결정한 카르타고 공의회

카르타고 지역에서 열린 일련의 지역 공의회를 카르타고 공의회Councils of Carthage라고 하는데 카르타고 공의회는 시노드synod[20] 급의 지역 공의회임에도 불구하고, 역사적으로 중요한 결정이 이루어졌다. 카르타고에서 열린 공의회에서는 여러 차례에 걸쳐 교회와 대립했던 이단들이 정죄되었으며 신약성경 및 구약성경의 정경이 확정되었다.

그림4-2 〈아우구스티누스와 도나투스파의 카르타고 공의회 논쟁〉(카를 반 루, 연도 미상)

카르타고 공의회는 251년 로마 박해 당시 배교했던 신도들의 복귀 문제를 두고 과격한 엄격주의 입장을 취해 대립교황이 되었던 노바티아누스의 가르침을 따르는 노바티아누스파를 정죄하기 위

20 공의회는 의결권을 가지고 있지만 시노드는 교황에게 건의하는 권한만 가지고 있다.

해 처음으로 개최되었다. 255년과 256년에는 이단들의 세례 효력을 인정하는 문제를 다루었으며, 348년에는 도나투스파의[21] 정죄를 위해 개최되었다. 특히 397년에 열린 카르타고 공의회에서는 히포 공의회에서 결정된 성경 목록을 다시 확정했고, 이는 419년 보니파시오 1세 교황의 재가를 얻어 공식적으로 확정되었다. 418년에 열린 카르타고 공의회에서는 인간의 자유의지와 노력을 강조하고, 구원에 있어서 은총의 의의를 부정하여 아우구스티누스의 강력한 비판을 받았던 펠라기우스의 주장이 이단으로 단죄되었다.

21 도나투스의 영향을 받아 순교자에 대한 공경과 신앙에 투철했던 70명의 주교들이 디오클레티아누스 황제의 박해 때 배교했다가 후에 주교가 된 펠릭스에 의해 사제에 서품된 체칠리아노를 카르타고의 주교로 받아들이는 것을 거부하고 마요리노를 새로운 주교로 선출하여 교회와 대립했다.

# 구원론 논쟁

## 아우구스티누스의 은혜 구원론

아우구스티누스Sanctus Aurelius Augustinus(354–430)의 생애는 아우구스티누스 자신의 저서인 『고백록Confessions』과 제자 포시디우스가 쓴 아우구스티누스 전기를 통해 자세히 알 수 있다. 아우구스티누스는 354년 오늘날의 알제리에 해당하는 북아프리카에 있는 로마제국의 식민지였던 타가스테에서 태어났다. 아버지는 이교도였으나, 어머니 모니카는 기독교도였다. 모니카가 아우구스티누스를 교육했으나 어렸을 때 세례를 받지는 않았다. 어머니는 아우구스티누스가 기독교인이 되기를 바랐지만 아우구스티누스는 마니교[22] 교리에 심취하여 10여 년을 마니교도로 살았다. 열일곱 살부터 여성과 동거를 시작하여 14년 동안 같이 살면서 아들을 낳기도 했다. 아우구스티누스는 아들이 389년 어린 나이에 죽을 때까지 그를 키웠다. 아우구스티누스의 방탕한 행동을 받아들일 수 없던 그의 어머니 모니카는 아우구스티누스와 연을 끊고자 하기도 했다.

아우구스티누스는 수사학과 철학에 탁월한 지식을 가지고 있던 밀라노 주교 암브로시우스의 강론을 듣고 큰 감동을 받아 그를 따르기로 결심했다. 아우구스티누스는 386년 부활주일에 암브로시우스에게 세례를 받았다. 그러나 로마서를 읽게 된 것이 회심의 계

---

22 3세기 초 마니가 조로아스터교, 불교, 기독교 교리를 가미하여 만든 종교로 세상을 빛인 선과 어둠인 악의 대결로 보는 종교였다.

그림4-3 〈아우구스티누스〉(보티첼리, 1480)

기라는 설도 있다. 그가 밀라노의 한 정원에서 "집어 읽으라!" 라는 어린 아이의 노랫소리를 들은 후, 로마서 13장 13절과 14절을 읽고 기독교인이 되기로 결심했다는 것이다. "낮에와 같이 단정히 행하고 방탕과 술취하지 말며 음란과 호색하지 말며 쟁투와 시기하지 말고 오직 주 예수 그리스도로 옷입고 정욕을 위하여 육신의 일을 도모하지 말라(로마서 13장 13-14절)."

세례를 받은 이듬해 고향에 돌아온 아우구스티누스는 동료들과 수도회를 설립하여 수도사 생활을 시작했다. 391년 북아프리카의 히포에서 사제로 서품 받은 후 아우구스티누스는 인간의 도덕적 완성을 주장하는 펠라기우스주의를 단호히 반대했다. 그는 구원이 인간의 공로나 선행으로 인한 것이 아니라 하나님의 은혜로 인한 것이라고 강조했다. 그의 은혜에 의한 구원론은 중세의 신학 논쟁에서 중요한 역할을 했으며 종교개혁 시기의 개신교 선구자인 루터, 츠빙글리, 칼뱅 등에도 많은 영향을 주었다.

395년에는 히포의 공동주교가 되었고, 이듬해 히포 교구의 주교가 되어 죽을 때까지 히포의 주교로 있었다. 427년 반달족이 북아프리카에 쳐들어왔을 때 피난민들을 돌보다가 걸린 열병으로 76세를 일기로 세상을 떠났다.

아우구스티누스의 자서전으로 모두 열세 권으로 되어 있는 『고백록』은 가장 많이 읽히고 있는 기독교의 고전이다. 하나님께 자기의 죄를 고백하는 것과 함께 하나님에 대한 찬양을 고백하고 있는 『고백록』은 주교가 된 지 1년 후인 397년에 집필을 시작하여 4년 뒤인 401년에 완성했다. 이 책의 1권에서 9권까지에는 자신의 죄를 고백하고 이를 엄격하게 비판하는 내용이 담겨져 있다. 그는 입신 출세를 위해 공부를 하는 동안 빠졌던 방탕한 생활, 마니교나 점성술에 미혹되었던 일, 그리고 어머니의 간절한 기도와 암브로시우스의 지도에 의한 회심 과정 등을 자세하게 설명했다. 이 책의 9권은 수도생활을 위해 귀향하는 도중 어머니의 죽음을 맞이한 그가 어머니의 경건한 생애를 이야기하는 것으로 끝난다.

『고백록』의 제10권에서는 히포의 주교인 자신에 대한 관찰과 비판이 수록되어 있다. 『고백록』의 마지막 세 권에는 아우구스티누스의 인간론, 시간관, 성경해석 방법론 등이 포함되어 있어 아우구스티누스의 신학 사상과 철학 사상을 이해하는 데 큰 도움을 준다. 『고백록』은 후세의 많은 기독교 작가들에게 큰 영향을 주었다.

아우구스티누스의 대표작인 『신국』은 후기에 쓴 책으로 『신국론』이라고도 부른다. 아우구스티누스가 이 책을 쓰게 된 동기를 제공한 것은 410년에 서고트족이 로마를 약탈한 사건[23]이었다. 오랫동안 신성불가침의 도시로 여겨지던 로마가 함락되어 약탈된 것은 많은 사람들에게 큰 충격을 주었다. 기독교에 비판적이었던 사람들은 이 사건의 책임을 기독교에 돌렸다. 아우구스티누스는 이러한 비난을 반박하기 위해 『신국』을 썼다.

모두 22권으로 이루어져 있는 『신국』의 전반부 10권은 지상의 나라를 다루고 있고, 후반부 12권은 신의 나라에 대한 것이다. 로마에 대한 비판을 다룬 『신국』의 1-5권에서는 로마가 겪고 있는 재앙이 기독교가 이교도들의 제사를 금지했기 때문이라는 주장을 반박하고, 이교도에 대한 비판을 다룬 6-10권에서는 과거에도 늘 있

---

23 게르만족의 한 분파인 서고트족은 테오도시우스 1세가 대거 로마군에 편입시킨 후 세력을 키웠고, 395년 족장이었던 알리리크가 로마에 반란을 일으켜 지금의 프랑스 남부와 스페인 지방에 서고트왕국을 건설했다. 알라리크는 401년 이탈리아를 침공하여 약탈했다.

었던 이러한 재앙은 신들에게 희생을 바쳐서 해결할 수 있는 것이 아니라고 주장했다. 신의 나라와 지상의 나라의 기원을 다룬 11-14권에서 아우구스티누스는 하나님이 세상 속에 창조한 세계와 천사, 천사의 인간 창조, 영원한 생명의 복원인 인간의 구속, 범죄 후 인간의 행태가 낳은 두 도성에 대해 서술했다.

15-18권에서는 신의 나라와 지상의 나라의 발전 과정을 다루었고, 마지막 네 권에서는 이러한 발전 과정의 마지막 단계를 최후의 심판에 닥칠 일들, 종말의 징벌, 육신의 부활과 영원한 생명으로 나누어 기술했다. 이 책을 통해 아우구스티누스는 서고트족의 로마 침공이 서고트족에 의한 것이 아니라 인간 역사에 심판자로 개입하고 있는 하나님의 뜻이었다고 해석했다. 아우구스티누스는 세상에서 일어나는 일들이 모두 신이 자신의 뜻을 실현해 가는 과정으로 보았다. 그러나 인류의 역사를 숙명적인 것으로 본 것이 아니라 인간의 자유로운 선택이 허용되면서도 예정된 경로를 밟고 있는 사건의 연속으로 보았다. 이런 생각은 기독교의 교리를 바탕으로 하여 인류 역사를 바라보는 새로운 관점이었다. 두 나라의 대립을 통해 역사가 발전해 간다는 아우구스티누스의 역사 철학은 중세는 물론 17세기에 발전한 근대 철학에까지 많은 영향을 주었다.

아우구스티누스는 기독교 신학은 물론 서양 철학사에도 큰 영향을 미쳤다. 아우구스티누스의 은혜에 의한 구원론이 기독교 발전에 끼친 영향은 최초로 구원에 대한 교리를 정리한 바울의 영향과 견줄 만한 것으로 평가받고 있다. 펠라기우스의 선행 구원론을 강력하게 반대했던 아우구스티누스는 구원은 인간의 노력에 의해 얻어지는 것이 아니라 하나님의 은혜로 주어지는 것이라고 강조했다. 16세기에 있었던 종교개혁 이후 아우구스티누스의 구원론을 중심으로 하는 구원론 토론이 다시 한번 활발하게 전개되었다.

## 펠라기우스의 선행 구원론

브리타니아에서 아우구스티누스보다 16년 정도 늦게 출생한 펠라기우스Pelagius(360–420)는 로마로 가서 엄격한 수도사 생활을 하며 많은 저서를 남겼다. 410년 서고트족이 로마를 침공하여 약탈한 후에는 에페소스로 가서 사제로 일했다. 고전과 신, 구약성서에 대해 잘 알고 있었던 펠라기우스는 선행 구원론을 제창하여 펠라기우스파를 이루었다.

그림4–4 〈펠라기우스〉(저작권 불명)

금욕적 생활태도와 도덕적 엄격성 때문에 많은 사람들로부터 존경을 받았던 펠라기우스는 인간의 자유의지와 노력을 강조하고, 구원에 있어 오로지 은혜에 의해서만 주어지는 구원을 부정했다. 펠라기우스는 인간은 자유의지를 가지고 있어 스스로 선악을 행할 수 있으며, 신의 은혜는 외부로부터의 도움에 불과하다고 주장했다. 그는 아담의 죄는 아담 개인의 죄이므로 모든 사람에게 원죄가 있다는 원죄설은 옳지 않다고 했다. 그는 또한 그리스도의 대속과 세례도 부정했다. 개인이 짓는 죄는 개인의 책임이며 스스로 선택하여 행한 선행을 통해 신에게 다가갈 수 있다고 주장했다.

펠라기우스의 이런 주장은 타락으로 인해 죄의 노예가 된 인간의 구원은 오로지 신의 은혜에 의해서만 가능하다고 주장한 아우구스티누스의 맹렬한 반박에 직면했고, 카르타고와 안티오키아, 에페소스의 공의회에서 이단으로 단죄되었다.

### 구원론 논쟁의 핵심 쟁점

아우구스티누스와 펠라기우스의 구원론 논쟁의 핵심 쟁점은 인간이 하는 행위의 원인이 인간 자신의 의지에 있는가 아니면 신의 뜻인가 하는 자유의지의 문제와, 죄의 상태에 있는 인간이 구원에 이르는 방법이 무엇인가 하는 문제였다.

펠라기우스는 인간의 자유의지를 매우 중요하게 생각했다. 펠라기우스는 하나님이 인간에게 선한 일이나 악한 일을 할 수 있는 가능성을 주셨지만 두 가능성 중 하나를 선택하는 것은 인간이라고 했다. 다시 말해 인간에게는 선택의 자유가 있고, 이런 선택의 자유는 인간의 의지에서 나온다는 것이다. 펠라기우스는 인간이 선한 행동과 악한 행동을 선택할 자유를 가지고 있지 않다면 선을 행하는 것이 도덕적으로 가치 있는 일이 될 수도 없고, 악행에 대해 책임질 필요도 없을 것이라고 주장했다. 그는 또한 인간이 가지고 있는 자유의지는 죄를 짓는다고 해서 사라지지 않는다고 했다.

아우구스티누스의 자유의지에 대한 생각은 펠라기우스와 논쟁을 벌이기 전과 후에 조금 달라졌다. 펠라기우스와 논쟁을 벌이기 전인 388년에서 395년 사이에 아우구스티누스는 『자유의지에 관하여 De libero arbitrio』라는 책을 썼다. 세 권으로 되어 있는 이 책은 악을 사탄의 행위로 보는 마니교를 반박하기 위해 쓴 것이었다. 세계와 육체를 빛과 어둠의 전쟁터로 보고 있는 마니교에서는 세계와 육체는 본질적으로 선하거나 악하지 않으며 악은 신이 만든 것이 아니라 신에 대항하는 사탄이 만든 것이라고 설명했다. 아우구스티누스는 마니교의 주장이 옳다면 인간은 자신을 신과 사탄의 전쟁터로 내주고 있을 뿐이라고 생각하고 인간에게 악에 대한 책임을 묻기 위해서는 자유의지를 인정해야 한다고 주장했다.

그러나 펠라기우스와 논쟁을 벌이면서 아우구스티누스의 자유의지에 대한 생각은 달라졌다. 아우구스티누스는 인간이 하나님께 죄를 짓고 낙원에서 추방되기 이전에는 완전한 자유의지를 가지고 있었다고 보았다. 그러나 아담이 죄를 짓고 타락한 후에는 선을 행할 수 있는 자유는 상실했다고 했다. 아직 자유의지를 상실한 것은 아니지만 그것을 선을 행하는 데 사용하는 것이 아니라 악을 행하는 데만 사용하게 되었다는 것이다. 따라서 인간은 죄를 지을 수밖에 없고, 죄에 대한 책임도 져야 한다는 것이다. 이러한 아우구스티누스의 자유의지론은 그의 은혜에 의한 구원론과 직접적인 관계가 있다.

펠라기우스도 하나님의 은혜를 중요하게 생각했다. 그러나 펠라기우스는 인간의 본성이나 자유의지, 그리고 선한 일을 하도록 도와주는 율법과 교훈이 하나님의 은혜라고 보았다. 다시 말해 하나님은 인간이 선한 행동을 해서 구원에 이를 수 있도록 도와주는 은혜를 베풀 뿐이고 인간의 의지나 행동에 직접 관여하지는 않는다는 것이다. 따라서 구원이나 타락에 대한 책임은 모두 그런 행위를 선택한 개인이 져야 한다는 것이다. 펠라기우스는 하나님의 은혜를 받으면 인간이 자유의지로 할 수 있는 일을 더 쉽게 할 수 있다고 했다.

펠라기우스는 하나님이 인간에게 베푼 은혜를 세 가지로 분류했다. 첫 번째 은혜는 인간을 창조하실 때 죄를 짓지 않을 가능성인 자유의지를 주신 것이고, 두 번째 은혜는 우리가 구원에 이르기 위해 무엇을 해야 할지를 가르쳐주는 율법과 계시를 주신 것이며, 세 번째 은혜는 예수의 가르침과 모범을 주신 것이라고 했다. 펠라기우스는 사람들이 자유의지와 하나님의 은혜를 이용하여 선한 행동을 하면 당연히 보상을 받아야 한다고 주장하고, 구원은 선한 행동을 한 사람들이 받아야 할 당연한 보상이라고 했다. 펠라기우스의 이런 생각에 의하면 하나님의 은혜는 외부적인 도움에 그치는 것이어서 인간의 영혼에 영향을 줄 여지가 없고, 구원을 미리 예정한다는 것과 같은 일은 더욱 가능하지 않다.

아우구스티누스는 펠라기우스의 이런 주장을 반박하고 구원은 오로지 하나님의 은혜로 주어지는 것이라고 강조했다. 아우구스티누스는 타락한 인간은 더 이상 선을 행할 수 있는 능력이 없으므로 구원에 이르기 위해서는 아무 보상 없이 주는 하나님의 은혜가 꼭 필요하다고 주장했다. 아우구스티누스는 구원이 사람의 행위에 의해서가 아니라 하나님의 은혜로 주어진다는 것을 보이기 위해 로마서의 기록을 인용했다. "모든 사람이 죄를 범하였으매 하나님의 영광에 이르지 못하더니 그리스도 예수 안에 있는 구속으로 말미암아 하나님의 은혜로 값 없이 의롭다 하심을 얻은 자 되었느니라(로마서 3장 23절-24절)."

아우구스티누스는 하나님의 은혜가 두 과정을 통해 나타난다고 주장했다. 하나는 우리 영혼 속에서 우리가 선을 생각하거나 열망하도록 만드는 은혜이다. 사람들은 계명을 지키기도 하고 구원을 얻으려고 노력하기도 하지만, 그런 것들을 원하는 마음을 갖게 되는 것은 하나님의 은혜라는 것이다. 다시 말해 선한 일을 하는 것은 인간이지만 선한 일을 원하게 만드는 것은 하나님이라는 것이다. 은혜의 두 번째 단계는 협동하는 은혜이다. 하나님의 은혜로 우리 의지가 어떤 일을 원하게 되면 협동하는 은혜는 그것을 이룰 수 있도록 우리의 의지를 도와주고 협동한다는 것이다.

아우구스티누스가 구원을 하나님이 아무런 대가 없이 주시는 은혜라고 본 것은 방탕했던 자신의 회심 과정을 회고해 본 결과였다. 자신의 회심 과정을 돌아본 그는 자신에게 일어났던 일들이 자신의 계획이나 의지로 인한 결과가 아니라는 결론을 얻었다. 하나님 앞에 내세울 만한 일을 한 적이 없는 자신이 하나님의 사랑과 구원을 깨닫게 된 것은 자신의 공로로 인해 얻어진 것이 아니라는 것을 알게 된 것이다. 따라서 하나님의 은혜는 인간의 행위 이전에 주어지는 하나님의 선물이라고 보았다. 아우구스티누스는 하나님의 은혜와 자유의지의 관계에 대해서는 자세하게 설명하지 않았지만 하나님의 은총이 자유의지를 파괴하지 않는다고 주장했다.

아우구스티누스와 펠라기우스 사이에 벌어진 구원론에 대한 논쟁을 종결 짓기 위해 418년에 개최된 카르타고 지역 공의회에서는 펠라기우스의 주장을 이단으로 정죄하고 아우구스티누스의 주장을 받아들였다. 이후 431년에 테오도시우스 2세가 소집하여 에페소스에서 열린, 네스토리우스파를 정죄한 에페소스 공의회에서도 펠라기우스의 주장은 공식적으로 재차 단죄되었다.

# 기독교 전통의 확립

## 일요일 예배 전통

일요일 예배 전통을 이야기하기 위해서는 우선 일주일이 어떻게 정해졌는지 알아야 한다. 누가 일주일을 7일로 정했는지에 대해서는 여러 가지 학설이 있으나 확실한 것은 알 수 없다. 일부 학자들은 일주일이 고대 바빌로니아에서 시작되었다고 주장하고 있다. 일주일이 7일로 정해진 것은 달이 차고 기우는 주기를 나타내는 음력의 한 달을 4등분 했다는 주장과, 맨눈으로 관측할 수 있는 천체 중에서 위치를 변하는 천체가 태양, 달, 수성, 금성, 화성, 목성, 토성의 일곱 개여서 그렇게 정해졌다는 주장이 있다. 바빌로니아의 달력의 영향을 받은 유대력에서도 7일을 일주일로 했다.

유대인들은 "엿새 동안은 일할 것이요 일곱째 날은 쉴 안식일이니 성회라 너희는 무슨 일이든지 하지 말라 이는 너희 거하는 각처에서 지킬 여호와의 안식일이니라(레위기 23장 3절)"라고 한 구약성경의 기록을 따라 일주일의 마지막 날인 토요일을 안식일로 지켰다.

그러나 현재 대부분의 기독교에서는 일요일에 예배를 드리고 있다. 일요일 예배 전통이 고착된 데 대해서는 성경에서 그 근거를 찾는 사람들과 역사적 사건에서 그 근거를 찾는 사람들이 있다. 성경에서 일요일 예배 전통의 근거를 찾는 사람들은 예수가 부활한 날인 일요일을 기념하던 것이 일요일 예배 전통으로 굳어졌다고 주장한다. 그들은 사도행전에서 일요일 예배 전통을 찾아냈다. 사도행전에는 "우리는 무교절[24] 후에 빌립보에서 배로 떠나 닷새만에 드로아에 있는 그들에게 가서 이레를 머무니라 안식 후 첫날에 우리가 떡을 떼려 하여 모였더니 바울이 이튿날 떠나고자 하여 저희에게 강론할쌔 말을 밤중까지 계속하매(사도행전 20장 6절-7절)" 라고 기록되어 있다. 이 날은 무교절 이후 돌아온 안식일 후 첫날이었으므로 부활절 날에 해당한다. 따라서 부활절인 일요일에 예배를 드리는 일이 바울 시대부터 이미 시작되었다는 것이다.

그런가 하면 고린도전서 16장 2절에 매주 첫날 연보를 하도록 하라고 한 말씀을 일요일 예배 전통의 근거로 보기도 한다. "매주일 첫날에 너희 각 사람이 이를 얻은 대로 저축하여 두어서 내가 갈 때에 연보를 하지 않게 하라(고린도전서 16장 2절)." 일요일을 주일, 즉 주의 날이라고도 부르는데 이에 대한 성격적 근거는 요한계시록에서 찾을 수 있다. "주의 날에 내가 성령에 감동하여 내 뒤에서 나는 나팔 소리 같은 큰 음성을 들으니(요한계시록 1장 10절)."

역사적 사건에서 일요일 예배의 기원을 찾는 사람들은 64년부터 311년까지 약 250년 동안 진행된 로마의 기독교 박해를 일요일 예배 전통이 굳어지게 된 직접적인 원인으로 본다. 예루살렘 성전의 파괴를 분기점으로 하여 유대교와 기독교는 완전히 분리되었지만 그 후에도 로마는 기독교를 유대교의 한 분파로 보고 유대교와 기독교를 함께 박해했다.

특히 하드리아누스 황제는 132년부터 135년 사이에 유대인들의

24 유월절 다음 날부터 칠일 동안에는 누룩으로 발효하지 않은 딱딱한 떡인 무교병으로 식사를 했다. 이 칠일 동안의 첫 날과 마지막 날은 안식일처럼 아무 일도 하지 않고 성회로 모여 절기를 지키도록 했는데 그것이 무교절이다.

대규모 반란이 있자 ①토라 사용 금지, ②할례 금지, ③안식일 예배 금지의 세 가지 금지령을 내리고 안식일을 지키는 사람들을 처벌했다. 안식일 예배를 제외한 다른 두 가지는 유대교도들에게만 해당하는 것이어서 기독교인들과는 관계가 없는 것이었다. 기독교도들은 유대교도들과의 차별화를 위해서 안식일 대신 일요일 예배를 교회에 도입하게 되었고 점차 일요일에 예배를 드리는 사람들이 늘어났다. 이에 따라 321년 3월 7일 콘스탄티누스 1세가 일요일을 공식 예배일로 선포했다는 것이다.

### 부활절의 유래

기독교에서 예수의 부활은 매우 중요한 의미를 가진다. 기독교는 과거 인류 역사에 왔다간 예수라는 성인을 믿는 종교가 아니라, 현재도 살아서 인류의 역사와 개인의 일상사에 개입하고 있는 예수를 믿는 종교이다. 십자가에서 처형된 예수가 살아있을 수 있다는 것은 부활이라는 사건이 있었기 때문이다. 따라서 예수의 부활이 없는 기독교는 생각할 수 없다. 부활절은 예수의 부활을 기념하는 날이다. 그렇다면 부활절은 어떻게 정해졌을까?

초대교회에서는 부활절을 태음력인 히브리력 달력에서 '유월절과 무교절 다음에 오는 첫 안식일 다음날'로 정해서 지켰기 때문에 현재 우리가 사용하는 달력으로 보면 매년 날짜가 달랐다. 빠를 때는 3월 넷째 일요일이 부활절이 되기도 하고, 늦을 때는 4월 넷째 일요일이 부활절이 될 수도 있었다. 이것은 태음력으로 정해지는 구정이나 추석의 날짜가 양력으로 보면 한 달 이상이나 차이가 나는 것과 마찬가지이다.

4세기가 되자 언제를 부활절로 해야 하느냐 하는 문제가 대두되기 시작했다. 부활절을 이전처럼 히브리력의 유월절에 따라 정해야 한다는 동방교회들과 춘분을 기준으로 정해야 한다는 서방교회들 사이의 대립이 발생한 것이다. 이런 논란은 325년에 개최된 니케아 공의회에서 당시 춘분이었던 3월 21일 다음에 오는 보름날 후 첫 일요일을 부활절로 정하면서 정리되었다. 춘분 후 첫 보름날이 일요일인 경우는 그 다음 주 일요일이 부활절이 된다. 오늘날에도 이 방법으로 부활절 날짜가 계산된다. 이 계산법에 따르면 부활절은 3월 22일과 4월 25일 사이에서 정해진다.

그러나 부활절은 어떤 달력을 사용하느냐에 따라 달라진다. 가톨릭교회나 성공회, 그리고 개신교와 같이 그레고리력을 사용하는 교회와는 달리 기원전 45년부터 사용되어 온 율리우스력을 아직도 사용하고 있는 동방정교회에서는 부활절이 율리우스력으로 3월 22일과 4월 25일 사이에 있으므로 이를 우리가 사용하고 있는 그레고리력으로 환산하면 4월 4일부터 5월 8일 사이가 된다.

부활절을 유대교의 유월절이 아니라 춘분을 기준으로 정하게 되면서 유대교와 기독교 사이에 남아 있던 마지막 고리마저 끊어지게 되었다. 히브리력의 유월절을 기준으로 부활절을 정하기 위해서는 매년 유대교에서 히브리력으로 유월절을 정할 때까지 기다려야 했는데, 춘분을 기준으로 사용하면서 더 이상 그럴 필요가 없게 된 것이다. 그러나 부활절을 정할 때 당시 사용하던 율리우스력으로 춘분이었던 3월 21일을 기준으로 정한 것이 또 다른 문제를 불러왔다. 율리우스력에서는 128년마다 하루씩 오차가 생기기 때문에 1,200년이 지나자 춘분이 3월 21일이 아니라 3월 10일 경이 되

그림4-5 〈예수 그리스도의 부활〉(노엘 코이펠, 1700년경)

어 10일 이상 차이가 나게 되었다. 1598년에 교황 그레고리오 13세가 그레고리력을 제정한 것은 이런 문제를 해결하기 위한 것이었다. 현재 우리가 사용하는 달력은 그레고리력이다.

사도행전에 기록되어 있는 것처럼 초대교회에서는 부활절에 떡을 떼서 나누어 먹는 전통이 있었다. 그러나 차츰 부활절 달걀이 부활절 상징으로 자리 잡게 되었고, 부활절 퍼레이드도 세계 곳곳에서 벌어지고 있다. 카드를 주고받는 것도 부활절 풍습으로 정착되었다. 부활절과 관련되어 행해졌거나 행해지고 있는 행사들은 여러 문화권에서 봄 축제의 하나로 오래전부터 행해지던 것들이 기독교의 축제로 변화된 것이 많다.

### 크리스마스의 유래

크리스마스 유래에 대해서는 교회 내에서 시작된 교회 전통이라는 주장과 로마제국의 전통이었던 태양신의 기념일이 기독교 전통으로 바뀌었다는 두 가지 주장이 있다. 크리스마스가 교회 전통에서 유래했다고 주장하는 사람들은 기독교가 공인되기 이전인 2세기 중엽에 기록된 교회 문서에 예수 탄생 날짜가 나타나 있다고 주장한다. 그리고 2세기 후반을 지나면서 그리스도의 수난일인 율리우스력 3월 25일을 수태일로 보는 기록이 나타나기 시작했다고 주장한다.

4세기에 활동했던 아우구스티누스와 이단으로 단죄된 도나투스주의자들 간의 논쟁에서도 로마가 기독교를 공인하기 전부터 12월 25일을 그리스도의 탄생일로 지켰다는 기록이 등장한다. 그리고 아우구스티누스는 『삼위일체론』 4권에 "예수께서는 3월 25일에 수

그림4-6 〈목자들의 경배〉(헤라드 반 혼토르스트, 1622)

태되셨다 … 전통에 따르면 예수께서는 12월 25일에 태어나셨다" 라고 기록해 놓았다. 그는 12월 25일이 초대교회부터 내려온 전통이라고 했다. 이런 기록들을 미루어 보면 로마에 의해 기독교가 공인되기 이전인 3세기부터 북아프리카 지역의 교회에서는 그리스도의 탄생일을 12월 25일로 기념하고 있었던 것으로 보이며 그것이 현재의 크리스마스의 전통이 되었다고 볼 수 있다. 교회 내 전통설을 주장하는 사람들은 로마 주교 율리우스 1세가 12월 25일을 크리스마스로 선포한 것은 교회 내에서 지켜 오던 크리스마스를 교회의 공식적 기념일로 정한 것이라고 주장한다.

로마제국의 전통에서 크리스마스가 유래했다고 주장하는 사람들은 336년경 로마제국에서 태양신의 축제일로 지켜오던 12월 25일을 크리스마스로 정하면서 12월 25일이 크리스마스로 굳어졌다고 주장한다. 기원전부터 로마, 이집트 등에서 태양 숭배 전통에 따라 12월 25일을 태양신 축일로 기념하고 있었다. 일 년 중 낮의 길이가 가장 짧은 동지 이후에는 낮의 길이가 점점 길어진다. 따라서 고대 사람들은 낮의 길이가 가장 짧은 동지가 어둠이 물러나고 빛이 세력을 얻어 만물이 소생하기 시작하는 날이라고 생각했다. 따라서 동지 즈음에 있는 12월 25일을 태양신의 축일로 정하고 축제를 열었다.

로마 전통설을 주장하는 사람들은 350년 로마 주교 율리우스 1세가 태양신의 축제일인 12월 25일을 그리스도의 탄생일로 선포하여 태양신 축제일이 크리스마스로 바뀌었고 그것이 기독교의 전통으로 굳어지게 되었다고 주장한다. 로마가 기독교를 국교로 정한 후에는 기독교와 관련된 많은 일들을 결정하는 데 로마 황제가 관여했으므로 로마의 축일을 크리스마스로 정했을 가능성을 배제할 수는 없다. 그러나 크리스마스가 공식 기념일로 정해지던 시기에 있었던 기독론에 대한 논쟁은 단어 하나까지 세세하게 따지는 엄격성을 가지고 있었다. 따라서 당시의 교회 지도자들이 기독교와 관련이 없는 태양신 축일을 아무런 근거 없이 기독교의 가장 중요한 기념일로 정했을 가능성은 크지 않다.

대부분의 기독교에서는 12월 25일을 크리스마스로 기념한다. 그러나 동방정교회의 크리스마스는 1월 7일이다. 동방정교회는 로마 가톨릭교회에서 개정한 그레고리력을 사용하지 않고 아직도 율리우스력을 사용하기 때문이다. 기독교와 서구 문명이 전 세계에 확산되면서 크리스마스는 세계 여러 나라에서 기념일이나 공휴일로 지정되어 있다. 우리나라에서는 1949년부터 크리스마스를 공휴일로 지정했다. 홍콩, 마카오 등에서도 크리스마스가 공휴일이며, 기독교 인구가 적은 일본에서는 공휴일이 아니다.

## 사도신경의 성립

초대교회에서 정리된 세례의 믿음 고백 형식이 발전하여 사도신경의 기본이 되었으며, 이것이 4세기에 처음으로 사도신경이란 이름으로 불리게 되었다. 사도신경이 현재의 형태를 갖추게 된 것은 5세기였으며 오토 대제에 의해 니케아-콘스탄티노폴리스신경을 대체하여 서방교회에서 사용되기 시작했다.

11세기에 동방교회와 분리된 이후 사도신경은 로마 가톨릭교회에서 신앙의 기준으로 자리 잡았다. 가톨릭교회에서는 지금도 사도신경을 전례에 포함시켜 각종 예식이나 미사 때마다 이를 통해 신앙을 고백하고 있다. 개신교에서도 예배 시에 사도신경으로 신앙을 고백한다.

따라서 사도신경은 마태복음 6장 9절에서 13절까지에 기록되어 있는 예수가 12제자들에게 가르친 기도문인 주기도문과 함께 교회의 전례와 기도 생활에서 중요한 위치를 차지하고 있다. "그러므로 너희는 이렇게 기도하라 하늘에 계신 우리 아버지여 이름이 거룩히 여김을 받으시오며 나라이 임하옵시며 뜻이 하늘에서 이룬 것 같이 땅에서도 이루어지이다 오늘날 우리에게 일용할 양식을 주옵시고 우리가 우리에게 죄 지은 자를 사하여 준것 같이 우리 죄를 사하여 주옵시고 우리를 시험에 들게 하지 마옵시고 다만 악에서 구하옵소서 (나라와 권세와 영광이 아버지께 영원히 있사옵나이다 아멘) (마태복음 6장 9절-13절)" 그러나 로마 가톨릭교회를 극단적으로 배격하는 일부 개신교 종파에서는 사도신경을 사용하지 않고 있다.

## 사도신경

| | 가톨릭교회 | 개신교 |
|---|---|---|
| 1 | 전능하신 천주 성부 | 전능하사 천지를 만드신 하나님 아버지를 |
| 2 | 천지의 창조주를 저는 믿나이다. | 내가 믿사오며, |
| 3 | 그 외아들 | 그 외아들 |
| 4 | 우리 주 예수 그리스도님 | 우리 주 예수 그리스도를 믿사오니, |
| 5 | 성령으로 인하여 | 이는 성령으로 잉태하사 |
| 6 | 동정 마리아께 잉태되어 나시고 | 동정녀 마리아에게 나시고, |
| 7 | 본시오 빌라도 통치 아래서 고난을 받으시고 | 본디오 빌라도에게 고난을 받으사, |
| 8 | 십자가에 못 박혀 돌아가시고 묻히셨으며 | 십자가에 못 박혀 죽으시고, |
| 9 | 저승에 가시어 사흗날에<br>죽은 이들 가운데서 부활하시고 | 장사한지 사흘 만에 죽은 자 가운데서<br>다시 살아나시어, |
| 10 | 하늘에 올라 | 하늘에 오르사, |
| 11 | 전능하신 천주 성부 오른편에 앉으시며 | 전능하신 하나님 우편에 앉아 계시다가, |
| 12 | 그리로부터 산 이와 죽은 이를<br>심판하러 오시리라 믿나이다. | 저리로서 산 자와 죽은 자를 심판하러 오시리라. |
| 13 | 성령을 믿으며 | 성령을 믿사오며, |
| 14 | 거룩하고 보편된 교회와 | 거룩한 공회와, |
| 15 | 모든 성인의 통공을 믿으며 | 성도가 서로 교통하는 것과, |
| 16 | 죄의 용서와 | 죄를 사하여 주시는 것과, |
| 17 | 육신의 부활을 믿으며 영원한 삶을 믿나이다. | 몸이 다시 사는 것과,<br>영원히 사는 것을 믿사옵나이다. |
| 18 | 아멘. | 아멘. |

칼케돈 공의회 벽화

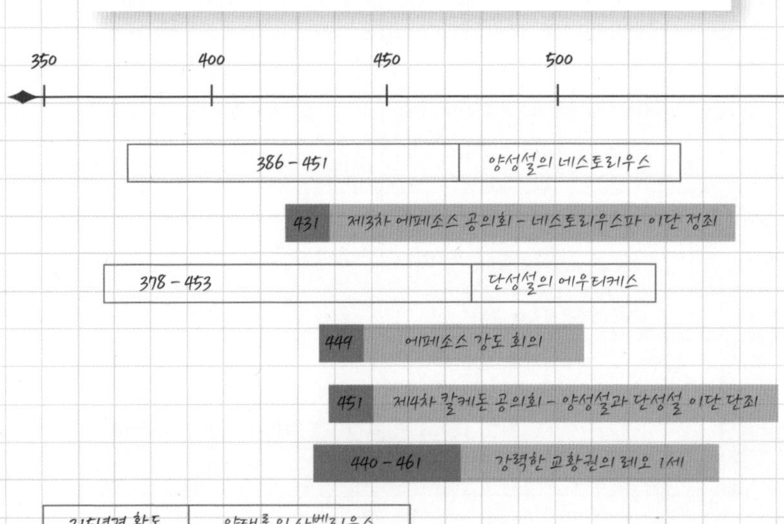
350
400
450
500
386 – 451
양성설의 네스토리우스
431
제3차 에페소스 공의회 – 네스토리우스파 이단 정죄
378 – 453
단성설의 에우티케스
444
에페소스 강도 회의
451
제4차 칼케돈 공의회 – 양성설과 단성설 이단 단죄
440 – 461
강력한 교황권의 레오 1세
215년경 활동
양태론의 사벨리우스

# V

## Chapter 5

# 예수의 신성과 인성에 관한 논쟁

# 들어가며

성부와 성자, 그리고 성령은 어떤 관계에 있는지에 대한 신학 논쟁은 세 위격으로 존재하되 본질은 동일하다는 삼위일체설로 정리되었다. 그러나 5세기 중엽에는 예수가 가지고 있는 신성과 인성이 어떤 관계냐에 대한 논쟁이 시작되었다. 콘스탄티노폴리스의 대주교였던 네스토리우스는 예수는 신성과 인성을 가지고 있고, 이 두 가지 성격은 구분이 가능하다고 주장했다. 따라서 성모 마리아는 신인 예수의 어머니가 아니라 인간 예수의 어머니여서 하나님의 어머니라는 칭호 대신 그리스도의 어머니라고 불러야 한다고 주장했다. 네스토리우스의 양성설은 431년에 열렸던 에페소스 공의회에서 이단으로 단죄되었다.

그러자 예수의 인성과 신성이 하나로 합쳐져 하나의 단일한 성질만 남게 되었다고 주장하는 단성설이 나타났다. 451년에 칼케돈에서 개최된 공의회에서 이단으로 단죄된 후에도 단성설

은 시리아와 이집트에서 커다란 세력을 형성하고 있다가 후에 다시 한번 격렬한 신학 논쟁을 야기했다. 예수의 신성과 인성에 대한 신학 논쟁은 예수는 서로 섞이지도 합쳐지지도 않는 두 개의 본성인 신성과 인성을 가지고 있다는 것으로 정리되었다. 정통 교리에 반대하여 이단으로 정죄된 사람들은 정통 기독교의 영향력이 미치지 않는 지역으로 도피하여 자신들의 신념을 지켰다. 이 장에서는 양성설과 단성설뿐만 아니라 예수의 선성과 인성과 관련된 다른 교의나 교회에 대해서도 알아보기로 하겠다.

# 양성설

## 네스토리우스의 양성설

381년에 시리아 속주에서 태어나 안티오키아의 사제로 활동하면서 명성을 얻은 네스토리우스Nestorius(386-451)는 테오도시우스 2세 때인 428년 콘스탄티노폴리스의 대주교가 되었다. 대주교가 된 네스토리우스는 예수의 어머니 마리아에게 "하나님의 어머니"라는 칭호를 붙이는 것을 반대했다. 네스토리우스는 인간 예수에게 신이 임하여 "신의 아들" 그리스도가 되었기 때문에 예수의 신성과 인성을 구분해야 하며, 마리아는 인간 예수의 어머니일 뿐이라고 주장했다. 하나님의 어머니라는 용어는 마리아를 신보다 우월한 존재로 오해할 여지가 있다고 주장하고 마리아를 "하나님의 어머니theotokos"라는 칭호 대신 "그리스도의 어머니Christotokos"라고 부르는 것이 합당하다고 주장했다.

네스토리우스는 또한 그리스도의 신성과 인성은 한몸 안에 유기적이고 기계적으로 연합되어 있다고 주장했다. 신성과 인성을 분리할 수 없다는 주장에 의하면 인간 예수의 어머니는 동시에 하나님 예수의 어머니가 되어야 하지만 신성과 인성이 독립적인 존재라면 인간 예수의 어머니가 꼭 하나님 예수의 어머니일 필요는 없다는 것이다. 네스토리우스의 이러한 주장은 격렬한 기독 논쟁을 점화시켰다. 특히 알렉산드리아의 대주교였던 키릴로스는 네스토리우스의 주장을 격렬하게 반대했다.

이에 대한 논란이 격화되자 동로마제국의 테오도시우스 2세와 서로마제국의 발렌티니아누스 3세는 431년 에페소스에서 공의회를 소집했다. 이 공의회에서 네스토리우스의 교리는 이단으로 정죄되었으며, 네스토리우스는 주교직에서 파면되었다. 435년 국외로 추방된 네스토리우스는 페트라로 망명하여 수도원에서 은둔하다가 451년에 이집트의 이비스에서 세상을 떠났다.

451년에 개최된 칼케돈 공의회에서 네스토리우스주의는 다시 한번 이단으로 단죄되었다. 칼케돈 공의회에서 채택된 칼케돈 신조에는 예수는 완전한 인간이자 참 하나님으로 그의 신성과 인성은 분리되지 않는다는 내용이 포함되었다.

네스토리우스의 가르침을 따르던 네스토리우스파 신자들은 주류 기독교의 박해를 피해서 북아프리카와 아랍 지역으로 이동했고, 심지어는 중국과 몽골까지 진출했다. 중국에서는 네스토리우스파를 서양에서 온 종교라고 해서 경교라고 불렀는데 당나라의 수도였던 장안에 대진사라는 교회를 세우고, 경교의 중국 전래를 설명하는 '대진경교유행중국비'도 건립했다. 중국에 경교가 전래되어 널리 유행한 과정을 설명하는 높이가 2.7미터에 달하는 이 비석은 현재 시안비림박물관에 보관되어 있다. 당나라와 활발하게 문물을 교류했던 발해, 신라, 일본에도 이때 경교가 전해졌을 것으로 추정하고 있다. 실제로 발해 유적지에서는 경교의 유물이 다수 발견되었다. 신라 유적지에서 발견된 십자가 비슷한 유물이 경교의 유물이라며 우리나라에도 이미 신라시대에 기독교가 전래되었다고 주장하는 사람들도 있다.

그림5-1 중국 서안 협서성박물관의 대진경교유행중국비(미네소타대학교 동아시아도서관)

이슬람이 지배하던 지역으로 넘어간 네스토리우스파는 아랍 세계에 고대 그리스의 문명을 전해주었다. 중세를 거치는 동안 아랍에 보존되어 있던 그대 그리스 문명은 11세기 이후 다시 유럽에 전달되어 르네상스 운동을 시작하게 했다. 네스토리우스파는 현재도 이란과 인도 남부에 10만여 명의 신도들이 칼데아교회, 아시리아교회 등의 이름으로 남아 있다.

### 에페소스 공의회

5세기 초에 있었던 기독론에 대한 논쟁은 앞서 언급한 알렉산드리아 대주교 키릴로스와 콘스탄티노폴리스 대주교 네스토리우스 사이에 있었던 논쟁으로 예수의 어머니 마리아를 테오토코스 Theotoskos 즉, 성모라고 부를 수 있느냐에 대한 것이었다. 이러한 논쟁으로 교회가 분열될 위기에 처하자 이 문제를 매듭짓기 위해 에페소스에서 공의회가 소집되었다.

신변의 위협을 느낀 네스토리우스는 자신을 지지하는 주교들이 올 때까지 공의회에 참가하는 것을 거부했다. 네스토리우스를 지지하던 주교들은 뜻하지 않았던 문제로 회의 참석이 늦어졌다. 그 틈을 타서 자신을 지지하는 주교들과 함께 먼저 에페소스에 도착한 키릴로스가 공의회를 주도했다. 공의회는 키릴로스를 지지하는 쪽으로 기울었고 네스토리우스는 교리 논쟁에서 패해 이단으로 배척되었다. 그러나 네스토리우스를 지지하던 안티오키아 대주교 요한과 그 지지자들이 키릴로스 일파를 탄핵했고, 로마 교황 첼레스티노 1세가 보낸 사절은 요한 일파를 파문하는 등 공의회는 혼란스럽게 진행되었다.

그러나 이 공의회에서는 최종적으로 니케아 공의회에서 결정된 니케아 신조를 재확인했으며 마리아를 성모라고 부르는 것이 적합하다고 인정하고 네스토리우스를 이단으로 단죄했다. 에페소스 공의회로 생겨난 갈등을 해소하기 위해 433년에는 알렉산드리아파와 안티오키아파가 네스토리우스의 파문을 받아들이기로 하는 합동 신조를 발표하여 화해가 이루어졌다.

# 단성설

## 단성설과 강도 공의회

단성설은 분리할 수 있는 신성과 인성을 주장한 네스토리우스파의 사상에 대항하는 형태로, 이집트를 중심으로 활발하게 전개되었다. 단성론을 주장했던 에우티케스Eutyches(378-453)는 예수는 인성과 신성을 모두 가지고 있지만, 육신을 입어 지상에 태어난 뒤 포도주가 바다에 섞이는 것처럼 인성이 신성에 합쳐져서 단일한 성질이 되었다고 주장했다.

로마 교황 레오 1세Leo I는 이러한 에우티케스의 생각을 부정하는 편지를 콘스탄티노폴리스 대주교 플라비아누스에게 보냈다. 이 편지에서 레오 1세는 예수 그리스도는 하나의 위격만을 가지고 있으며, 이 유일한 위격 안에 서로 섞이지도 합쳐지지도 않는 두 개의 본성인 신성과 인성을 가지고 있다고 주장하였다. 그는 이 두 가지 본성이 저마다 고유한 능력을 가지고 다른 작용을 하지만, 유일한 위격 안에서 영원히 연계를 이루고 있다고 설명했다.

449년 에페소스에서 단성론의 문제를 다루기 위한 공의회가 알렉산드리아 대주교 디오스코루스의 주재로 열렸다. 이 공의회에는 로마 교황의 특사와 콘스탄티노폴리스 총대주교 플라비아누스도 참석했다. 단성론을 주장하는 사람들이 중심이 되었던 이 공회의에서는 로마 교황 및 콘스탄티노폴리스 총대주교 플라비아누스의 퇴진을 결정했다. 플라비아누스는 학대를 받아 사흘 만에 죽고 교황의 특사는 알렉산드리아를 탈출하여 로마로 돌아왔다. 그러자 교황 레오 1세는 주교 회의를 소집하여 이 에페소스 공의회를 무효라 선언했다. 따라서 이 공의회는 에페소스 강도 회의Robber Council of Ephesus라고 불리게 되었다. 단성론은 451년에 현재의 터키에 해당하는 소아시아의 칼케돈에서 열렸던 칼케돈 공의회에서 이단으로 단죄되었다. 칼케돈 공의회에서는 예수의 신성과 인성은 분리되지 않는다는 정통교리를 확립하고 단성론과 네스토리우스파의 양성설을 이단으로 단죄했다.

그러나 단성론은 사라지지 않고 안티오키아를 비롯해 시리아와 이집트에서 여전히 상당한 세력을 유지하고 있다가 동로마제국의 유스티아누스 황제 시대에 다시 한번 격렬한 신학 논쟁을 불러일으켰다.

### 교황 레오 1세

400년경 이탈리아의 토스카나에서 태어나 440년 교황 식스토 3세의 뒤를 이어 교황이 된 레오 1세는 강력한 교황권을 확립하고 많은 저술을 남긴 교황으로 널리 알려져 있다. 베드로를 공경했던 레오 1세는 성경과 로마에 있는 베드로의 무덤을 근거로 교황의 수위권Papal Primacy을 주장했다. 레오 1세는 스스로를 베드로의 후계자이자 대리인이라고 칭함으로써 베드로가 지녔던 사도의 권위를 자신이 계승했다는 것을 확실히 했다. 모든 은총과 권위의 근원은 그리스도지만 그리스도는 지상에서 자신을 대리하는 권한을 베드로에게 주었으며 그를 전체 교회의 최고 사목자로 삼았다고 주장했다.

이러한 생각에 따라 레오 1세는 베드로의 권위를 바탕으로 로마는 물론 로마 밖의 지역에서도 교황으로서의 권한을 행사하려고 했다.

레오 1세는 동방교회에 대해서도 교황의 수위권을 강력하게 주장했다. 단성론에 대한 논쟁 초기에는 에우티케스가 레오 1세에게 중재를 요청하기도 했다. 그러나 단성론자들이 주도한 강도 공의회에서는 레오 1세의 퇴진을 결정했다. 주교 회의를 소집하여 강도 공의회의 결정 사항을 무효화한 레오 1세는 단성론 문제를 토의하기 위해 소집한 칼케돈 공의회에 특사를 보내 예수의 신성과 인성에 대한 레오 1세의 교의서한을 낭독하도록 했다. 공의회에 참석한 주교들은 모두 "이것이 교부들의 신앙이다! … 베드로께서 레오를 통해 우리에게 말씀하셨다!"라고 외쳤다.

그림5-2 〈레오 1세와 아틸라의 만남〉(라파엘로, 1514)

레오 1세는 훈족[25]의 왕 아틸라의 로마 침공을 막아낸 것으로도 유명하다. 아틸라는 452년 이탈리아를 침략하여 일부 도시를 약탈하고 로마로 진격했다. 전 유럽을 유린한 훈족의 군대가 로마에까지 당도하자 민심은 극심하게 동요되었고 황제는 아틸라의 요구를 수용해 세 명의 사절을 보내 협상을 벌였다. 교황 레오 1세도 세 명의 사절 중 한 사람이었다. 아틸라는 황제의 사절단과 만난 후 군대를 이끌고 철수했다. 아틸라가 철수한 이유가 무엇인지에 대해서는 알려지지 않았지만, 역사학자들은 레오 1세의 영웅적인 행동이 중요한 역할을 했을 것으로 추측하고 있다. 레오 1세는 아틸라의 침입으로부터 로마를 구출하면서 교황의 위엄과 권위를 크게 높였다.

455년에 반달족[26]이 로마를 공격해 왔을 때도 레오 1세는 반달족의 왕 가이세리크와 담판을 벌였다. 반달족의 로마 약탈을 막을 수는 없었지만, 레오 1세의 중재로 살인과 방화 행위를 최소화 할 수는 있었다. 이러한 노력으로 레오 1세는 로마의 구원자로 부각됐고, 로마의 수호자로 인식되었다.

서로마제국이 멸망하면서 서로마 지역 전체를 통치하는 세속권력이 사라진 후에는 교황이 서로마 황제를 대신하여 로마제국의 실질적인 통치자가 되었다. 교황은 서유럽 전체에 산재해 있던 교회와 수도원 조직을 통해 그 어느 왕보다도 강력한 권력을 행사할 수 있었다. 레오 1세는 이런 강력한 교황권의 기초를 놓은 교황이었다.

---

25 일부 학자들은 한나라의 정복 군주였던 한무제에 의해 서쪽으로 밀려난 흉노족이 훈족이 되었다고 주장하지만 확실하지는 않다. 훈족은 게르만의 대이동을 촉발시켰고, 게르만의 대이동은 로마가 멸망하는 원인이 되었다.

26 게르만족의 일파인 반달족은 5세기에 스페인과 북아프리카에 왕국을 세웠다. 서로마제국을 멸망시킨 오토 아케르는 발단족 출신이었다.

### 칼케돈 공의회와 칼케돈 신조

칼케돈 공의회Council of Chalcedon는 451년 10월 8일부터 11월 1일까지 지금의 터키인 소아시아의 칼케돈에서 열렸던 공의회이다. 이 공의회에서는 그리스도의 신성과 인성은 분리되지 않는다는 내용의 칼케돈 신조를 통해, 예수 그리스도는 완전한 인간이요, 완전한 하나님이라고 고백하고, 칼케돈 신조에 '하나님의 어머니(테오토코스)'라는 단어를 넣어, 예수 그리스도의 신성을 강조하는 테오토코스를 정통 교리로 재확인했다.

칼케돈 공의회에서 정통 교리가 확립되자 콥트교회 등 단성설을 따르는 교회와 분리할 수 있는 그리스도의 인성과 신성을 주장하는 네스토리우스파는 이단으로 단죄되었다. 칼케돈 공의회에서 확정된 칼케돈 신조는 다음과 같다.

그림5-3 칼케돈 공의회 벽화

교부들을 따라서 우리는 하나의 일치 안에서 한 분이시며 같은 아들 우리 주 예수 그리스도를 받아들이도록 가르치는데, 그는 신성에 있어서 완전하시며, 동시에 인성에 있어서도 완전한 분이시고, 참으로 하나님이심과 동시에 참으로 인간이시며, 또한 이성적 영혼과 육체를 가지고 계시며, 그의 신성에 있어서는 성부와 같은 본질을 지니고 계시며, 그의 인격에 있어서는 우리와 같은 본질을 지니고 계시는데, 죄로부터는 떨어져 있으나 모든 측면에서 우리와 같으시고, 그의 신성에 관해서는 역사 이전에 아버지로부터 출생하셨고, 그러나 그의 인간적 출생에 관해서는 우리와 우리의 구원을 위해 하나님의 어머니(테오토코스)인 동정녀 마리아에게서 나셨다.

한 분이시고 동일한 그리스도, 성자, 주님, 하나님의 외아들이신 그는 두 가지 성질로 인식되는 바, 혼돈 없이, 변화 없이, 구분 없이, 분리 없이, 계신 분이며, 성질들의 차이는 결합으로 인해 결코 없어지지 아니한다. 오히려 각 성질의 특징들은 보존되고, 한 인격과 생존을 형성하기 위하여 함께 오며, 두 인격으로 분리되거나 나눠짐 없이 한 분 같은 성자요, 독생자이시며, 말씀, 하나님, 주 예수 그리스도시며 이와 같은 사실은 심지어 가장 최초의 예언자도 그에 관하여 말씀하셨고, 우리 주 예수 그리스도 자신이 우리에게 가르치셨고, 교부들의 신조로도 우리에게 이어져 내려오고 있다.

## 기타 교리들

### 콥트교회

451년 칼케돈 공의회에서 단성설이 단죄되면서 로마 가톨릭교회에서 분리된 콥트교회는 단성설의 전통을 보존하려고 노력하고 있다. 이들이 사용하는 콥트어 성경은 성서학적으로 가치가 큰 고전 문헌들이다. 콥트 정교회는 아프리카의 총대주교인 알렉산드리아의 주교를 수장으로 하고 있으며 고대 이집트교회가 가지고 있던 전통을 아직도 유지하고 있다. 이슬람교가 확산되기 이전에는 알렉산드리아가 단성론 계열 교회의 총본산이었다.

그림5-4 이집트 콥트교회의 크리스마스 예배

콥트교회에서는 1월 7일을 크리스마스로 기념하고 있는데 크리스마스 40일 전부터 단식을 한다. 부활절 전에도 55일간 단식을 한다. 단식 기간 동안에는 해가 뜨기 전과, 해가 진 다음에만 음식을 먹는데 육식을 피하고 올리브유로 요리한 음식만 먹는다.

현재 이집트 인구의 10% 정도가 콥트교인이며, 이 밖에도 에티오피아, 에리트레아, 미국, 리비아, 오스트레일리아에도 콥트교도들이 있다.

### 양태론

양태론modalism은 성부와 성자, 그리고 성령을 한 하나님이 다른 모습으로 나타난 것이라고 주장하는 교의이다. 양태론에 의하면 하나님은 오직 한 분밖에 없지만 하나님께서 구원을 이루시는 과정에서 여러 가지 다른 모습으로 나타난다는 것이다. 이것은 마치 한 사람이 처한 입장에 따라 아버지, 회사원, 친구의 여러 가지 다른 역할을 하는 것과 같다.

양태론에 의하면 하나님이 때로는 성부로도 나타나고, 성자로도 나타나며, 성령으로도 나타나므로 삼위를 구분하는 것이 아무런 의미가 없다. 그들은 성자를 인간의 몸을 입고 온 성부로 보며 따라서 십자가에서 고난을 받은 것도 성부라고 설명한다. 삼위일체를 주장했던 교부 테르툴리아누스는 이것을 성부수난설聖父受難說이라고 했다. 십자가에서 고난을 받은 예수가 하나님 자신이기 때문이다. 삼위일체론에서는 세 위격과 한 본질을 주장하고 있는 것과는 달리 양태론에서는 한 위격과 한 본질을 이야기하고 있는 것이다.

양태론을 체계적으로 만든 사람은 3세기 이집트에서 활동한 사

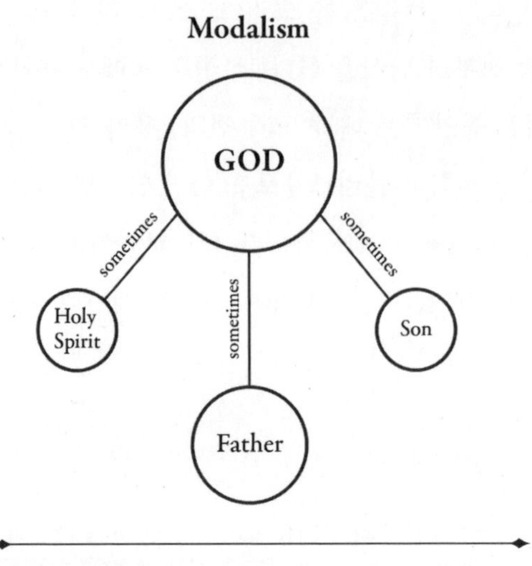


그림5-5 양태론 관계도

벨리우스Sabellius(215년경 활동)였다. 그는 성부가 태양이라면, 성자는 태양에서 나오는 빛이고, 성령은 태양에서 나오는 열과 같다고 주장했다. 양태론의 주장이 옳다면 예수가 한 행동은 모두 하나님 자신이 한 행동이 된다. 그렇게 되면 예수가 하나님에게 한 기도나 십자가의 고난이 모두 사람들에게 보여주기 위한 것이 된다. 성령 역시 하나님의 또 다른 모습이므로 성령 강림은 예수의 재림을 뜻한다. 이런 일들은 모두 예수의 인성을 인정하지 않았기 때문에 발생하는 문제들이다.

381년에 개최된 제1차 콘스탄티노폴리스 공의회와 680년에 개최된 제2차 콘스탄티노폴리스 공의회에서는 사벨리우스가 행한 세례가 무효라고 선언했다. 이것은 이 당시에도 사벨리우스의 양태론을 받아들이는 사람들이 상당수 있었다는 것을 나타내고 있다.

삼위일체 교의를 받아들이고 있는 교회에서도 양태론이나 양태론과 비슷한 설명을 하는 설교자들을 많이 볼 수 있다. 심지어는 양태론을 이용해 삼위일체를 설명하기도 한다. 이것은 한 본질과 세 위격을 주장하는 삼위일체 교의보다 양태론이 이해하기 쉽기 때문일 것이다.

### 무염시태

무염시태Immaculate Conception, 無染始胎는 예수의 어머니 마리아가 잉태되었을 때 원죄에 조금도 물들지 않았다고 보는 교의로 가톨릭교회에서만 인정되는 교리이다. 5세기 무렵 동방의 시리아에서 처음으로 12월 9일을 '지극히 거룩하시고 온전히 순결하신 하나님의 어머니 잉태 축일'을 제정하여 기념했다.

431년에 개최된 에페소스 공의회에서 마리아는 하나님의 어머니라는 교의가 선포된 후, 이 교의가 동방 수도자들에 의해 잉글랜드에 전래되어 1060년경 마리아의 잉태 축일이 경축되었고, 나중에는 마리아의 원죄 없는 잉태 축일로 발전되어 서유럽 전체로 확산되었다.

반면에 클레르보의 성 베르나르도와 성 토마스 데 아퀴노 등은 마리아가 다른 모든 인간들과 마찬가지로 원죄를 지닌 채 잉태되었으며, 다만 나중에 모태 안에서 정화되어 원죄가 사해졌다고 보았다. 결국 마리아가 원죄 없이 잉태되었다는 교리를 두고 가톨릭 신학자들 간에 논쟁이 본격적으로 일어나기 시작했다.

교황 식스토 4세는 교황 헌장을 잇달아 반포하면서 마리아의 원죄 없는 잉태에 관하여 논쟁하거나 상대를 서로 단죄하지 못하도

그림5-6 〈무염시태〉(피터 폴 루벤스, 1629)

록 엄금했다. 그러나 1476년 그는 원죄 없이 잉태된 마리아 축일을 인가했다. 교황 인노첸시오 8세는 '원죄 없이 모태에 배이신 자'로 마리아를 호칭하는 것을 승인했다.

교황 바오로 5세는 마리아의 원죄 없는 잉태에 대한 가르침에 반대하여 이를 공공연하게 말하는 것을 금지했으며, 교황 그레고리오 15세는 사적으로 마리아의 원죄 없는 잉태를 비난하는 것도 금지했다. 역대 교황들의 전례는 1854년 교황 비오 9세가 마리아의 원죄 없는 잉태를 교의로 선포하는 바탕이 되었다. 트리엔트 공의회Council of Trent(1545-1563)는 원죄의 보편성에서 제외되는 유일한 예외로서 마리아를 인정하여 마리아가 원죄 없이 잉태된 유일한 인간이라는 것을 확인했다.

1854년 12월 8일 교황 비오 9세는 초대교회 때부터 이어져 온 성모 신심과 봉헌, 교부들의 증언, 그리고 이를 뒷받침하는 성경 구절을 근거로 하여 회칙 '형언할 수 없는 하나님'을 반포해 마리아가 원죄 없이 잉태되었음을 로마 가톨릭교회의 교의로 선포했다.

제3차 콘스탄티노폴리스 공의회

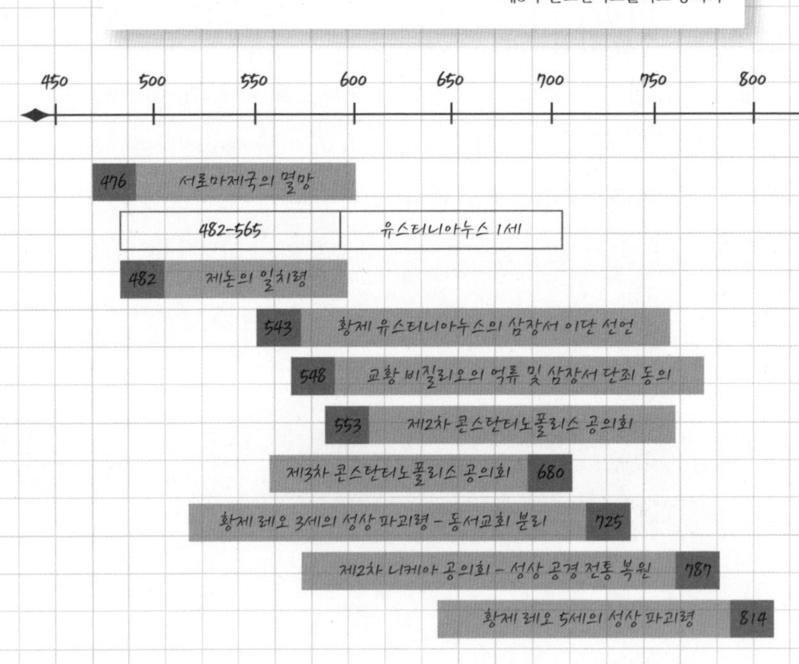

Chapter 6

# 로마제국과 교회의 분열

# 들어가며

테오도시우스 1세가 로마제국을 자신의 두 아들이 나누어 통치하게 한 후 서로마제국과 동로마제국으로 분리된 로마는 476년 서로마제국이 멸망하면서 새로운 전기를 맞이하게 되었다. 서로마제국이 멸망한 후 여러 나라로 분열된 서유럽에서는 로마 교황이 교회 조직을 통해 커다란 영향력을 행사하게 되었다. 교황이 교회의 문제뿐만 아니라 세속의 정치적 문제에도 영향력을 행사하기 시작한 것이다.

그러나 자신이 전체 로마제국의 통치자라고 생각한 동로마제국의 황제들은 교회의 문제에도 영향력을 행사하려고 했다. 따라서 동로마제국의 황제와 로마 교황은 여러 문제에서 대립하게 되었다. 527년 동로마제국의 황제가 된 유스티니아누스 1세는 삼장서를 단죄하는 문제로 로마 교황과 대립했다. 유스티니아누스 1세는 로마 교황을 콘스탄티노폴리스에 감금하고 삼장서 단죄를 인정하라고 요구하기도 했다.

분리될 수 없는 예수의 신성과 인성은 인정하지만 예수의 의지는 하나라고 주장한 단의론 문제와 삼장서 단죄로 대립하던 서방교회와 동방교회는 동로마제국의 레오 3세가 강력하게 성상 파괴를 명령한 것을 계기로 동서 교회로 분열하게 되었다. 로마 교황이 모든 교회의 수위권을 가지고 있다는 주장 역시 동서 교회 분열의 중요한 원인이 되었다.

# 서로마제국의 멸망과 동로마제국

## 서로마제국의 멸망

393년 테오도시우스 1세가 로마제국을 자신의 두 아들이 나누어 통치하게 한 후 서로마제국은 서쪽으로는 히스파니아(스페인)와 아프리카 북부, 북쪽으로는 갈리아(프랑스)와 브리타니아(영국), 게르마니아(독일), 그리고 이탈리아와 로마를 포함하는 지역을 다스렸다. 그러나 이민족의 침입으로 인해 방위선이 무너져 국경지대는 점차 로마제국에서 떨어져 나갔다.

서로마제국은 호노리우스 황제 때 서고트족의 알라리크가 로마를 점령하고 약탈하는 등 이민족의 계속되는 공격에 무너져갔으며 특히 훈족의 아틸라가 여러 차례 제국을 침공하면서 더욱 세력이 위축되었다. 451년의 카탈라우눔 전투[27]에서 아틸라를 격파하여 제국 부활의 희망이 보이기도 했지만 계속되는 이민족의 침입으로 서로마는 급속도로 세력이 약해졌다. 마요리아누스[28] 황제가 군대를 재건하여 북아프리카를 탈환하려고 시도했으나 그것도 실패로 끝났다. 이 시기에 서로마제국은 83년 동안에 12명의 황제가 나타나는 정치적 혼란을 겪었다.

---

27 451년 아틸라가 이끄는 훈족과 서로마제국의 장군 플라비우스 아에티우스가 지휘하는 서로마와 게르만의 연합군이 싸운 전투로, 서로마제국 군대가 제대로 싸운 마지막 전투였다.

28 5세기 서로마 황제 중에서 유일하게 업적을 남긴 마요리아누스(재위 455-456)는 법을 악용한 징세를 막고 속주민을 억압으로부터 보호하려고 애썼지만 반달족과의 전투에서 패한 후 강제로 퇴위 당한 후 처형되었다.

476년 서로마제국의 마지막 황제 로물루스 아우구스투스가 게르만 용병대장 오도아케르에 의해 강제로 퇴위 당해 서로마제국은 멸망했다. 오도아케르는 이탈리아를 장악하고 자신을 로마 왕이라 칭한 후 동로마제국의 황제인 제논에게 로마 왕으로 인정해 줄 것을 요청했다. 그 후 서로마가 지배하던 지역에는 이민족들이 세운 수많은 왕국이 난립하게 되었다.

서로마제국이 멸망한 후 로마제국의 옛 영토와 로마제국의 통제를 받지 않던 북유럽에 많은 왕국이 난립하게 되자 서유럽 전체를 통제할 세력은 교회밖에 남지 않게 되었다. 교회는 유럽 전역에 분포해 있던 교회와 수도원을 기반으로 서유럽에서 주도권을 행사할 수 있었다.

로마제국을 부활시킨다는 의미로 강력한 군주가 신성로마제국의 황제가 되기도 했지만 신성로마제국 황제가 실제로 서유럽 전체를 통치한 기간은 그리 길지 않았다. 중세시대의 서유럽은 교황의 교권과 황제나 왕의 세속권이 대립과 협력을 통해 유지되었다. 강력한 황제 중에는 교황에게 도전한 사람도 있었고, 교황을 폐위하거나 새로운 교황을 옹립하기도 했다. 그런가 하면 교황이 왕을 파문하여 왕이 교황의 용서를 비는 일도 있었다.

서로마가 멸망한 후에는 동로마제국의 황제가 교회의 여러 가지 문제에 간여했다. 그러나 로마 교황의 수위권을 주장한 레오 1세 이후 로마 교황들은 교회 문제에서 최종 결정권을 행사하려고 했다. 따라서 동로마제국의 황제와 로마 교황은 여러 문제에서 대립하게 되었다. 527년 동로마제국의 황제가 된 유스티니아누스 1세는 삼장서를 단죄하는 문제로 로마 교황과 대립했다. 유스티니아누스 1세는 로마 교황을 콘스탄티노폴리스에 감금하고 삼장서 단죄를 인정하라고 요구하기도 했다.

### 유스티니아누스 1세

유스티니아누스Flavius Petrus Sabbatius Iustinianus(482–565) 1세는 황실 경비대 대장이었다가 후에 황제가 된 유스티누스의 여동생의 아들이었다. 외삼촌이었던 유스티누스는 유스티니아누스를 콘스탄티노폴리스로 데려와 자신을 돕게 했고, 후에 양자로 삼았다. 외삼촌이 황제가 된 이후에는 유스티니아누스가 행정 업무를 도맡아 처리했다. 527년 4월 유스티누스는 조카를 공동 황제로 임명했고 한 달 후 유스티누스가 죽자 유스티니아누스가 단독 황제가 되었다.

황제가 되기 전에 유스티니아누스는 마차 경주장에서 말을 돌보던 사람의 딸이었던 테오도라Theodora와 결혼했다. 테오도라가 무희 또는 창녀였다고 주장하는 사람들도 있다. 당시 로마법에 의하면 귀족은 평민과 결혼할 수 없었다. 그러나 유스티니아누스는 황제인 삼촌에게 부탁하여 귀족도 하급계층과 결혼을 할 수 있도록 하는 법을 만들도록 한 후에 테오도라와 결혼했다.

비천한 신분 출신이라는 이유로 테오도라에게 불만을 가지고 있던 귀족들은 황후가 된 후 그녀의 훌륭한 처신에 승복했다. 532년 전차 경주에서 두 팀을 응원하던 청색당과 녹색당의 폭동으로 촉발된 니카의 반란[29]으로 군중들이 황궁까지 몰려들자 유스티니아

29 청색당과 녹색당은 전차 경주에서 응원하는 팀의 색상을 기반으로 생긴 응원단의 이름이지만, 실제로는 현대의 정당과도 같은 조직이었다. 유스티니아누스는 제위 전까지 청색당을 지지했지만, 황제의 자리에 오르자 두 개의 정당 모두를 탄압했고, 탄압 받던 두 당은 연합하여 황제를 폐위하고 새로운 황제를 옹립하고자 했다.

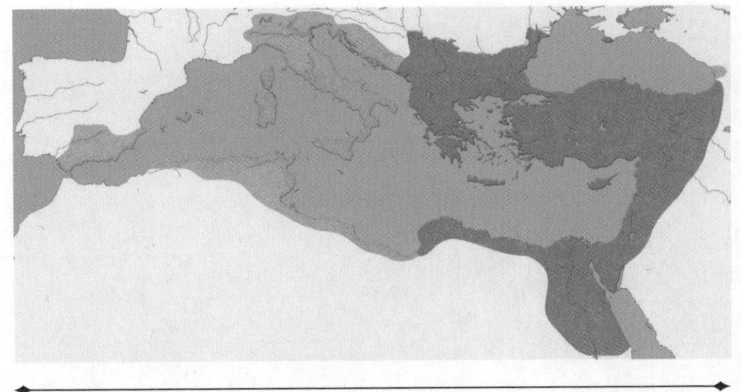

그림6-1 유스티니아누스 1세 시대의 동로마제국(적색 527년, 주황색 565년)

누스는 황궁을 버리고 달아나려고 했지만 테오도라는 "황제는 황제답게 떳떳하게 죽어야 한다"고 황제를 격려하여 달아나지 않고 반란을 진압하도록 했다. 유스티니아누스는 신분이 아닌 능력으로 인재를 선발함으로써 오랫동안 계속되어 온 황실과 귀족의 부정과 부패를 일소했고 유능한 장군을 등용하여 이탈리아를 비롯한 옛 서로마제국의 영토를 많이 회복하여 4세기 로마제국의 번영을 어느 정도 재현했다.

황제가 되기 전부터 동서 교회의 일치를 위해 노력했고, 황제가 된 후에도 교회의 일치를 위해 많은 노력을 기울였던 유스티니아누스 1세였지만 단성론을 옹호했던 테오도라 황후의 영향을 받아 로마 교황과 대립하기도 했다. 451년 칼케돈 공의회 이후에도 안티오키아를 비롯해서 시리아와 이집트에서 여전히 강력한 세력을 유지하고 있던 단성론자들은 그리스의 민족의식, 그리고 정치적 불만 세력과 결합하여 다시 한번 로마제국의 중요한 정치 문제로 떠올랐다.

그림6-2 산 비탈레 대성당의 테오도라 모자이크

유스티니아누스 1세는 544년 『삼장서』가 유죄라는 칙령을 발표했다. 동로마 지역에서 큰 세력을 가지고 있던 단성론자들의 환심을 사기 위한 조치로, 단성론을 옹호했던 테오도라 황후의 영향이 작용했기 때문이었다. 그러나 서방교회는 삼장서에 대한 단죄를 거부했다. 유스티니아누스는 교황을 콘스탄티노폴리스에 억류하고 삼장서에 대한 단죄를 인정하도록 강요했다. 황후 테오도라가 죽은 후 삼장서 단죄에 대한 반발이 심해져 황제와 교황은 공개적으로 비난을 받았다.

재위 말년에 유스티니아누스는 정치에서 물러나 신학적인 문제에 몰두했다. 564년 말에 유스티니아누스는 예수의 인성은 신성에 흡수되기 때문에 예수 그리스도의 신체는 결코 썩지 않으며 십자가에서는 단지 고통 받는 것처럼 보일 뿐이라는 단성론의 주장을 반영한 칙령을 발표하기도 했다.

# 삼장서 문제와 단의론 논쟁

## 삼장서의 단죄

예수 안에 분리할 수 없는 두 본성이 있다고 주장하는 정통 교리는 인성과 신성의 분리가 가능하다고 주장한 네스토리우스파와 신성을 지나치게 강조한 나머지 인성이 사라지고 신성만 남았다고 주장하는 단성설이라는 두 교리 사이에서 중도를 지킨 교리라고 할 수 있다. 431년 열린 에페소스 공의회는 네스토리우스주의를 배격했고, 451년 칼케돈 공의회는 단성설을 배격했다.

에페소스 공의회에서 단죄된 네스토리우스파는 로마제국 밖으로 나가 아랍에서 중국에 이르는 넓은 지역으로 퍼져 나갔지만 칼케돈 공의회에서 단죄된 단성설은 쉽사리 사라지지 않고 로마제국 동방의 넓은 지역에서 상당한 세력을 유지하고 있었다. 이로 인해 알렉산드리아에서는 총대주교가 살해되고 단성설파가 후임으로 선출되는 사건도 발생했으며, 단성설파가 안티오키아와 예루살렘의 총대주교가 되기도 했다.

동로마제국의 황제들은 교리 논쟁으로 제국이 분열되는 것을 원하지 않았기 때문에 큰 세력을 유지하고 있던 단성설파와의 화해를 모색했다. 동로마제국 황제 제논은 482년에 가톨릭교회와 단성설파의 화합을 도모하기 위해 일치령을 발표했다. 양측이 다 받아들일 수 있을 것이라고 생각했던 이 법령의 내용은 325년 니케아 공의회에서 채택한 신조만을 신앙 규범으로 삼고 그 밖의 신조들은 무시하라는 것이었다.

황제의 설득으로 콘스탄티노폴리스 총대주교 아카키우스는 일치령을 받아들였다. 그러나 로마 교황 펠릭스 3세는 일치령을 받아들인 아카키우스 총대주교를 파문하고 동방교회와의 교류를 단절해 버렸다. 이렇게 단절된 동서 교회의 관계는 유스티누스 황제 때인 518년에 유스티니아누스의 노력으로 다시 회복되었다.

유스티누스의 뒤를 이어 황제가 된 유스티니아누스 1세는 제국의 안정을 위해서 이집트와 시리아에서 큰 세력을 가지고 있던 단성설파의 지지를 받고자 했다. 황제는 단성설파에 우호적이었던 황후 테오도라의 건의를 받아들여 543년 『삼장서』가 이단이라는 칙령을 발표했다. 삼장서란 신인 양성설을 주장했던 네스토리우스의 스승이자 몹수에스티아의 주교였던 테오도루스, 네스토리우스의 추종자이며 동료였던 키루스 주교 테오도레투스, 그리고 에데사 주교 이바스의 저서들을 가리킨다.

테오도루스 주교는 네스토리우스를 단죄한 에페소스 공의회가 개최되기 전에 이미 사망한 사람이었고, 테오도레투스와 이바스 역시 사망한 지 거의 100년이 됐을 뿐 아니라 451년 칼케돈 공의회에서 복권된 사람들이었다. 오래전에 죽은 사람들의 저서들을 단죄한 것은 황제의 무리수였지만 단성설을 지지하고 있던 대다수 동방 주교들은 삼장서 단죄에 동의했다. 로마 교황 비질리오는 처음에는 이를 받아들이지 않았지만, 황제가 그를 콘스탄티노폴리스에 강제로 억류하고 위협하자 548년 〈판결문〉을 발표하여 삼장서 단죄에 동의했다. 교회가 이미 이단으로 단죄한 네스토리우스파의 저서들인 삼장서를 단죄하는 일을 로마 가톨릭교회에서 받아들이지 않으려고 한 것은, 이미 이들의 문제가 칼케돈 공의회에서 결정(복권)된 것이기에 삼장서를 다시 단죄한다는 것은 교회의 권위에 대한 도전이 된다고 보았기 때문이었다.

삼장서 단죄에 대해 서방교회가 크게 반발하자 교황은 황제에게 삼장서에 대한 단죄를 철회하고 공의회를 열어 이 문제를 해결하자고 요청했지만 황제는 551년에 오히려 삼장서를 다시 단죄하는 새로운 칙령을 발표했다. 콘스탄티노폴리스 총대주교가 된 에우티키우스는 교황에게 공의회를 소집해 문제를 다시 원점에서 논의할 것을 요청했다.

### 제2차 콘스탄티노폴리스 공의회

553년에 콘스탄티노폴리스의 소피아 성당에서 삼장서 문제를 매듭짓기 위한 다섯 번째 공의회인 제2차 콘스탄티노폴리스 공의회가 열렸다. 제2차 콘스탄티노폴리스 공의회는 유스티니아누스 황제의 명령에 의해 로마 교황의 동의 없이 소피아 성당에서 개최되어 4주 동안 여덟 번의 총회를 개최했다. 로마 교황 비질리오가 삼장서 단죄에 대한 의견을 발표해 달라는 요구를 거부하자 주교들은 교황이 참석하지 않은 채로 공의회를 계속하여 삼장서의 단죄를 의결했다.

교황은 처음 이 결정에 반발했지만 결국 수용했다. 그러나 삼장서의 단죄는 칼케돈 공의회에서 사면된 이들을 단죄한 것이어서 공의회의 권위를 손상시키는 것이었기 때문에 많은 서방교회의 반발을 불러왔다. 교황 비질리오가 삼장서의 단죄를 받아들인 후에

그림6-3 〈제2차 콘스탄티노폴리스 공의회〉(바실리 수리코프, 1876)

도 서방교회들은 이 공의회 자체를 인정하지 않으려고 했다. 이로 인해 밀라노와 아퀼라 교구는 로마 교황과 관계를 끊기까지 했다.

그러나 교황은 최종적으로 제2차 콘스탄티노폴리스 공의회의 결정이 칼케돈 공의회의 권위를 손상시키는 것이 아님을 확인하고 제2차 콘스탄티노폴리스 공의회의 결정을 승인하여 이것이 제5차 공의회임을 인정했다.

## 단의론 논쟁과 제3차 콘스탄티노폴리스 공의회

단성론 논쟁을 해소하기 위해 제안된 교의인 단의론은 단성론과는 달리 그리스도에게는 신성과 인성의 두 가지 본성이 있다는 것을 인정하지만 두 가지 본성이 결합되어 있어서 두 가지 의지를 가지고 있는 것이 아니라 하나의 의지만을 가지고 있고, 따라서 그

움직임도 하나라고 주장했다. 콘스탄티노폴리스의 총대주교 세르지오는 교회와 단성론자들의 화해를 이끌어 내기 위해 단의론을 제안했고 황제 헤라클리우스는 이를 지지했다. 로마 교황 호노리우스 1세도 개인 서신에서 단의론을 인정했기 때문에 한때는 단의론이 정설로 받아들여지는 것처럼 보였다.

콘스탄티누스 4세 황제는 동방교회에서 오랜 논쟁거리가 되었던 단의론의 문제를 매듭짓기 위해 680년에 제3차 콘스탄티노폴리스 공의회를 소집했다. 로마 시노드에서 그리스도 안에는 두 가지 의지가 있다는 교리를 확정한 교황 아가톤은 거의 1년 동안 콘스탄티노폴리스 황제의 궁전에서 개최된 이 공의회에 사절을 파견하여 이 교리를 설명하고 공의회를 주도했다.

그림6-4 제3차 콘스탄티노폴리스 공의회

이 공의회에서는 그리스도 안에는 신의 의지와 인간의 의지가 모두 존재한다고 선언하여 그리스도 안에는 하나의 의지만 존재한다고 주장한 단의론을 배격하고 40년 전에 죽은 교황 호노리우스 1세를 파문했다. 이 공의회에서는 그리스도 안에 있는 두 의지의 물리적인 일치는 반대하고, 신과 인간의 의지를 지닌 신인 사이의 완전한 조화에서 오는 도덕적 일치만 인정했다.

단의론 논쟁의 가장 큰 희생자는 625년 교황에 선출되었던 호노리우스 1세 교황이었다. 634년 콘스탄티노폴리스 총대주교 세르지오가 교회 내의 교의 논쟁을 끝내기 위해 동방교회와 서방교회가 다 같이 단의론을 지지할 것을 제안하자 호노리우스 1세가 서신을 보내 이를 수용했던 것이 문제가 되었다. 그리스도는 나누어지거나 분리될 수 없는 두 인격이라고 한 칼케돈의 신앙고백을 그리스도 안에는 하나의 의지만 있다는 의미로 해석했던 것이다.

제3차 콘스탄티노폴리스 공의회는 단의론을 지지했다는 이유로 이미 40년 전에 사망한 호노리우스 1세를 정죄했고, 682년 교황 레오 2세는 "사도들의 전승에 맞게 가르치지 않아 순결한 신앙에 때를 묻혔다"는 이유로 그의 단죄를 확정했다. 이는 후에 교황의 무류無謬에 대한 논쟁을 불러왔다. 교황 아가톤은 공의회가 끝나기 전에 사망했으므로 뒤를 이은 레오 2세가 682년 공의회를 승인하고 그 결정을 확인했다. 이것으로 니케아 공의회에서부터 계속되어 온 '예수가 누구인가'를 다룬 기독론에 대한 논쟁이 일단락되었다. 기독론을 주요 의제로 다루었던 공의회를 표로 정리하면 다음과 같다.

| 회차 | 연도 | 개최장소 | 주제 | 주요 결정 사항 |
|---|---|---|---|---|
| 1차 | 325 | 니케아 | 콘스탄티누스 1세 | · 삼위일체 교리 확정<br>· 니케아신경 채택 |
| 2차 | 381 | 콘스탄티노폴리스 | 테오도시우스 1세 | · 아리우스파 단죄<br>· 니케아신경 개정 |
| 3차 | 431 | 에페소스 | 테오도시우스 2세 | · 네스토리우스파 단죄<br>· 테오토코스 명칭사용 |
| 4차 | 451 | 칼케돈 | 교황 레오 1세 | · 단성설 단죄<br>· 테오토코스 명칭확인 |
| 5차 | 553 | 콘스탄티노폴리스 | 유스티니아누스 1세 | · 단성설 단죄<br>· 삼장서 단죄 확인 |
| 6차 | 680 | 콘스탄티노폴리스 | 콘스탄티누스 4세 | · 단의론 배격<br>· 호노리우스 1세 파문 |

# 성상 파괴의 문제와 동서 교회의 분열

## 레오 3세의 성상 파괴령

평범한 농민 집안에서 태어난 레오 3세는 715년 아나스타시우스 2세 시대에 소아시아의 아나톨리콘의 사령관이 되었다. 테오도시우스 3세가 황제가 되자 레오 3세는 테오도시우스 3세에게 반기를 들고 콘스탄티노폴리스로 진격하여 콘스탄티노폴리스 총대주교와 원로원을 상대로 협상을 벌여 717년 3월 25일 황제가 되었다.

그 해 여름 아랍의 8만 대군이 콘스탄티노폴리스를 포위했으나 레오 3세는 이를 성공적으로 막아냈다. 아랍군은 1년 동안 육상과 해상에서 콘스탄티노폴리스를 포위하고 공격했지만 함락시키지 못했다. 레오 3세는 콘스탄티노폴리스에서 아랍군을 격퇴해 아랍인들의 유럽 진출을 좌절시켰다.

콘스탄티노폴리스의 방어로 인기가 높아진 레오 3세는 점차 종교적인 문제에 간여하기 시작했다. 레오 3세가 가장 관심을 기울인 것은 성상 파괴였다. 725년 성상 숭배를 우상 숭배라고 생각하는 주교들이 성상 파괴를 요청하자 황제는 성상 숭배를 공개적으로 비난하고 콘스탄티노폴리스에 있는 칼케 청동대문의 성상을 파괴하는 것을 시작으로 대대적인 성상 파괴 명령을 내렸다. 그러나 서방교회에서는 성상 모독이라는 이유로 성상 파괴를 격렬하게 반대했다.

그림6-5 레오 3세때의 성상 파괴령

교황 그레고리오 2세는 레오 3세의 성상 파괴 명령에 반발하고 이탈리아 북부에 있는 라벤나에서 주민들의 무장봉기를 선동했다. 그러나 레오 3세는 성상 파괴 명령을 거두지 않았다. 그레고리오 2세의 뒤를 이은 그레고리오 3세도 전임 교황과 마찬가지로 성상 파괴에 대하여 강경한 입장을 취했기 때문에 레오 3세와 마찰을 빚었다. 741년 레오 3세가 죽은 후 황제가 된 레오 3세의 아들 콘스탄티누스 5세도 성상 파괴에 반대하는 사람들을 탄압했으나 반발은 수그러들지 않았다. 787년 레오 4세(재위 775-780)가 소집한 제2차 니케아 종교 회의에서 성상 공경의 전통이 복원되었다.

그러나 812년 황제가 된 레오 5세가 다시 한번 상상 파괴를 명령했다. 성상 파괴를 지지했던 군인들이 반란을 일으킬 움직임을 보이자 군인들의 불만을 달래기 위해 레오 5세는 814년 6월 특별 위원회를 구성하고 성상 숭배의 근거에 대해 연구하도록 했다. 이 위원회는 6개월간의 연구 끝에 성상 숭배의 근거가 없다고 결론지었다. 레오 5세는 성상 파괴 명령을 내리고 성상 숭배를 옹호하는 콘스탄티노폴리스 총대주교 니케포로스를 해임했다. 이로써 군인들의 폭동을 잠재울 수 있었다. 그러나 레오 5세의 성상 파괴 명령은 종교적 이유 때문이 아니라 정치적인 것이었으므로 그리 오래 지속되지는 않았다.

### 제2차 니케아 공의회

제2차 니케아 공의회는 787년 콘스탄티누스 5세의 아들 레오 4세와 황후 이레네가 주도하여 개최된 공의회다. 소아시아에 있는 니케아에서 두 번째로 열린 이 공의회에서는 레오 3세와 그의 아들 콘스탄티누스 5세에 의해 실시된 성상 파괴를 끝내고 성상 공경의 전통을 다시 복원할 것을 결의했다.

이 공의회는 흠숭과 공경을 구별하여 흠숭은 하나님께만, 공경은 피조물에게도 할 수 있도록 함으로써, 성화상 공경의 교의적 바탕을 확실히 함과 동시에 성화상 공경의 남용을 경계했다. 성화상 공경은 성화상 자체에 하는 것이 아니라 성화상이 나타내고 있는

그림6-6 제2차 니케아 공의회

본체에 대한 것이므로 성화상 그 자체에 영험한 힘이 있다고 믿으면 이는 우상 숭배라는 것을 주지시켰다. 성화상 공경은 성화상이라는 매개체를 통하여 그 본체에 보다 가깝게 다가가려는 것임을 명확히 한 것이다.

### 동서 교회의 분열

동서 교회의 분열은 강력한 교황권을 확립했던 레오 1세가 로마의 주교는 베드로의 직접적인 계승자이자 모든 사도들의 머리라고 선언하면서 시작되었다. 동로마제국이 성립된 후에 세워진 콘스탄티노폴리스의 총대주교를 비롯한 동방의 네 총대주교들은 로마 교황이 전체 교회의 수장이라는 것을 인정하지 않으려 했다.

교리상의 이견에도 불구하고 로마 교황들은 동로마제국 황제의

그림6-7 동서 교회의 분열

신하를 자처하고 있었다. 그러나 교황 그레고리오 2세는 레오 3세의 성상 파괴 명령을 거부하고 황제에게 도전했다. 이러한 도전에 격분한 레오 3세는 라벤나 총독에게 그레고리오 2세의 체포를 명령했지만 그레고리오 2세는 체포되기 전에 죽었다. 새로 교황이 된 고레고리오 3세도 성상 파괴를 반대했다. 이에 레오 3세는 교황의 권리를 몰수하여 콘스탄티노폴리스 총대주교에게 넘겨주었다. 이로 인해 동서 교회 사이의 골이 더욱 깊어졌다.

867년에는 비잔틴 황제 미카엘 3세가 포티우스를 콘스탄티노폴리스의 대주교로 임명했지만 제8차 공의회에서 포티우스를 파문하여 동서 교회의 분열이 공식적으로 표출되었다. 1054년 교황청 사절단인 홈페르트 추기경과 미카엘 케롤라리우스 콘스탄티노폴리스 총대주교가 서로를 파문하면서 두 교회가 완전히 분리되었다.

## 동방정교회

동방정교회와 로마 가톨릭교회가 함께 인정하는 사도전승에 따르면 초기에는 로마, 예루살렘, 안티오키아, 알렉산드리아에 4개의 총대주교좌가 있었고, 서로마제국이 멸망한 뒤에는 동로마제국의 수도인 콘스탄티노폴리스에 총대주교좌가 설립되어 총대주교좌가 다섯이 되었다.

동방정교회는 다섯 총대주교가 동등한 가운데 단지 명예 서열로서 로마 주교가 첫째라고 주장한 반면, 로마 가톨릭교회에서는 로마의 교황이 실질적인 수위권을 가진다고 주장했다. 로마 교황의 이런 주장을 받아들이지 않은 콘스탄티노폴리스, 예루살렘, 알렉산드리아, 안티오키아는 동방정교회가 되었다.

동방정교회는 중앙집권적이 아닌 연합체적 조직으로 구성되었다. 그리스 정교회, 러시아 정교회처럼 국가별로 각각 별도의 체제가 갖추어져 있으며, 각 지역의 교회는 국가 단위로 신앙과 전통을 공유하면서 서로의 독립성과 자주성을 인정하는 느슨한 연합 관계를 유지하고 있다. 동방정교회는 콘스탄티노폴리스 총대주교를 명예상의 대표로 인정하고 있다.

〈카노사의 굴욕〉(에두아르트 슈보이저, 1852)

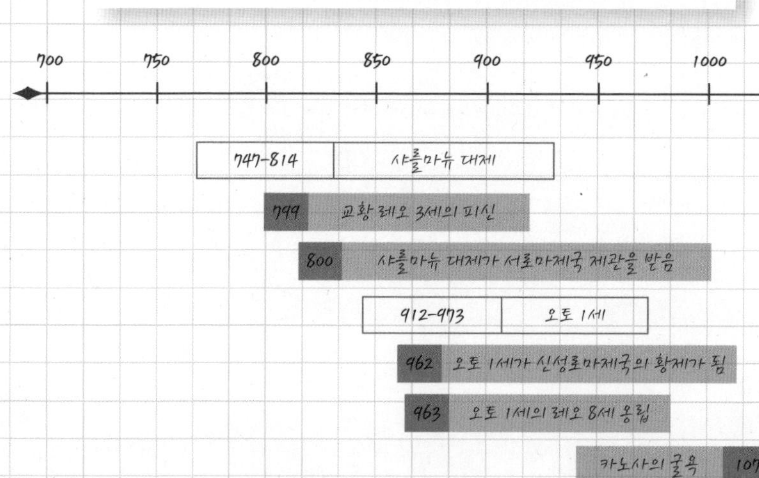

# Ⅷ

## Chapter 7

# 신성로마제국의 성립과 황제와 교황의 대립

# 들어가며

서로마제국이 멸망한 후 여러 개의 작은 나라로 나누어져 있던 서유럽은 프랑크왕국에 의해 통합되었다. 부족국가에서 출발한 프랑크왕국은 다른 게르만 부족 국가들을 정복하여 서유럽의 대부분을 차지하는 거대한 왕국을 건설했다. 프랑크왕국은 최초의 기독교 게르만 통일왕국이었다. 프랑크왕국의 샤를마뉴Charlemagne는 세력을 크게 확장하여 당시 로마 교황이었던 레오 3세를 보호하기까지 이르렀고, 그로부터 서로마 황제의 제관을 수여받았다. 그의 치세 하에 프랑크왕국은 고대 학문을 다시 부흥시키고 문화를 발전시키는 '카롤링거 르네상스Carolinger Renaissance'를 맞이하기까지 이른다.

샤를마뉴가 죽은 후 다시 분열된 나라들 중에서 가장 강력한 왕국을 건설한 독일의 오토 대제Otto I도 로마 교황으로부터 황제의 제관을 수여받고 서로마제국의 황제가 되었다. 그는 교황과 맺은 〈오토의 특권〉 조약을 통해 자신의 영향력을 로마교회에 행사하기 시작했으며, 이후 교황을 폐위시키고 새로운 교황을 세우는 등 교회 내의 많은 것을 통제하게 되었다.

후에 신성로마제국으로 불리게 되는 독일의 황제들은 로마 교황의 선임이나 사제의 임명권, 그리고 세금을 거두는 문제로 교황과 대립하기도 했고, 때로는 협력하기도 했다. 오토 1세가 황제의 제관을 받은 10세기 이후 중세 서유럽의 역사는 세속권력의 우위를 주장하는 황제와 신권의 우위를 주장하는 교황의 대립과 협력의 역사라고 할 수 있다. 황제가 교황에게 용서를 빈 카노사의 굴욕은 교황과 황제의 대립을 잘 보여주는 사건이었다.

# 프랑크왕국의 샤를마뉴와 카롤링거 르네상스

## 황제의 제관을 받은 샤를마뉴

샤를마뉴Charlemagne, Carolus Magnus(747–814)는 프랑크왕국의 재상이었다가 메로빙거 왕조의 힐데리히 3세를 폐위하고 왕위에 올라 카롤링거 왕조를 연 피핀 3세의 맏아들로 태어났다. 샤를마뉴는 샤를 대제라는 뜻의 프랑스어 이름이고, 샤를마뉴의 생전에는 카롤루스라는 라틴어 이름으로 불렸다.

768년 아버지 피핀 3세가 죽고 프랑크왕국의 왕위를 이어받은 샤를마뉴는 반란을 진압하고 외적의 침입을 막아냈으며, 정복전쟁을 통해 프랑크의 영역을 넓혔다. 772년에는 작센을 정벌한 뒤 작센의 분리 독립을 요구하며 일어난 반란을 진압하여 완전히 복속시켰고, 774년에는 교황의 요청을 받고 북이탈리아의 롬바르드왕국을 멸망시켜 이를 합병했다. 롬바르드왕국은 특히 아버지 피핀 3세의 사후 일어난 동생과의 분할상속 분쟁 중 동생의 편을 들었기에 그 왕국의 일부를 교황에게 기증하여 교황령으로 삼도록 했다. 777년과 802년에는 이슬람 세력이 피레네 산맥을 넘어 유럽으로 진출하는 것을 막아냈다. 샤를마뉴는 정복한 지역에 기독교를 전파하여 사상적 통일을 꾀하기도 했다.

799년 5월 교황 레오 3세(재위 795–816)[30]는 반대파들의 습격을 받자 샤를마뉴의 궁정으로 피신해 지원을 요청했다. 샤를마뉴는 레오 3세에게 지원을 약속하고 호위 병력을 붙여서 이탈리아로 돌려보냈다. 서로마제국이 멸망한 후 로마제국의 통치자라고 인식되어 있던 동로마제국 황제들이 로마 가톨릭교회의 일까지 간섭하려고 했다. 교황 레오 3세는 샤를마뉴의 도움을 받아 동로마제국의 영향에서 벗어나고자 했다.

그림7–1 〈샤를마뉴 대제〉(알브레히트 뒤러, 1512)

30 동로마제국 황제 레오 3세(재위 717–741)와 교황 레오 3세(재위 795–816)은 동명이인이다.

그림7-2 〈샤를마뉴의 대관식〉(프리드리히 쿨바흐, 1861)

레오 3세의 요청을 받아들인 샤를마뉴는 800년 11월 로마로 가서 반대파를 제거하고 성 베드로 성당에서 열린 크리스마스 미사에서 레오 3세로부터 서로마제국 황제의 제관을 받았다. 이로써 서로마제국이 부활되었으나 동로마제국의 황제 미카엘 1세는 샤를마뉴를 서로마제국의 황제가 아니라 프랑크의 황제로 인정했다. 이에 반발한 샤를마뉴는 자신이 사실상 최후의 로마 황제라고 할 수 있는 유스티니아누스 대제를 계승하는 적법한 로마 황제라고 선언했다.

## 카롤링거 르네상스

794년 샤를마뉴는 독일 남서부에 있는 아헨에 궁정과 교회를 짓고 이곳을 수도로 정했다. 그는 고대 로마제국의 위엄과 유스티니아누스 대제 때의 번영을 부활시키기 위해 고대 학문을 부흥시키려고 노력했다. 원래는 문화 수준이 낮았던 프랑크왕국이 로마 문화가 남아 있던 지역을 병합하며 로마 문화를 접한 후, 프랑크왕국 성직자들의 교양 수준을 높이기 위한 교회 내 라틴어 교육 운동으로 시작했으나, 점차 고대의 학문을 부흥시키는 방향으로 나가게 되었다.

샤를마뉴는 교부들의 저술과 고대 작가들의 작품을 소장하는 도서관, 그리고 성직자들과 귀족이나 일반인들의 자제들을 교육하기 위한 학교를 설립했다. 아헨뿐만 아니라 지방에도 설치되었던 학교에서는 문법, 수사학, 논리학, 산술, 기하학, 음악, 천문학의 7개 학과를 가르쳤다. 샤를마뉴가 국내외의 많은 학자들을 초대했기 때문에 유럽 전역에서 많은 문인과 학자들이 프랑크왕국으로 몰려들었고, 많은 인재들이 배출되었다. 아헨에 건립된 궁전은 아카데미의 형태를 하고 있었다. 이러한 샤를마뉴 시대의 문예부흥을 카롤링거 르네상스Carolinger Renaissance라고 부른다.

그림7-3 카롤링거 르네상스 당시 건축된 아헨 대성당

카롤링거 르네상스는 샤를마뉴의 사후 프랑크왕국이 분열되면서 빠르게 쇠퇴하였기 때문에, 고전 문화의 형식적 모방에 그쳐 새로운 문화 창달에까지는 이르지 못했다는 한계가 있었다. 그러나 기독교와 고전 문화의 융합을 시도하여 중세 유럽 문화 발전의 기반을 구축했다는 평가를 받기도 한다. 흔히 서로마제국이 멸망한 후부터 10세기에 새로운 문화 운동의 기운이 나타날 때까지의 500년을 암흑시대라고 부르는데, 카롤링거 르네상스는 중세 전체를 암흑시대라고 단죄할 수 없다는 증거가 되고 있다.

## 프랑크왕국의 분열

샤를마뉴가 죽은 후 황제가 된 샤를마뉴의 아들 루트비히 1세는 817년 자신의 사후에 프랑크왕국을 세 아들인 로타르 1세, 피핀 1세, 루트비히 2세에게 각각 분배하도록 상속령을 내렸다. 그러나 노년에 후처에게서 늦둥이 막내 아들이 생기자, 상속령을 철회하고 세 아들에게 분배하였던 땅을 조금씩 떼어 다시 막내인 카를

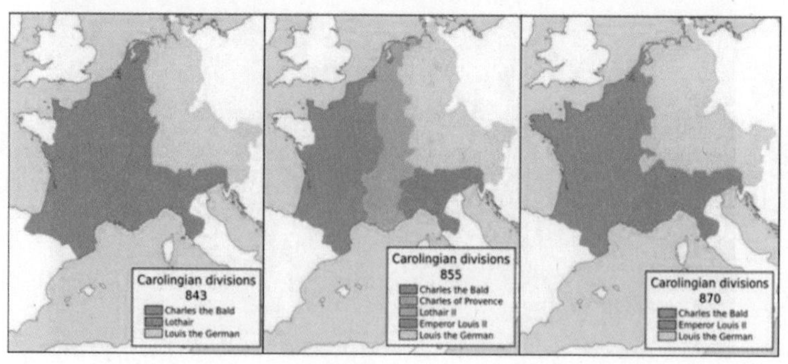


그림7-4 프랑크제국의 분열 과정

에게 분배하고자 하였다. 이로 인해 830년 카를을 제외한 세 아들은 반란을 일으켰고, 루트비히 1세는 폐위되었다가 복권되기까지 한다. 그러나 결국 838년에 둘째 아들 피핀이 죽자 루트비히 1세는 카를에게 그 영토를 상속하기로 하며 자신의 뜻을 관철시켰다.

그러자 840년 루트비히 1세가 죽은 후 아들들 사이에서 내전이 벌어졌다. 3년 동안 계속된 내전을 종식시키고 840년에 맺은 베르됭 조약에 의해 장남 로타르는 중프랑크왕국(알사스, 프로방스, 이탈리아 북부), 삼남 루트비히는 라인강 동쪽의 동프랑크왕국, 막내 카를 2세는 서프랑크왕국을 통치하게 되었다. 이로서 오늘날 프랑스, 이탈리아, 독일의 기초가 만들어졌다.

870년에는 로타르 1세가 죽어 카롤링거의 왕통이 끊어지자 로타르에게 귀속되었던 로트랑겐(로렌) 지역을 분할하기 위한 메르센 조약이 동프랑크의 루트비히 2세와 서프랑크왕국의 카를 2세 사이에 체결되었다. 이로서 프랑스와 독일 국경의 기초가 만들어졌다. 프랑크왕국이 세 왕국으로 분리된 후에는 교황으로부터 제관을 받은 황제가 이탈리아 지방을 차지한 중프랑크왕국만을 통치해 그 영향력이 크게 줄어들었다.

## 오토 대제와 신성로마제국

### 오토 대제

900년경부터 카롤링거 왕조의 지배를 거부하고 자치권을 획득한 동프랑크왕국의 공작들은 공작 가운데 한 명인 프랑켄의 콘라트Conrad I(890–918)를 왕으로 선출했다. 그러나 그는 선거에 의해 선출된 왕이었을 뿐만 아니라 외적의 침략을 막아내는 데 실패했고, 귀족들의 도전에도 제대로 대응하지 못하면서 강력한 왕권을 행사

그림7–5 스트라스브르 대성당의 오토 1세

하지 못했다. 콘라트가 죽은 후에는 작센 공작 하인리히Heinrich der Vogler(873–936)가 새로운 왕으로 선출되었다.

936년 하인리히가 죽은 후에는 하인리히의 아들 오토 1세Otto I (912–973)가 공작들에 의해 왕으로 선출되었다. 후에 오토 대제라고도 불리게 되는 오토 1세는 왕이 된 후 귀족들에게 충성을 강요하여 귀족들이 반란을 일으켰지만 이를 무력으로 진압했다. 939년에는 동생 하인리히가 반란을 일으키자 프랑스 왕 루이 4세의 지원을 받아 이를 진압했다. 내부의 반란을 진압한 오토 1세는 주변 지역을 정복하고, 정복한 곳에 수도원이나 주교 관구를 설치하여 기독교를 확산시키기 위해 노력했다.

정복사업을 통해 입지를 강화한 오토 1세는 로렌 지방의 영유권을 주장하는 프랑스를 물리치고 프랑스 내분의 중재자 역할까지 했다. 951년 이탈리아 왕 로타리오 3세의 미망인 아델하이트의 요청을 받고는 이탈리아로 진군해 롬바르드 왕이 되어 아델하이트와 결혼했다. 그러나 독일에서 반란이 일어나자 독일로 돌아갔다.

당시 유럽은 마자르족[31] 기병대의 침입으로 많은 어려움을 겪고 있었다. 오토 1세는 반란군을 진압하고 이어 955년 아우크스부르크 부근에서 벌어진 레히펠트 전투에서 마자르족을 격파하여 마자르족의 침입으로부터 유럽을 지켜냈다.

마자르족의 침입을 막아내고 유럽 북부를 정복한 오토 1세는 이탈리아 왕 베링가리오 2세가 교황령의 북쪽을 점령하자 교황 요한 12세의 요청을 받고 두 번째로 로마로 갔다. 962년 2월 2일 로마에 도착한 오토 1세는 황제의 자리에 올랐으며 황제와 교황 사이의 관

31 헝가리어를 모국어로 사용하는 헝가리 민족의 다른 이름이다.

계를 조정하기 위한 〈오토의 특권〉 조약을 체결했다. 오토 1세는 베렝가리오 2세와 결전을 벌이기 위해 로마를 떠나기 전에 요한 12세에게 세속적인 생활방식을 포기할 것을 요청했다. 이러한 요청을 불쾌하게 생각했던 요한 12세는 오토 1세가 빠른 속도로 베렝가리오 2세를 격퇴하는 것을 보고 그의 권력이 지나치게 강해지는 것에 두려움을 느꼈다. 따라서 그는 마자르족과 동로마제국에 특사를 파견해 오토 1세에게 대항하는 동맹을 결성할 것을 촉구했다.

요한 12세가 보낸 특사들을 붙잡아 요한 12세의 의도를 알게 된 오토 1세는 로마로 돌아와 로마를 포위했다. 처음 요한 12세는 로마를 사수하려고 마음먹었지만 곧 오랫동안 오토 1세의 공격을 막아낼 수 없다는 것을 깨닫고 티볼리로 피신했다. 로마를 점령한 오토 1세는 요한 12세의 비리를 들어 그를 고소하고 해명할 것을 요구했다. 요한 12세는 이를 거부하고 오히려 자신을 폐위시키려고 하는 자는 누구든지 파문하겠다고 위협했다.

오토 1세는 교회 회의를 소집하여 요한 12세를 폐위하고 레오 8세를 새로운 교황으로 선출했다. 당시 레오 8세는 사제가 아니라 평신도로 교황의 서기관이었지만 963년 12월 4일 오토 1세의 추천에 따라 새 교황으로 선출되었다. 평신도였던 레오 8세는 오스티아의 주교급 추기경인 시코에 의해 단 하루 만에 여러 단계의 사제직 서품을 받고, 이틀 후인 963년 12월 6일에는 주교로 서임되어 교황에 취임했다. 이것은 교회법 절차를 완전히 무시한 처사였다. 이에 로마 시민들이 강력하게 반발하여 소요를 일으켰지만 오토 1세는 이를 진압했다.

그러나 오토 1세가 로마를 떠난 후 요한 12세가 자신을 따라 피신했던 이들과 함께 로마로 돌아왔고 레오 8세는 오토 1세가 있는 곳으로 피신했다. 964년 2월 로마에 입성한 요한 12세는 자신의 폐위를 결의한 시노드의 결정을 무효라고 선언하고 자신의 반대자들을 체포했다. 요한 12세는 오토 1세에게 사절을 보내 화해하려고 시도했지만 화해가 이루어지기 전 세상을 떠나 베네딕토 5세가 후임 교황으로 선출되었다.

그러자 오토 1세는 964년 7월 다시 로마로 돌아와 교황 베네딕토 5세를 폐위시키고 레오 8세를 다시 교황으로 선출하도록 했다. 오토 1세로부터 복종을 맹세하면 목숨을 보존해 주겠다는 약속을 받은 베네딕토 5세는 레오 8세 앞에서 자신의 죄를 인정했다. 레오 8세에 의해 소집된 시노드에서는 베네딕토 5세의 주교품을 무효화했다. 그러나 오토 1세의 중재로 부제품을 유지하는 것은 허락받았다. 시노드 이후 로마의 귀족들은 베드로의 무덤 앞에서 레오 8세에게 순명하겠다고 맹세했다.

오토 1세의 비호로 교황이 된 레오 8세는 오토 1세와 그의 후계자들에게 각종 특권을 부여하는 정책들을 실시했다. 예를 들면 황제들에게 후임 교황과 이탈리아왕국의 차기 국왕을 인준할 권리를 인정하고, 모든 대주교와 주교는 착좌 전에 황제로부터 허락을 받도록 했다.

최초 레오 8세의 선출은 교회법에 어긋나는 것이었기 때문에 베네딕토 5세가 강제로 폐위되기 전까지만 해도 그는 대립교황 antipope[32]이었다. 요한 12세의 폐위가 교회법적으로 무효인 데다가

32 대립교황은 교황청의 승인을 받지 않고 교황으로 옹립되는 등, 교회법의 '적법한' 절차를 거치지 않고 교황의 자리에 오른 교황을 말한다. 적법한 절차를 거치고 교황 자리에 앉아 있는 당대의 교황과 대립하는 상황에 있기에 대립교황이라고 부른다.

베네딕토 5세의 선출은 교회법에 따른 정당한 것이었기 때문에 레오 8세가 정통성을 주장할 근거가 없었다. 그러나 베네딕토 5세가 자신의 폐위를 자유의지로 받아들였고 이후 레오 8세에 대해 더 이상 반대가 없었던 점을 이유로 964년 7월부터 세상을 떠난 965년까지는 레오 8세를 정통 교황으로 인정하고 있다. 레오라는 이름을 계승한 후임 교황이 레오 9세라고 명명된 것을 보아도 레오 8세가 합법적 교황으로 인정됐다는 것을 알 수 있다.

965년 교황 레오 8세가 죽은 후 로마 귀족들은 오토 1세에게 교황 베네딕토 5세의 복위를 요청했다. 그러나 오토 1세의 지원을 받은 요한 13세가 교황으로 선출되었다. 로마 귀족들은 황제가 개입한 교황 선출에 반대하고 965년 12월에는 교황을 산탄젤로 성에 감금했다. 이 소식을 들은 오토 1세는 군대를 이끌고 이탈리아로 진격했다. 로마에서는 요한 13세를 지지하는 세력에 의해 봉기가 일어나 요한 13세의 조카인 요한 크레센티우스가 로마를 장악했다. 로마가 다시 안정을 되찾자 요한 13세는 966년 11월 14일 성대한 환영을 받으며 로마로 귀환했다. 요한 13세는 황제의 개입에 감사하며 그를 교회의 해방자이자 재건자요 귀한 내빈이라고 칭송했다. 오토 1세는 966년부터 972년까지 이탈리아에 머물렀다.

동로마제국은 샤를마뉴에게 그랬던 것처럼 오토 1세도 황제로 인정하기를 거부했다. 그러자 오토 1세는 이탈리아 남부에 있던 동로마제국의 영토를 공격했다. 오토 1세는 동로마제국과 오랜 협상 끝에 972년 아들 오토 2세와 동로마제국의 황제의 조카 테오파노 공주의 결혼을 성사시키고 황제로 인정받았다.

## 신성로마제국

학자들 중에는 800년 12월 25일 프랑크의 왕 샤를마뉴가 교황 레오 3세로부터 황제의 관을 수여받은 것을 신성로마제국의 시작점으로 보는 사람들도 있다. 그러나 924년 이후 제관 수여가 일시 중단되었다가 오토 1세가 다시 교황 요한 12세로부터 로마제국 황제의 제관을 수여받았다. 따라서 많은 학자들은 오토 1세가 교황으로부터 제관을 받은 962년을 신성로마제국의 시작점이라고 보고 있다. 처음에는 로마제국을 계승한다고 자처했기 때문에 로마제국이라고 불렀지만 12세기부터 신성제국Heiliges Reich라고 불렀고, 13세기에 신성로마제국Heiliges Romanisches Reich이라고 부르게 되었다. 16세기에는 독일 민족의 신성로마제국이라고 부르기도 했다.

초기의 신성로마제국은 강력한 중앙 집권 국가였으나, 점차 많은 제후들이 다스리는 연방 국가 형태로 변해 황제의 권위가 크게 약화되었다. 17세기에 일어난 가톨릭교회 세력과 개신교 세력 사이의 전쟁인 30년전쟁(1618–1648)에서 가톨릭 세력을 대표했던 신성로마제국이 패배한 후 여러 개의 작은 나라들로 분할되자 신성

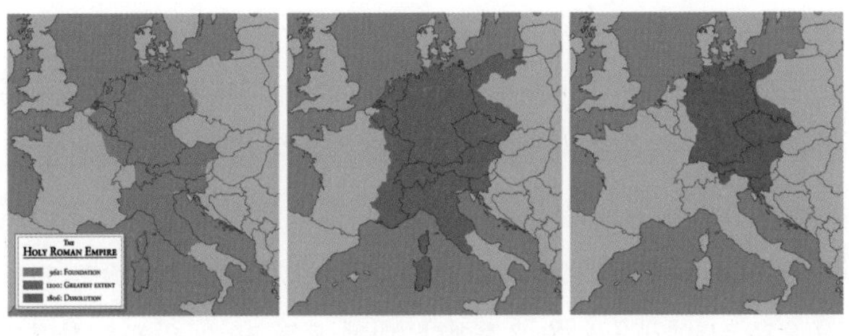


그림7–6 신성로마제국의 변천사

로마제국의 영향력이 크게 축소되었다. 따라서 신성로마제국은 실질적 지배력을 상실하고 명목상의 제국으로만 남게 되었다. 이 시기의 신성로마제국에 대해 프랑스의 계몽주의 철학자 볼테르Voltaire(1694–1778)는 신성하지도 않고 로마에도 있지도 않으며 제국도 아니라고 평가했다. 18세기까지도 신성이라는 이름을 유지하려고 노력하였으나, 로마라는 이름에는 연연하지 않아 독일제국으로 불리는 경우가 많아졌다.

1792년에 일어난 프랑스 대혁명은 신성로마제국에도 큰 영향을 주었다. 300개가 넘는 많은 제후국들로 분할되어 있던 독일에서는 제후국들의 합병 운동과 교회 소유의 땅을 몰수하여 국가 소유로 하는 일이 시작되고 있었다. 그러나 나폴레옹에게 패배한 후 나폴레옹의 압력으로 1806년 8월 6일 제국의 마지막 황제 프란츠 2세가 퇴위하여, 신성로마제국이 역사에서 사라졌다. 신성로마제국을 해체하고 나폴레옹이 설치한 라인 동맹Rheinbund은 나폴레옹이 몰락한 후 독일 연방으로 대체되었다. 이후 프로이센이 주도한 북독일 연방이 독일을 통일하여 현대 독일의 모태가 되었다.

### 오토 3세

오토 대제의 손자인 오토 3세(980–1002)는 아버지인 오토 2세가 일찍 세상을 떠나자 세 살이었던 983년에 독일 왕으로 즉위했고, 후에 이탈리아 왕을 겸했으며 신성로마제국의 황제가 되었다. 996년 로마의 귀족 크레센티우스가 반란을 일으키자 교황 요한 15세가 오토 3세에게 구원을 요청했다. 이에 오토 3세는 알프스 산맥을 넘어 파비아에서 롬바르디아의 왕을 칭한 다음 로마로 향했다. 그

그림7-7 〈복음 황제 오토 3세〉(오토 3세 복음서, 1000년경)

러나 도착하기 전에 요한 15세가 사망하자 자신의 사촌인 브르노를 그레고리오 5세 교황으로 선출하게 했고 그레고리오 5세는 오토 3세에게 신성로마제국의 제관을 수여했다.

황제가 된 오토 3세가 독일로 돌아가자 997년 크레센티우스는 그레고리오 5세를 추방한 뒤 요한 16세를 새 교황으로 세웠다. 오토 3세는 다시 이탈리아로 돌아와 크레센티우스 일파를 처형한 후 요한 16세를 수도원에 연금하고 그레고리오 5세를 복위시킨 뒤 그대로 로마에 체류했다.

### 교황 실베스터 2세

후에 교황 실베스터 2세가 된 제르베르 도리악은 946년경 프랑스 오리야크에서 태어나 오리야크의 수도원장 레몽 라보르에게서 문법, 수사학, 산수, 음악을 배운 후에 오리야크 수도원의 수도사가 되었다. 967년 바르셀로나의 백작 보렐의 도움으로 스페인으로 간 그는 이슬람이 지배하는 스페인의 안달루시아에서 가져온 많은 책을 소장하고 있던 비크의 주교 아토 밑에서 수학, 기하학, 음악, 천문학을 공부했다.

그림7-8 교황 실베스터 2세의 초상화(아르토 드 몽토, 1842)

969년 로마를 방문한 제르베르를 만난 교황 요한 13세와 오토 1세는 그의 뛰어난 지식에 탄복하고 그를 오토 2세의 개인교사로 임명했다. 973년 신성로마제국의 황제로 등극한 오토 2세는 제르베르를 보비오 수도원장으로 임명했다. 제르베르는 오토 2세의 아들로 세 살 때 왕위에 오른 오토 3세의 교사로도 활동했다. 998년에는 오토 3세의 사촌인 교황 그레고리오 5세에 의해 라벤나의 대주교로 서임되었고, 이후 오토 3세의 지지에 힘입어 999년 그레고리오 5세의 뒤를 이은 새 교황으로 선출되어 실베스터 2세가 되었다. 실베스터 2세는 최초의 프랑스인 교황이었다.

교황이 된 실베스터 2세는 사생활에 흠이 없고 능력이 있는 사람만이 주교가 될 수 있도록 해야 한다고 강조하고 성직자들의 비리를 바로 잡기 위한 여러 가지 조치를 취했다. 그는 성직 매매와 족벌주의를 금하고 성직자들에게 독신을 지키게 했다. 지역교회 회의를 열어 지역교회 간의 문제들은 그 회의를 통하여 스스로 해결하게 하고 그래도 풀리지 않는 문제는 교황청에 보고하여 결정을 받게 했다.

교황이 되기 전 학자였던 실베스터 2세는 많은 성당학교를 설립하여 학문을 장려했다. 실베스터 2세가 세운 많은 성당학교에서는 아랍 세계에 보존되어 있던 그리스 문화를 받아들여 가르쳤다. 이 성당학교들은 오랫동안 침체되어 있던 유럽의 학문을 부흥시키는 데 중요한 역할을 했다. 실베스터 2세는 학문의 이론적인 면뿐만 아니라 실용적인 면도 강조하여 천문, 지도, 오르간, 수사학 궤도 등을 만들게 하고 아라비아 숫자를 사용하도록 했다. 그는 또한 유럽에서 자취를 감추었던 주판과 혼천의를 다시 도입하기도 했다. 실베스터 2세는 『원반 이론』, 『기하학에 대하여』, 『이성적인 것과 이성의 사용에 대하여』, 『주님의 몸과 피에 대하여』 등의 저술을 남겼다.

## 황제와 교황의 대결

### 카노사에서 굴욕당하는 하인리히 4세 황제

재임 초기부터 개혁 정책을 실시했던 교황 그레고리오 7세(재위 1073-1085)는 황제가 가지고 있던 성직자 임명권을 다시 교회로 가져오려고 시도했다. 그레고리오 7세는 하나님이 조직한 교회는 인간이 만든 조직인 국가보다 우선한다고 보고, 교회의 수장인 교황은 지상에서 하나님을 대리하는 섭정이어서 교황에 대한 복종을 거부한다는 것은 곧 하나님에게 대적하는 것이라고 주장했다.

그러나 신성로마제국의 황제였던 하인리히 4세(1050-1106)는 성직자의 임명권이 자신에게 있다고 주장했다. 그러자 교황은 하인리히 4세를 파문하고 황제를 도와주는 귀족이나 사제도 파문하겠다고 위협했다. 하인리히 4세는 교황의 파문에 저항하려고 했지만 일부 독일 귀족들이 새로운 황제를 추대할 움직임을 보이자 교황에게 용서를 구할 수밖에 없었다.

1077년 1월 25일 하인리히 4세는 황후를 대동하고 자비를 구하는 맨발의 고해자의 모습으로 교황이 머물던 이탈리아 북부의 카노사 성문 앞에 도착해 교황의 용서를 구했다. 3일 후인 1월 28일 교황이 황제를 성 안으로 들어오게 허락하고 교황이 집전하는 미사에 참석하게 함으로써 하인리히 4세에 대한 교황의 파문은 종결되었다.

그림7-9 〈카노사의 굴욕〉(에두아르트 슈보이저, 1852)

### 하인리히 4세의 반격

카노사의 굴욕으로 하인리히 4세는 파문을 사면 받았지만 권력까지 복권된 것은 아니었다. 독일 제후들이 라인펠트의 루돌프를 새 황제로 추대하자 하인리히는 루돌프를 상대로 내전을 치러 자신의 권력을 되찾아야 했다. 내전을 치르는 동안 교황 그레고리오 7세는 양측의 중재자로 자임했으나 양쪽 모두 그를 비난했다.

그러자 그레고리오 7세는 1080년 하인리히 4세를 재차 파문하고 그의 폐위를 선언했다. 그러나 4년 전과는 달리 내전을 통해 세력이 강해진 하인리히 4세는 교황의 파문과 폐위가 불법적이라고 선언하고 교황에 대항했다. 1081년 하인리히 4세가 이탈리아에서 교황에 반대하는 운동을 전개하자 그레고리오 7세를 지지하는 사람들의 수가 줄어들어 세력이 약화되었다. 1084년 로마가 하인리히 4세에게 투항하자 그레고리오 7세는 산탄젤로 성으로 피신했다.

하인리히 4세는 자신을 신성로마제국의 황제로 임명해 줄 것을 요청했지만 그레고리오 7세는 하인리히 4세가 교회 회의에 출두하여 공개적으로 참회해야만 만나주겠다고 했다. 하인리히 4세가 이를 거부하자 교황은 하인리히 4세를 재차 파문했다. 그러자 하인리히 4세는 로마에 입성하여 대립교황 클레멘스 3세를 옹립하고 그로부터 신성로마제국의 황제의 관을 받았다. 그 사이에 그레고리오 7세가 그를 지지하는 군대를 이끌고 로마로 진격했고, 하인리히 4세는 급히 로마를 떠났다.

그러나 교황과 제휴한 노르만 군대의 과격한 행동에 격분한 로마 시민들이 그레고리오 7세에게 로마를 떠나라고 압박하자 몬테카시노로 피신했다가 다시 살레르노성에 은거했고, 다음해에 세상을 떠났다. 세상을 떠나기 전 그레고리오 7세는 그가 파문한 모든 사람들을 사면했지만 하인리히 4세와 대립교황 클레멘스 3세는 사면에서 제외했다. 하인리히 4세는 자신이 독일 왕으로 세운 아들 하인리히 5세에 의해 1105년 강제로 황제의 자리에서 물러났다.

〈1099년의 예루살렘 탈환〉(에밀 시뇰, 1847)

600 700 800 900 1000

| | |
|---|---|
| 570-632 | 무함마드 |
| 622 | 메카에서 메디나로 피신(헤지라) |
| 628 | 카바 신전 순례 |
| 630 | 메카에 무혈입성 |
| 632-661 | 정통 칼리파 시대 |
| 656 | 알리 이븐 아비 탈리브 즉위 |
| 661 | 우마이야 왕조 시작 |
| 750 | 아바스 왕조 시작 |
| 1096-1270 | 십자군 전쟁 |
| 1096-1099 | 제1차 십자군 전쟁 - 네 개 기독교 국가 수립 |
| 1147-1148 | 제2차 십자군 전쟁 |
| 1189-1192 | 제3차 십자군 전쟁 |
| 1202-1204 | 제4차 십자군 전쟁 |
| 1218-1221 | 제5차 십자군 전쟁 |
| 1228-1229 | 제6차 십자군 전쟁 |
| 1248-1249 | 제7차 십자군 전쟁 |
| 1270 | 제8차 십자군 전쟁 |

# Ⅷ

## Chapter 8

# 기독교 세계와 이슬람 세계의 대립

# 들어가며

세계 역사에서 기독교 세계와 이슬람 세계와의 대립은 중요한 의미를 가진다. 신약성경에는 헬라인이라는 말과 이방인이라는 말이 거의 동의어처럼 사용되었다. 헬라인은 그리스의 문화 전통을 지키는 사람들을 말하고, 이방인은 기독교를 받아들이지 않은 사람들을 뜻한다. 그러나 기독교에서 보면 그리스 문명의 전통을 지키는 사람들이 대표적인 이방인이었으므로 헬라인들을 이방인들의 대표쯤으로 본 것이다. 기독교가 로마의 박해를 받던 시기에는 기독교와 그리스 문화 전통은 서로 경쟁하는 관계에 있었다. 그리스의 철학과 과학을 발전시키는 않았지만 로마는 그리스 문화를 존중했다.

그러나 기독교가 로마의 국교가 되면서 기독교가 그리스 문화 전통을 탄압하기 시작했다. 그러자 그리스 문화 전통은 기독교의 영향력이 미치지 못하고 있던 중동 지역으로 흘러들어

갔다. 7세기에 나타난 이슬람교가 중동 지역에 수립한 이슬람제국은 그리스 문화 전통을 적극적으로 수용하여 발전시켰다. 서유럽에서 사라진 고대 문명과 전통이 이슬람제국에서 꽃을 피우게 된 것이다.

중동 지역은 물론 지중해 연안과 지금의 스페인까지 세력을 확장한 이슬람제국이 기독교의 성지인 예루살렘과 유대 지방을 지배하게 되자 기독교 세계는 성지를 회복하기 위해 이슬람 세계와 전쟁을 시작했다. 십자군전쟁이라고 부르는 이 전쟁은 세계 역사의 흐름을 바꾸어 놓았다. 특히 십자군전쟁을 통해 서유럽에 전해진 아랍 세계에 갈무리되어 있던 그리스 문화는 기독교는 물론 서유럽의 정치와 사회에 큰 영향을 주어 근대적 정치체제와 철학 사상을 탄생시켰고, 종교개혁이라는 기독교의 커다란 변혁을 불러왔다.

한편 십자군전쟁이 벌어지면서 장기적으로 팔레스타인 지역에 군대를 주둔시키게 되자, 조직적으로 기사들을 통제할 필요가 늘어나면서 기사단들이 조직되었다. 이때의 기사단은 일종의 수도회였으므로 기사단의 기사는 기사이자 수도사였다. 십자군전쟁이 끝난 후 각국의 왕과 귀족들은 종교적인 기사단을 모델로 왕립 기사단을 만들었다. 기사단은 십자군전쟁이 끝난 후에도 존속하면서 유럽의 정치와 교회에 많은 영향력을 행사했고, 때로는 문제를 일으키기도 했다. 일부 기사단은 현재까지도 존재해 영토를 갖지는 않지만 독립국으로 인정받고 있다.

# 이슬람교와 이슬람제국

## 이슬람교의 성립

기독교와 대립했고, 지금도 기독교와 경쟁을 벌이고 있는 이슬람교는 무함마드Muhammad가 대천사 가브리엘을 통해 받은 유일신 알라Allah의 가르침을 믿는 종교로 유대교, 기독교 등의 불완전한 여러 종교를 최종적으로 완성했다고 주장하는 종교이다. 따라서 이슬람교에서는 아브라함을 비롯한 유대교 경전에 등장하는 선지자들을 인정하고 있으며, 예수도 여러 선지자들 중 한 사람으로 인정한다. 이슬람교를 창시한 사람은 무함마드였다.

무함마드는 메카의 지배계급 중 하나인 하심가家 압둘라의 유복자로 태어났다. 무함마드가 태어나고 얼마 안 되어 어머니도 죽었기 때문에 무함마드는 할아버지에 의해 길러지다가 할아버지가 죽은 후에는 삼촌인 아부 딸립에 의해 양육되었다. 아부 딸립은 가난한 데다 딸린 식구들이 많아 무함마드는 어린 나이부터 삼촌을 따라 시리아 지방으로 대상무역을 다녀야 했다.

무함마드는 삼촌의 소개로 부자였던 과부 카디자의 고용인으로 들어가, 그녀를 대신해 시리아 지방으로 대상무역을 떠나 큰 성공을 거두고 메카로 돌아왔다. 카디자는 무함마드의 신실함에 깊은 감명을 받고 무함마드에게 청혼했다. 25세의 무함마드는 40세의 카디자와 결혼했고 이 결혼은 무함마드에게 부와 명예를 가져다주었다. 무함마드는 삼촌의 재정적 어려움을 덜어주기 위해 후에 그의 사위가 되는 삼촌의 아들 알리를 입양했다.

경제적으로 여유가 생긴 무함마드는 사색하며 진리를 찾기 시작했다. 그러던 어느 날 무함마드는 히라산 동굴에서 첫 계시를 받았다. 겁에 질린 무함마드는 집으로 돌아와 죽은 듯이 있었는데 카디자가 그를 진정시키고 기독교도였던 자신의 삼촌에게 사정을 설명했다. 삼촌은 무함마드가 만난 것이 천사 가브리엘이었으며 무함마드가 하나님의 예언자라고 말했다. 카디자는 집으로 돌아와 무함마드에게 삼촌이 말한 것을 알려주고 그가 예언자라는 것을 인정했다.

첫 계시를 받은 후 무함마드의 주변 사람들이 무슬림으로 개종했다. 3년째 되던 해 무함마드는 가까운 사람들을 모아놓고 유일신 알라에 대한 믿음을 선포했고, 메카로 오는 순례자들에게도 유일신 사상을 전하기 시작했다. 그러나 다多신 신앙에 젖어 있던 사람들은 무함마드를 핍박하기 시작했다.

619년 첫 무슬림 신자이자 무함마드의 후원자였던 부인 카디자가 죽고, 삼촌 아부 딸립도 세상을 떠났다. 메카에서의 핍박도 더욱 심해졌다. 무함마드는 이를 피해 622년 메디나로 갔다. 이 메디나 행을 이슬람에서는 헤지라Hegira라고 하는데, 이 해를 이슬람력의 기원으로 삼고 있다.

메디나에 도착한 무함마드는 사원과 집을 짓고 메카를 향해 하루에 다섯 번씩 '알라는 위대하다'고 암송하며 절했다. 무함마드는 메디나에서 아라비아 부족을 통일하기 위해 종교적인 일과 세속적인 일을 구별하지 않는 이슬람교 조직을 만들었다.

628년 무함마드는 메카의 카바 신전[33]을 순례하러 가기로 결정했다. 2년 후인 630년 1만 명의 무슬림들이 무기를 지니지 않은 채 메카로 향했고 무혈입성에 성공했다. 무함마드는 카바 신전의 우상들을 파괴하고 유일신 알라 외에 다른 신은 존재하지 않는다고 선포했다. 632년 무함마드는 메카의 카바 신전을 마지막으로 참배하고 메디나로 돌아오던 중 열병에 걸려 죽었다.

그림8-1 라마단 기간의 메카 카바 신전

무함마드 사후, 이슬람은 장로 중에서 무함마드의 후계자인 칼리파khalifa를 선출했다. 그 후 아라비아 반도 밖으로 진출하기 시작하여 633년부터 64년 사이에 시리아, 이라크, 북부 메소포타미아, 아르메니아, 이란, 이집트 등을 정복하여 대제국을 건설했다.

---

33 이슬람교가 성립되기 수세기 전부터 여러 신을 믿던 아랍인들의 신전이었던 카바 신전 한 쪽 벽에 박혀 있는 지름 약 30cm의 검은 운석이 이슬람교도들의 숭배의 대상이 되었다. 신화에 따르면 천사 가브리엘이 아브라함과 이스마엘에게 이 돌을 주어 카바 신전의 모퉁이 돌이 되게 했다고 한다.

## 수니파와 시아파

이슬람교에는 수니파Sunni와 시아파Shia라는 두 가지 계파가 종교적 논쟁을 넘어 국가 사이의 갈등을 야기하며, 세계 정치에도 큰 영향을 미치고 있다. 수니파와 시아파의 기본적인 차이는 무함마드의 계승자를 누구로 보느냐 하는 것이다. 수니파는 역대 칼리파를 무함마드의 계승자로 받아들이는 반면, 시아파는 무함마드의 사촌이자 양자이며 무함마드의 딸 파티마의 남편이었던 4대 칼리파 알리 이븐 아비 탈리브Ali ibn Abi Talib를 무함마드의 계승자라고 보고 있다.

무함마드가 죽은 후 처음에는 합의에 의해 선출된 칼리파가 이슬람제국을 다스렸다. 세 번째 칼리파가 암살 당한 후에는 알리가 네 번째 칼리파로 선출되었다. 그러나 우마이야Umayyad가의 무아위야와의 대립으로 수도를 메디나에서 쿠파로 옮겼던 알리는 661년 이슬람교도였던 카와리즈에게 암살당했다. 이로 인해 수니파와 시아파가 나누어지게 되었는데, 알리와 그의 자손들을 지지하는 사람들이 시아파가 되었다.

시아파는 알리를 순교자라고 믿으며, 그를 첫 번째 칼리파이며 숨어 있는 이맘imam으로 간주하고 언젠가 다시 돌아올 구세주로 여기고 있다. 시아파는 '알라 이외에 신은 없고 무함마드는 그의 사도이다'라는 신조에 '또한 알리는 신의 친구이다'라는 말을 덧붙인다. 아무런 잘못이 없는 신과 인간의 중개인인 이맘은 직접 신에 의하여 또는 전임 이맘에 의하여 선택된다. 수니파는 종교공동체에 가입하면 구제를 받을 수 있다고 보지만, 시아파는 이맘과 연결되어야 구제를 받는다고 믿는다.

중동의 아랍 국가 중에 인구가 가장 많은 이집트는 인구의 다수가 수니파이며, 다음으로 인구가 많은 이란은 시아파가 다수를 이루고 있다. 중동에서 인구가 다섯 번째로 많은 이라크는 오랫동안 수니파였던 사담 후세인이 다수파인 시아파를 통치했다. 사담 후세인이 제거된 현재는 다수파인 시아파가 이라크를 통치하고 있다. 중동의 아랍 국가 중에서 시아파가 다수인 국가는 이란과 이라크뿐이며 그 외의 국가들은 모두 수니파가 다수이다. 2014년에 이라크와 시리아 영토 일부를 점령하고 제정일치의 이슬람 국가를 선포한 후 극단적인 행동으로 전 세계를 경악시킨 IS는 수니파 원리주의자들이다.

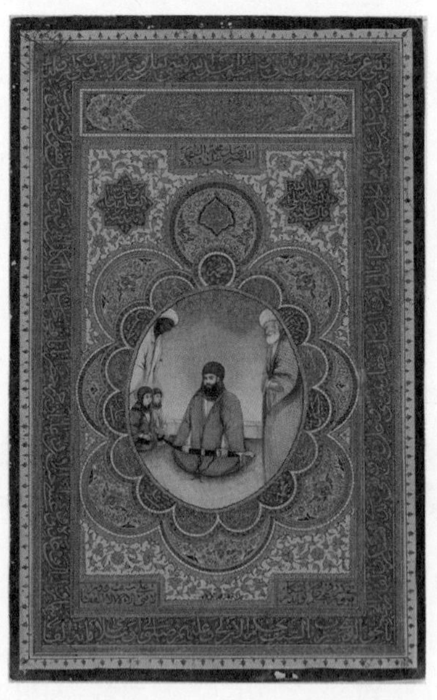

그림8-2 수니파와 시아파를 나누는 분기점이 된 알리 이븐 아비 탈리브의 초상

### 이슬람제국의 발전

632년에 무함마드가 사망하고 합의에 의해 선출된 네 명의 칼리파가 이슬람제국을 통치한 632년부터 661년까지를 정통 칼리파 시대라고 한다. 정통 칼리파 시대에 이슬람제국은 아라비아 반도에서 시작하여 서쪽으로는 이집트와 북아프리카, 동쪽으로는 이란 고원을 거쳐 중앙아시아에 이르는 넓은 지역을 다스렸다. 이 시기에 이슬람제국은 이슬람으로 개종 시 세금을 감면하는 정책을 사용하여 이슬람을 확산시켰다.

제3대 칼리파 우스만이 암살당하고 난 후 무함마드의 사촌이며 사위였던 알리가 네 번째 칼리파로 선출되었지만 칼리파의 계승을 둘러싸고 일어난 다툼 과정에서 알리가 암살되었다. 알리가 암살된 후에는 아부 수피안의 아들 우마이야가 제1대 우마이야 칼리파가 되었다. 이후에는 우마이야 가문이 칼리파를 세습했다. 우마이야 왕조는 661년부터 750년까지 아랍제국을 다스렸다. 우마이야 왕조는 중앙아시아, 북아프리카, 이베리아 반도에 이르는 넓은 영토를 다스렸으나 비아랍인을 차별하여 반란이 계속됐다.

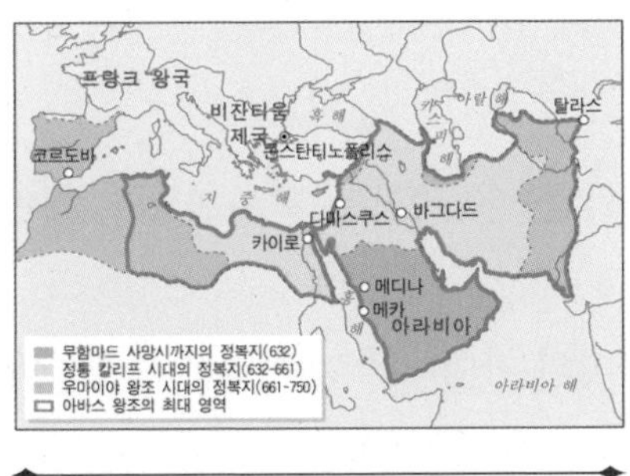


그림8-3 이슬람제국의 영역

750년 최초의 세습 칼리파 왕조인 우마이야 왕조를 무너뜨리고 바그다드에 설립한 아바스 왕조Abbasid Caliphate가 1258년 몽골이 바그다드를 함락시킬 때까지 약 500년 동안 아랍제국을 다스렸다. 아바스 왕조는 탈라스 전투[34]에서 중국의 당나라 군대를 격퇴하고 동서 무역로를 장악했다. 그리고 범이슬람주의를 채택해 비아랍인에 대한 차별을 철폐하고, 독자적인 이슬람 문화 발전에 기여했다. 7대 칼리파였던 알 마문은 학술기관인 '지혜의 집'을 설치하고 그리스 서적을 아랍어로 번역하게 하는 등 학문을 장려하기도 했다.

그러나 각 지방에서 실권을 가진 총독들이 점차 독립하면서 칼리파의 권력이 서서히 약화되었다. 10세기 초 북아프리카의 파티마 왕조Fatimid Caliphate가 칼리파의 칭호를 사용하자, 우마이아 왕조가 멸망한 후 우마이아의 일족이 이베리아 반도에 있는 코르도바로 피신하여 세운 후後우마이야 왕조도 칼리파라 칭하여 이슬람 세계는 3인의 칼리파 체제가 되었다.

10세기 중반에 이란계 시아파의 부와이 왕조Buyid dynasty가 아바스 왕조의 수도인 바그다드를 점령하고, 군사와 행정의 실권을 장악했다. 이후 아바스 왕조의 칼리파는 이슬람 세계에서 명목상의 군주에 불과한 존재로 전락했다가 1258년 훌라구가 이끄는 몽고군에 의해 멸망했다.

909년부터 1171년까지 이집트, 북아프리카, 레반트는 파티마 왕조가 다스렸다. 이 왕조의 칼리파들은 이슬람의 시조인 무함마드의 딸 파티마(알리의 아내)의 후손이라고 주장하며 왕조의 이름도

---

34 751년 7월에서 8월 사이에 고구려 출신 당나라 장수 고선지가 지휘하는 당나라군이 압바스 왕조와 티베트 연합군을 상대로 지금의 카자흐스탄 영토인 탈라스 강 유역에서 중앙아시아의 패권을 두고 싸운 전투로, 이 전투에서 당나라군은 대패했다.

파티마라고 했다. 이들은 알리를 무함마드의 계승자로 보는 시아파의 분파인 이스마일 파였다.

후우마이야 왕조(763-1031)는 우마이야 왕조 멸망 후 아브드알라흐만이 에스파냐(스페인)의 코르도바에 피신하여 세운 독립왕국이다. 제8대 아브드 알라흐만 3세 때 칼리파를 지칭하고 최성기에 달했다. 후우마이야 왕조를 서칼리프국, 아바스 왕조를 동칼리프국이라고도 한다. 후우마이아 왕조의 수도였던 코르도바는 서방 이슬람 문화의 중심지가 되었으며 서유럽과 이슬람 문화가 교류되는 장소가 되었다. 후우마이아 왕조는 11세기에 기독교 세력에 의해 무너졌다.

# 십자군전쟁

## 십자군의 결성

십자군은 11세기 말부터 13세기 사이에 교황의 제안에 의해 서유럽의 가톨릭 국가들이 이슬람 세력이 점령하고 있는 성지 예루살렘을 탈환하기 위해 조직한 군대를 가리킨다. 기독교인들은 오래전부터 중동 지역에 있는 성지를 순례해 왔다. 이 지역을 통치하고 있던 이슬람 국가들은 종교적인 목적의 성지순례를 허용해 왔다. 그러나 이슬람 세력의 확장으로 동로마제국이 쇠퇴하자 교황이 성지 회복을 명분으로 안티오키아, 예루살렘 등 기독교 성지에 대한 군사적 원정을 제안했다.

십자군을 제안한 사람은 교황 우르바노 2세(재위 1088-1099)였다. 우르바노 2세는 1095년 11월 18일부터 28일까지 프랑스 클레르몽에서 성직자와 평신도가 참석해 개최되었던 클레르몽 공의회 Council of Clermont에서 성지를 탈환하고 이슬람제국의 공격으로 위험에 처한 비잔틴제국을 구원하기 위한 십자군을 결성할 것을 제안했다. 교황의 제안이 있은 후 유럽에서는 성지 탈환의 열기가 고조되었다. 그 후 174년 동안 8차에 걸쳐 십자군이 조직되어 아랍 세계와 전쟁을 벌였다. 이들을 십자군이라고 부르는 것은 전쟁에 참가한 기사들이 어깨와 가슴에 십자가 표시를 달고 전쟁에 참가했기 때문이다.

그림8-4 〈클레르몽 공의회〉(장 콜롱브, 1474)

십자군전쟁은 기독교와 이슬람교 세력 사이의 전쟁이었으므로 종교전쟁이라고 할 수 있다. 그러나 전쟁에 참여했던 사람들의 동기나 목표가 다양해 단순한 종교전쟁이라고만 볼 수 없는 복잡한 성격을 띤 전쟁이었다. 전쟁에 참가한 봉건 영주들과 기사들은 새로운 영토를 확보하는 것에 관심을 가졌고, 상인들은 새로운 시장과 무역로를 확보하여 경제적 이익을 얻기 위해 전쟁에 참여했다. 그런가 하면 농민들은 봉건 영주의 억압으로부터 벗어나기 위해 원정군에 참여했다. 따라서 174년 동안 계속된 십자군전쟁이 끝난 후 유럽에는 전쟁에 참여했던 사람들의 다양한 요구가 반영된 새로운 질서가 자리 잡게 되었다.

## 군중 십자군

교황은 제후들의 군대로 이루어진 십자군을 1096년 8월 15일에 출발시킬 예정이었지만, 그보다 몇 달 먼저 예정에 없던 민중과 하급 기사들로 구성된 군중 십자군이 예루살렘을 향해 출발했다. 군중 십자군은 은자 피에르가 십자군에 가담하도록 민중을 선동해서 조직한 군대였다. 베드로가 꿈에 나타나 내린 명령을 받았다고 주장한 피에르는, 교황 우르바노 2세가 십자군 파견을 결정하기 전부터 당나귀를 타고 유럽 곳곳을 돌아다니며 십자군에 가담할 것을 선동했다.

예루살렘으로 향하는 길을 몰랐던 군중 십자군은 무작정 동쪽으로 향하다가 독일에서는 유대인을 학살했고, 베오그라드에서도 약탈을 하다가 헝가리 기병대의 공격을 받고 많은 군사를 잃기도 했다. 많은 문제를 일으킨 이들이 콘스탄티노폴리스에 도착하자 당시 비잔틴 황제였던 알렉시오스 1세는 이들을 이슬람 영토까지 안내해 주도록 했다. 그러나 이들은 니케아에서 룸 술탄국의 킬리지 아르슬란 1세에게 전멸 당했고, 피에르는 달아나 간신히 목숨을 건졌다.

## 1차–4차 십자군

명목상이긴 했지만 아데마르 주교를 총사령관으로 하고 프로방스의 제후였던 레몽, 부용의 고트프루아, 후에 안티오키아 공국의 공작이 된 보에몽 등이 중심이 된 제1차 십자군은 1099년에 예루살렘을 행해 출발했다. 당시 이슬람 세계는 단결되어 있지 않았기 때문에 십자군의 공격에 제대로 대응하지 못했다. 1차 십자군은 먼저 군중 십자군에 대한 승리로 자만하고 있던 니케아를 공격

그림8-5 〈1099년의 예루살렘 탈환〉(에밀 시뇰, 1847)

하여 점령했다. 그 후 이슬람군의 게릴라전으로 어려움을 겪었지만 안티오키아에 도착한 후 수개월간의 공방전 끝에 안티오키아를 점령했다. 안티오키아 공방전 도중에 총사령관 아데마르 주교가 열병으로 사망하자 십자군이 일시 혼란에 빠지기도 했다. 그러나 1099년에 예루살렘을 탈환하는 데 성공했다. 성 안으로 난입한 십자군은 많은 시민들을 죽이고, 재물을 약탈했다. 제1차 십자군전쟁으로부터 900여 년이 지난 2001년에는 교황 요한 바오로 2세가 그리스를 방문해 십자군이 예루살렘에서 행한 약탈과 살인, 방화 등에 대해 공식적으로 사과하기도 했다.

제1차 십자군전쟁의 결과 시리아에서부터 팔레스타인에 이르는 중동 지역에 예루살렘왕국, 에데사백국, 안티오키아공국, 트리폴리백국의 네 개의 기독교 국가가 수립되었다. 기독교 국가를 통치하던 제후들은 이교도와의 공존을 모색하려 했지만 교회에서는 이슬람교도와의 전투를 원했기 때문에 기독교 국가들과 이슬람교도들 사이의 관계는 좋지 않았다. 이는 또 다른 십자군이 조직되는 원인이 되었다.

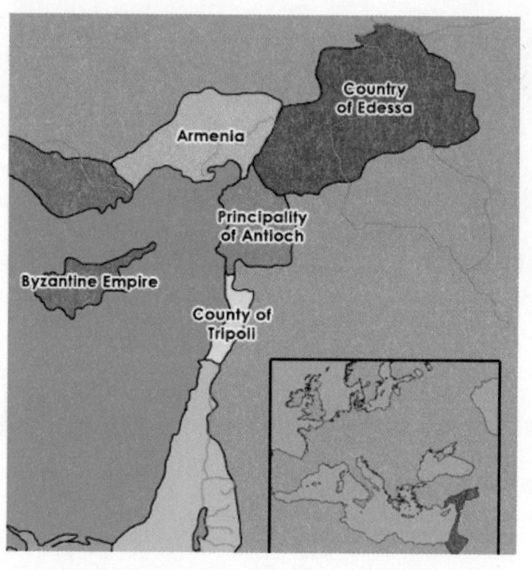


그림8-6 1차 십자군전쟁의 결과로 성립된 4개의 기독교 국가

한동안 1차 십자군이 세운 기독교 국가에 거주하는 기독교인들과 주변 도시에 거주하는 무슬림들이 공존하는 상태가 계속되었다. 그러나 이슬람의 영웅 이마드 앗 딘 장기[35]가 등장하여 1차 십자군이 세운 기독교 국가의 하나인 에데사백국을 점령하자 교황 에우제니오 3세의 호소로 2차 십자군이 결성되었다. 프랑스의 루이 7세와 독일의 콘라트 3세를 중심으로 한 2차 십자군전쟁은 전체적으로 통제가 제대로 되지 못해 큰 전과를 올리지 못하고 소아

35 1127년에 셀주크 술탄에 의하여 모술의 태수로 임명된 아미드 앗 딘 장기는 인근 부족들을 규합하여 큰 세력을 형성한 다음 십자군이 세운 기독교 국가의 교두보 역할을 하던 에데사 백국을 포위 끝에 1144년에 함락시켰다.

시아에서 이슬람군에게 패배하여 실패로 끝났다.

1187년에는 무슬림 장군으로 이집트와 시리아의 술탄이었던 살라딘이 예루살렘을 점령했다. 이 소식을 들은 그레고리오 8세는 예루살렘을 탈환하기 위한 십자군을 제안했다. 이에 따라 잉글랜드의 사자심왕[36] 리처드 1세, 프랑스의 존엄왕 필리프 2세, 신성로마제국의 프리드리히 1세가 참가한 3차 십자군이 조직되었다.

프리드리히 1세는 1190년에 무거운 갑옷을 입은 채 강을 건너다 미끄러져서 물에 빠져 익사했으며, 필리프 2세는 1191년에 아크레를 탈환한 뒤 자신의 임무는 끝났다면서 귀국하고 말았으므로 3차 십자군은 사자심왕 리처드 1세가 지휘하게 되었다. 리처드는 단독으로 살라딘과 1년간 싸웠지만 끝내 예루살렘을 정복하지 못하고, 1192년 9월 십자군의 아크레 소유권을 인정한다는 것과 비무장한 그리스도인 순례자의 예루살렘 방문을 허락한다는 조건하에 3년간의 휴전 조약을 맺고 철수했다.

4차 십자군전쟁은 역대 교황들 가운데 가장 강력한 교황이었던 인노첸시오 3세의 요청에 의해 조직되었다. 이집트를 통해 예루살렘을 공격하려고 했던 4차 십자군은, 지중해를 건너는 데 필요한 수송 자금을 마련하기 위해서 베네치아의 요구를 받아들여 헝가리 왕국을 공격했다. 이로 인해 십자군은 기독교 국가를 공격했다는 이유로 인노첸시오 3세로부터 파문당했다.

교황의 파문에도 불구하고 베네치아는 헝가리를 공략한 다음 동

36 재임 중 영국에 있었던 기간은 불과 6개월이었으나 용맹함으로 인해 사자심왕(사자의 심장)이라는 별명을 가지고 있다. 리처드 1세의 뒤를 이어 잉글랜드의 왕으로 즉위한 존은 귀족들의 강요에 의해 대헌장(마그나카르타, 1215)에 서명했다. 왕의 권력을 제한하고 귀족들의 권한을 보장한 대헌장은 민주주의 발전의 첫 단계로 평가받고 있다. 존 왕은 로빈훗의 모험에 폭군으로 등장하는 왕이다.

로마제국의 수도 콘스탄티노폴리스를 점령했으며, 플랑드르 백작 보두앵이 새 황제가 되어 라틴제국을 수립했다. 콘스탄티노폴리스를 공격한 십자군을 재차 파문했던 교황은 후에 콘스탄티노폴리스 함락이 로마 가톨릭교회와 동방정교회의 분열을 치유하고 재통합을 가져올 것이라고 보고 이를 인정했다. 그는 동방교회의 중심지인 콘스탄티노폴리스가 함락되면 동방교회가 서방교회에 복종할 것이라고 보았다.

십자군이 콘스탄티노폴리스에 세운 라틴제국은 이후 60년 동안 동로마제국을 통치했다. 이 일로 인하여 동로마제국을 보호한다는 십자군의 취지가 무색하게 되었고, 가톨릭교회와 동방정교회 사이에 적대감이 커지게 되었다.

## 알비 십자군과 어린이 십자군

12세기에서 13세기 사이에 프랑스 남부의 알비와 툴루즈 지방에 영지주의를 받아들인 기독교파가 생겨나, 이들을 카타리파 혹은 알비 교파라고 불렀다. 교황 인노첸시오 3세는 알비파를 이단으로 선언하고 1208년 알비파 토벌을 위한 알비 십자군을 일으켰다. 십자군에 의해 알비파는 1350년에 소멸되었다. 알비 십자군에 의해 약 20만 명 내지 백만 명이 희생된 것으로 알려져 있다. 교회에서는 이전에도 이단을 심판하고 정죄하는 일을 해 왔으나, 12세기 이전까지 이단에 대한 처벌은 파문이나 축출과 같이 비교적 온건한 것이었다. 알비 십자군에 의한 카타리파의 정벌은 대중적인 교파 운동을 이단으로 규정하여 정벌한 최초의 사건이었다.

한편, 13세기는 민중 사이에서 열광적 신앙심이 나타난 시기로,

그림8-7 〈어린이 십자군〉(저작권 불명)

이러한 시대적 분위기에 편승해 청소년들이 자발적으로 십자군을 결성하는 일도 일어났다. 1212년에 결성된 어린이 십자군은 어른들이 성공하지 못한 성지 탈환을 자신들이 이루겠다는 신념으로 예루살렘으로 가기 위해 지중해까지 행진했다. 어린이 십자군이 독일과 프랑스에서 계시를 받았다고 주장하는 소년의 선동에 의해 조직되었다고 보는 사람들도 있다. 이들 중 동지중해까지 도달한 청소년들은 소수였고, 일부는 난파하여 죽고, 일부는 상인의 농간으로 북아프리카에 노예로 팔려가기도 했다.

## 5차-8차 십자군

교황 인노첸시오 3세와 후임 호노리오 3세는 헝가리 국왕 앤드류 2세와 오스트리아의 공작 레오폴드 6세가 중심이 된 십자군을 조직하여 예루살렘을 탈환하고자 시도했다. 1218년 이후에는 쾰른의 올리버가 이끄는 독일군과 홀랜드 백작 윌리엄 1세가 이끄는 네덜란드군도 가세했다. 5차 십자군은 예루살렘을 탈환하기 위해 이슬람의 본거지인 이집트를 공격하기로 하고, 이집트의 다미에타 항구를 점령한 다음 1221년 7월 카이로를 향해 남하하기 시작했으나 술탄 알 카밀의 야습으로 막대한 피해를 입고 항복했다. 이후 알-카밀은 십자군과 평화 조약을 맺었다.

교황 그레고리오 9세는 십자군 파병을 조건으로 신성로마제국의 황제로 임명한 프리드리히 2세에게 여러 번 십자군 원정을 재촉했지만 프리드리히 2세는 이를 이행하려 하지 않았다. 따라서 교황은 프리드리히 2세를 파문했다. 1228년 프리드리히 2세는 파문된 상태에서 십자군을 일으켰다. 이집트 아이유브 왕조의 술탄 알 카밀은 내란으로 어려움을 겪고 있었기 때문에 프리드리히 2세는 전쟁을 하지 않고 평화 조약을 체결하여 예루살렘의 통치권을 이양 받을 수 있었다. 그러나 1239년에 아이유브 왕조의 뒤를 이은 맘루크 왕조가 예루살렘을 다시 점령하면서 평화 조약은 유명무실해졌다.

1244년에 이슬람교 측의 공격을 받아 예루살렘이 함락되고 2천 명 남짓한 기독교도가 학살당했다. 1248년 오랫동안 십자군 원정을 준비한 프랑스의 성왕 루이가 원정을 하여 이듬해 이집트의 다미에타 항구를 점령했으나 살라딘 2세가 지휘하는 이집트군의 완강한 저항에 부딪혀 패하고, 1250년 루이도 포로가 되어 많은 배상

그림8-8 〈7차 십자군 원정을 떠나는 루이 9세〉(기욤 드 생파튀, 14세기 추정)

금을 지불하고 석방되었다.

이후 프랑스의 성왕 루이 9세가 재차 출병하여 바이바르스가 주도하는 이집트의 맘루크 왕조를 공격했다. 루이는 1270년 튀니스에서 사망했고 십자군 원정은 별다른 전과를 올리지 못했다. 맘루크의 바이바르스가 계속 전진하여 트리폴리를 차지하고 1291년에는 팔레스타인에 마지막 남은 십자군 지역인 아크레마저 점령하면서 십자군전쟁이 끝났다.

십자군은 원래의 목적대로 이슬람의 수중에서 성지를 탈환하는 데는 성공하지 못했지만, 이후의 유럽과 중동의 역사와 문명에 지대한 영향을 미쳤다. 십자군을 계기로 지중해 무역 활동에 동참하게 된 지중해 연안의 도시국가들이 원정의 가장 큰 혜택을 보았다. 이탈리아의 해양 도시들은 십자군에게 무기 및 식료품 등을 공급하기 위해 중동 지역과 이집트를 포함한 북부 아프리카의 주요 무역 거점들을 장악하고 부를 축적할 수 있었다. 이들이 축적한 부는 이탈리아의 지역경제에 크게 기여하여 상업과 공업을 크게 발달시켰고, 이는 후에 르네상스시대를 가져오는 기반이 되었다.

그러나 십자군 원정이 실패하면서 십자군전쟁을 주도해 온 교황의 권위와 교황을 지지했던 세력들의 정치적 영향력이 크게 손상을 입게 되었다. 절대적인 권력을 가졌던 교황과 지지 세력들이 약해졌다는 것은 기독교를 중심으로 하던 정치질서가 무너지기 시작했다는 것을 의미했다. 이는 유럽의 각 나라들이 왕권을 강화한 민족국가를 수립하는 계기가 되었다. 십자군전쟁으로 인해 형성된 기독교와 이슬람교의 극단적인 적대 감정은 오늘날까지 해결하기 어려운 여러 가지 국제 문제를 야기하고 있다.

## 기사단의 등장

### 성 요한(몰타) 기사단

600년 교황 그레고리오 1세의 명을 받아 아봇 프로브스가 예루살렘에 병에 걸린 성지 순례자들을 치료하기 위한 병원을 세웠다. 이 병원은 1005년 칼리프 알 하킴에 의해 파괴되었다가 1023년 이탈리아 상인들이 이집트 칼리파의 허가를 얻어 세례자 요한의 묘지에 다시 세웠는데 베네딕토회 수도사들이 이 병원에서 순례자들을 위한 구호 활동을 했다. 이 구호단체는 1099년 십자군이 예루살렘을 정복하자 군사적인 기사단 조직으로 개편되었다. 그러나 1291년 마지막 기독교 세력의 근거지인 아크레가 무슬림들에게 함락되자 이들은 키프로스왕국으로 피난했다.

1309년 터키 남쪽에 있는 로도스섬을 정복하고, 그곳에 병원을 세우고 활동하면서 독립국가가 되었으나 1522년 오스만제국에게 패배한 후 로도스에서 축출되었다. 신성로마제국의 카를 5세는 북아프리카의 해적들을 소탕할 목적으로 몰타에 이들의 근거지를 마련해 주었다. 몰타를 중심으로 활동하던 이들은 1798년 나폴레옹에게 항복한 후 몰타를 떠나 유럽 여러 나라를 떠돌다가 1834년 로마에 정착했다. 이때부터는 군사 조직의 성격은 사라지고 인도주의적이고 종교적 활동을 하는 조직으로 남게 되었다. 전 세계에 퍼져 있는 단원들이 주로 의료 봉사 활동을 하고 있는 몰타 기사단은 외교 사절, 자국 등록 선박, 자체 자동차 번호판 등을 가지고 있으며, 자체 우표도 발행함으로써 영토 없는 국가로 불리기도 한다.

### 템플(성전) 기사단

제1차 십자군은 성지를 회복하고 기독교 국가를 수립하는 데 성공했지만 이슬람 세력이 강했던 중동 지역에서 기독교 국가는 불안정한 상태였다. 이에 1119년 말 또는 1120년 초에 성지 수호를 목적으로 프랑스의 귀족 위그 드 파앵 아래 아홉 명의 기사들이 모여 아우구스티누스회의 회칙을 지키며 생활할 것을 서약했다. 이들은 예전에 예루살렘 성전이 있던 곳에 자리를 잡았으므로 템플(성전) 기사단이라고 불리게 되었다. 규칙에 따라 성전 기사들은 항상 흰색 망토를 착용했으며 흰색 망토를 착용하지 않고는 마시

그림8-9 군복을 입은 템플 기사단

거나 먹는 것도 금지되었다. 템플 기사단은 금융업과 관련된 새로운 제도를 만들어 많은 재산을 소유하게 되었으며 유럽과 각지에 많은 요새를 건설했다.

십자군전쟁이 끝난 후인 1307년 프랑스의 필리프 4세는 기사단을 자신의 휘하에 두려고 했으나 이를 거절하자 프랑스 내의 기사단원 대부분을 체포해 고문한 다음 화형에 처하고, 교황 클레멘스 5세에게 기사단을 해산하도록 요구했다. 1312년 필리프 왕의 압력에 의해 클레멘스 5세가 기사단 해산령을 내렸다.

### 튜턴 기사단

오스트리아의 빈에 본부를 두고 있는 로마 가톨릭교회에 소속된 종교기사단인 튜턴 기사단은 십자군 원정 당시 주로 독일인 기사들로 구성되었기 때문에 이런 이름이 붙여졌으며 정식 명칭은 '예루살렘의 성모 마리아를 위한 튜턴 기사단'이다. 제3차 십자군을 지원하기 위해 예루살렘 근처에 있는 아크레에 1190년경 세워진 야전 병원이 1198년에 기사 수도회로 격상되어 만들어진 튜턴 기사단은 아크레 방위를 담당했다. 십자군전쟁이 끝난 다음에는 동유럽 지역에서 활동하다가 프로이센으로 이동하여 활동하면서 정복 사업에 참여했다.

튜턴 기사단은 점령한 영토를 교회에 봉헌하고 곳곳에 성채를 세워 군사적, 경제적 중심지로 만들었다. 독일 중부 지방으로부터 자신들이 점령한 영토로 농민들을 이주시키고, 폴란드와 독일의 귀족들을 자신들의 가신으로 끌어들여 기사단의 세력을 키웠다. 교황청에서 기사들이 이윤을 추구할 수 있도록 허락하자 기사단은 이 지역의 무역을 독점하여 더욱 강력해졌다.

그러나 14세기에는 리투아니아와 폴란드 연합군에게 패하여 세력을 크게 상실했고, 16세기에는 폴란드와의 전투에서 패해 세력이 더욱 약해졌다. 38대 기사단장으로 폴란드와의 전쟁을 이끌었던 프로이센은 루터와 만난 후 루터교로 개종하고 프로이센에서 튜턴 기사단을 축출한 뒤 튜턴 기사단의 옛 영토에 프로이센 공국을 세웠다. 축출된 튜턴 기사단은 30년전쟁으로 더욱 영향력을 잃고 폴란드 왕의 신하가 되었다.

그림8-10 튜턴 기사단의 4대 기사단장, 헤르만 본 살자의 초상(저작권 불명)

이후에도 몇몇 기사단 영토가 남아 있었지만 1808년 나폴레옹에 의해 완전히 해체되었다. 1834년 오스트리아는 기사단을 다시 부활시켰고 1929년에는 정신적인 명예 가톨릭 단체로 변신했다. 현재 기사단원은 명예직으로 남아있으며 빈에 본부를 두고 있다. 하얀 바탕에 검은 십자가 모양을 한 튜턴 기사단의 문장은 후에 독일제국과 나치 독일의 상징으로 사용되었다. 나치는 튜턴 기사단을 독일 민족주의를 선전하는 데 이용했다.

〈콘스탄츠 공의회에서 사형을 선고 받는 후스〉(바츨라프 브로지이크, 1898)

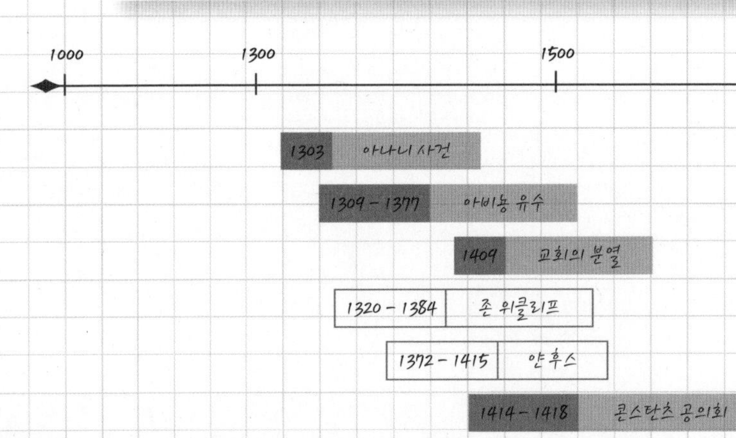

# Ⅸ

## Chapter 9

# 서방교회의 분열과 교회개혁 운동

# 들 어 가 며

교회의 분열이라고 하면 흔히 동방교회와 서방교회의 분열을 생각한다. 그러나 로마 가톨릭교회를 중심으로 하는 서방교회 내에서도 분열이 있었다. 1303년의 아나니 사건에서 시작되어 1409년에 개최된 콘스탄츠 공의회에 이르기까지 100여 년 동안은 서방교회의 분열이 가장 심했던 시기이다.

이 기간 동안에 국왕이 교황을 감금하는 아나니 사건이 일어났고, 70년 동안 교황이 로마를 떠나 아비뇽에 거주하는 아비뇽 유수도 있었다. 아비뇽 유수가 끝난 후에는 로마와 아비뇽에 두 명의 교황이 나타나 대립하기도 했고, 급기야는 피사에서 새로운 교황이 선출되어 교황이 세 명이 되기도 했다. 서방교회의 분열은 콘스탄츠 공의회를 통해 해소되었다.

14세기는 서방교회의 분열과 함께 교회의 관료화와 부패가 문제가 된 시기였다. 따라서 14세기에는 교회의 부패와 비리

를 지적하고 개혁을 요구하는 사람들이 나타나기 시작했다. 이들은 교리 문제보다 교회 내부의 비리와 부패를 고발하는 것으로 시작했지만, 16세기에 전 유럽을 휩쓴 종교개혁의 씨앗을 심은 사람들이라고 할 수 있다.

교회의 부패를 지적하고 개혁을 요구한 대표적인 사람들로는 영국의 존 위클리프와 체코의 얀 후스가 있다. 교회의 분열 문제를 해결하기 위해 1414년에 개최되었던 콘스탄츠 공의회에서는 이미 고인이 된 위클리프를 단죄하고 후스를 화형에 처했다.

# 서방교회의 분열

## 분열의 시작, 아나니 사건

아나니 사건은 프랑스의 왕 필리프 4세Philippe IV(1268–1314)와 교황 보니파시오 8세Bonifacius PP. VIII(재위 1294–1303)가 대립하다가 필리프 4세가 교황을 교황의 별궁이었던 아나니에 감금한 사건이다.

필리프 4세와 교황의 대립은 필리프 4세가 교황의 양해 없이 전쟁 비용을 마련하기 위해 프랑스 내 교회에 임시세를 부과하면서부터 시작되었다. 교황은 이를 보고 칙서 〈성직자와 평신도(1296)〉을 발표하며 세속적인 전쟁을 이유로 교회에 세금을 부과해서는 안 된다 하였으며, 이후에도 필리프 4세가 교황의 특사를 반역죄로 체포하자 〈들으라 (나의) 아들(1301)〉이라는 칙서를 발표하여 필리프 4세를 공개적으로 비판하고, 교황권이 왕권에 대해 우위에 있다고 주장했다.

1302년 필리프 4세는 국민의 지지를 얻어내기 위해 노트르담 대성당에서 귀족, 성직자, 평민의 대표로 구성된 삼부회三部會를 소집하였다. 프랑스 최초의 삼부회였던 이 모임에서 각 계층의 대표들은 왕과 왕권을 지지함을 로마에 서신을 보내어 확인했다. 한편 1302년 10월에 로마에서 열린 회의에는 필리프 4세의 금지령에도 불구하고 프랑스교회의 성직자들이 참여했는데, 교황은 얼마 지나지 않은 1303년 4월 4일에 프랑스 성직자들이 로마에 오는 것을

그림9-1 교황의 뺨을 때리는 시에나 콜론나(알퐁스마리아돌프 드뇌빌, 1883)

방해한 모든 사람들을 파문하기에 이른다. 여기에는 필리프 4세도 포함되어 있었다.

이에 필리프 4세의 재상 기욤 드 노가레는 보니파시오 8세를 이단이라고 비난하고 공의회를 열어 심판해야 한다고 주장했다. 1303년 8월 15일 교황은 필리프 4세의 통치권을 중단시키고, 필리프 4세가 로마교회 법정에 출두하여 자신의 행동을 해명하기 전까지는 공석 중인 프랑스의 모든 교구장 주교와 수도원장 임명을 보류하기로 했다.

필리프 4세의 측근이었던 노가레의 기욤은 1303년 9월 7일, 로마에 있는 교황의 정적인 콜론나가家와 공모하여 교황의 별궁인 아나니에 있던 교황을 공격하여 유폐했다. 다음 날 교황은 칙서를 발표해 필리프 4세와 기욤 드 노가레를 파문했다. 기욤은 보니파시오 8세에게 사임을 강요했지만 교황은 이에 굴복하지 않고 사임하느니 차라리 죽음을 택하겠다고 했다. 보니파시오 8세는 3일 후에 풀려났으나 한 달 후 세상을 떠났다. 이 사건은 단테의 『신곡』에도 기록되어 있다.

## 아비뇽 유수

보니파시오 8세의 뒤를 이어 프랑스인 교황 클레멘스 5세가 교황에 선출되었다. 필리프 4세는 교황청을 프랑스로 이전할 것을 요구했다. 교황 클레멘스 5세가 아나니 사건 이후의 처리를 위한 공의회 개최를 준비하기 위해 프랑스 아비뇽에 머물던 1312년 5월, 독일 왕 하인리히 7세가 교황으로부터 신성로마제국 황제의 제관을 받으려고 로마로 왔다.

그러나 황제의 반대파들이 반란을 일으켜 로마를 장악하자 하인리히 7세는 이들을 진압하고 6월에 교황을 대신한 로마 추기경으로부터 황제의 관을 수여받았다. 하인리히 7세가 신성로마제국의 황제가 된 후에도 이탈리아 곳곳에서 황제의 반대파들의 반란이 계속되어 하인리히 7세는 이들을 진압하는 데 어려움을 겪었다. 로마의 정세가 이처럼 불안하자 교황은 로마로 돌아가지 못하고 아비뇽에 계속 머물게 되었다.

당시 아비뇽은 프랑스왕국의 영내가 아니라 교황의 봉신인 프로방스 백작의 영지였지만 프랑스의 영토나 다름없었다. 아비뇽 유수 동안에는 프랑스 출신의 추기경들이 대거 등용되었으며 이 시기에 선출된 7명의 교황 역시 모두 프랑스 출신이었다.

이탈리아의 인문주의자로 사제와 교황의 사절로 활동하기도 했던 프란시스코 페트라르카는 교황이 로마를 떠나 있는 것에 대해 심한 분노를 느끼고 교황에게 로마로 귀환할 것을 호소했으며, 그의 작품에서 교황의 아비뇽 체제를 유대인들이 바빌론에 억류되었던 바빌론 유수에 빗대어 아비뇽 유수라고 표현했다. 70년 후인 1377년 교황 그레고리오 11세가 교황령 수호를 이유로 로마로 귀환함으로써 아비뇽 유수는 종식되었다.

### 교회의 분열과 대립교황

아비뇽 유수를 끝낸 그레고리오 11세가 1378년 4월에 세상을 떠나자, 추기경들은 로마 시민들의 요구를 반영하여 로마 출신 교황을 세우기로 했다. 추기경단은 교황청의 군대를 동원하여 산탄젤로성을 지키게 하고 선거인단을 따로 분리시켜 우르바노 6세를 새

그림9-2 〈그레고리 11세의 귀환〉(조르조 바사리, 1573)

로운 교황으로 선출했다. 여기에 반대한 프랑스 추기경들은 아비뇽으로 돌아가서 교황 선출을 무효라고 선언하고, 제네바 출신의 클레멘스 7세를 교황으로 선출했다. 이리하여 로마 가톨릭교회에는 두 명의 교황이 존재하게 되었다. 교회의 분열을 종식시키려는 노력이 있었지만 정치적인 이유로 시작된 교회의 분열을 종식시키기란 쉽지 않았다. 이것을 서방교회의 대분열western schism이라고 부른다.

1409년 피사에서 양측 추기경들이 회의를 열어 양측 교황을 해임하고 알렉산더 5세를 새로운 교황으로 선출했으나, 두 교황이 이에 불응하여 한때는 세 명의 교황이 존재하게 되었다.

로마 교황 :

우르바노 6세 → 보나파시오 9세 → 이노첸시오 7세 → 그레고리오 12세

아비뇽의 대립교황 :

클레멘스 7세 → 베네딕토 13세

피사의 대립교황 :

알렉산더 5세 → 요한 23세

동시에 두 명 이상의 교황이 있는 경우, 한 사람을 제외한 다른 사람들은 대립교황이라고 부른다. 로마 가톨릭교회의 권위와 정통성을 확립하기 위해서는 여러 명의 교황을 정통으로 인정할 수 없기 때문이다. 대립교황 중에는 교의 면에서 기존 교황과 달라 교황의 반대파들이 새로 세운 교황도 있었으나 대개는 황제나 왕 또는 귀족과 같은 세속권력이 교황 선출에 관여하여 이중 삼중으로 교황을 선출한 경우가 대부분이었다. 그런가 하면 교회 내에서 주도권 다툼을 벌이던 성직자들이 세속권력과 결탁하여 대립교황을 세운 경우도 있었다. 217년부터 1449년에 이르기까지 로마 가톨릭교회에는 40명에 가까운 대립교황이 있었다.

1378년과 1409년 2명의 교황과 3명의 교황이 존재하던 시기에 아비뇽에 있던 클레멘스 7세와 베네딕토 13세, 그리고 피사 회의를 통해 선출된 알렉산더 5세와 그의 뒤를 이은 요한 23세는 모두 대립교황으로 분류된다. 대립교황 요한 23세[37]는 콘스탄츠 공의회를 소집하여 마르티누스 5세를 새로운 교황으로 선출하도록 했지만 대립교황으로 분류된다.

37 20세기에 제2차 바티칸 공의회를 소집한 요한 23세와는 다른 사람이다.

교황 중에는 한때는 대립교황이었다가 후에 합법적인 교황이 된 사람도 있었다. 교황 레오 8세는 963년에 오토 대제의 지원을 받아 교황에 선출되었지만 그때는 합법적인 교황이 따로 있었으므로 대립교황으로 분류되었다. 그러나 오토 대제의 비호 아래 964년 다시 교황으로 선출된 후에는 합법적 교황으로 인정되었다.

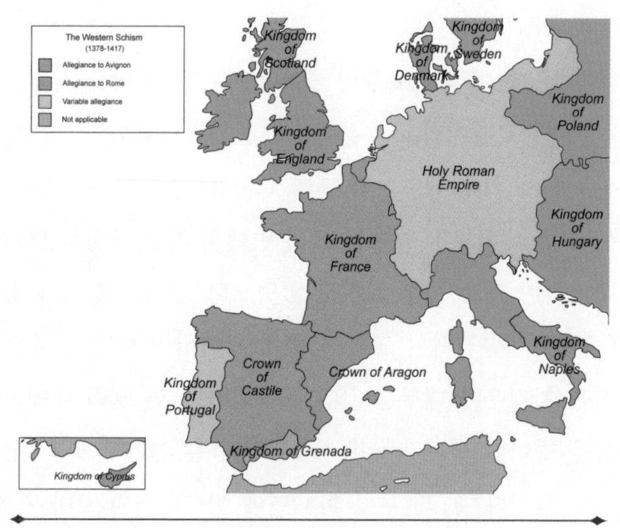


그림9-3 서방교회의 분열, 1378－1417

# 교회개혁 운동



## 존 위클리프

존 위클리프John Wycliffe(1320-1384)는 옥스퍼드에서 공부한 후 1374년 국왕 에드워드 3세에 의해 교구 목사로 임명되었다. 위클리프는 은혜에 기초한 주권은 하나님으로부터 인간에게 직접 부여된 것이며, 교회나 국가가 빼앗을 수 없다고 주장했다. 그는 또한 도덕적으로 죄의 상태에 있는 사람은 교회나 국가의 공식적 직책을 수행할 수 없으며, 교회는 모든 재산을 포기해야 하고, 성직자는 청빈하게 살아야 한다고 주장하면서 그렇지 못한 교회를 통렬하게 비난했다.

교회를 내부로부터 개혁하려고 했던 위클리프의 의도와는 달리 위클리프의 사상은 반란을 부추기는 데 이용되었다. 1381년 일어난 농민 반란[38]은 위클리프의 주권 사상을 바탕으로 한 것이었다. 이로 인해 위클리프의 은혜에 기초한 주권 사상은 극히 위험한 것으로 여겨져 농민 반란이 진압된 후인 1382년에 그의 모든 저술들은 불태워졌다. 그 해에 위클리프는 뇌졸중으로 쓰러졌고 결국 1384년 12월에 두 번째로 발병한 뇌졸중으로 사망했다.

위클리프는 성서를 번역한 사람으로도 널리 알려져 있다. 1380

38 흑사병으로 인해 발생한 경제적 어려움, 백년전쟁으로 인한 높은 세금, 정치적 불안정, 인두세의 부과 등을 원인으로 하여 1381년에 잉글랜드에 일어난 대규모의 농민 반란으로 지도자의 이름을 따서 와트 타일러의 난이라고도 한다.

그림9-4 존 위클리프의 초상(토마스 커크비, 1828)

년대 초기에 그는 성경을 영어로 번역하는 작업을 했는데, 일상적인 언어로 된 두 권의 번역본을 출판했다. 이로 인해 설교자들이 영어로 된 성경을 읽으면서 설교할 수 있게 되었다. 위클리프는 성경이 교회의 권위나 전통보다 우월한 권위를 가지고 있다고 생각했다. 또 성경은 대중이 알기 쉽고 편하게 접할 수 있어야 한다고 생각했기 때문에 성경 번역은 그에게 매우 중요한 일이었다. 오늘날에는 위클리프 성서번역협회가 세계의 모든 언어로 성경을 번역하기 위해 노력하고 있다.

위클리프는 얀 후스의 개혁 사상에 결정적 영향을 주었다. 후스 자신도 생전에 자신을 위클리프주의자라고 불렀으며, 그가 콘스탄츠 공의회에서 화형에 처해진 직접적인 원인도 위클리프의 사상을 지지했다는 것 때문이었다. 후스에게 직접 영향을 준 위클리프의 사상은 교회론과 성만찬론이었다. 위클리프는 구원 받은 사람이건 구원 받지 못하도록 저주 받은 사람이건 그들의 운명은 이미 예정되어 있으며 교회는 예정된 선민들의 공동체라고 믿었다. 그리스도인으로 부름 받았다는 증거는 그의 품성의 거룩함에서 드러나는데 이 기준으로 보면 당시 성직자들을 모두 선민이라고 할 수 없다고 주장했다. 위클리프는 또한 수도원의 폐지를 주장하고 교황이 세속 정치에 간여하는 것을 비난했으며, 마리아 숭배와 성상 숭배가 성경적이 아니라고 비판했다.

성만찬에 대해서는 빵과 포도주가 실제로 예수의 살과 피로 변한다는 가톨릭의 화체설化體說[39]을 부인했지만 성만찬의 전례로서의 중요성은 인정했다. 그는 빵은 그리스도의 몸을 의미하지만 빵 자체가 그리스도의 몸으로 변화하는 것은 아니고 그 질료 자체는 빵으로서 남아있다고 주장했다. 빵에는 질료로서의 빵과 그리스도의 몸이 동시에 존재한다고 본 것이다. 위클리프의 이러한 성만찬에 대한 견해는 1381년 옥스퍼드 박사 회의에서 정죄되었다.

위클리프가 죽은 후인 1407년에 켄터베리 대주교가 위클리프의 신조들과 성경 번역을 단죄했다. 1415년 개최된 콘스탄츠 공의회에서는 260가지의 위클리프 사상을 정죄하고, 그의 글들을 불태웠으며 위클리프의 시신을 무덤에서 파내 불에 태운 후 강물에 뿌리도록 했다. 이 결정은 1428년에 실행되었다.

위클리프의 추종자들은 롤라드파라고 부르는데, 이는 네덜란드

---

39 성찬식 때 먹는 빵과 포도주가 순간적으로 그리스도의 몸과 피로 변한다고 하는 학설. 1551년에 트리엔트 공의회에서 교의로 선포된 이후 로마 가톨릭교회가 인정하는 학설이다.(네이버 국어사전)

어로 '중얼거리는 자'라는 뜻을 갖고 있다. 1409년 런던 회의에서는 일부 롤라드파를 처형했고, 남은 롤라드파가 런던에 모였을 때 헨리 5세의 친위대가 이들을 공격하여 37명을 교수형에 처하고 7명을 화형에 처했다.

### 얀 후스

체코 출신의 신학자이며 종교개혁가였던 얀 후스Jan Hus(1372–1415)는 프라하 대학에서 공부하고 1400년부터 대학에서 교양 학부와 신학부의 교수로 일했으며, 가톨릭교회 사제가 되어 프라하의 성미카엘교회에서 설교를 했고, 1402년부터는 베들레헴교회에서 설교자로서 활동했다. 설교자로 활동하면서 대학에서 강의도 계속해 1401년에는 철학부의 학장을 맡았고, 일 년 후에는 총장이 되었

그림9–5 얀 후스의 초상(저작권 불명)

다. 그는 라틴어뿐만 아니라 체코어로도 저술 활동을 했고, 체코어 철자법을 개혁했으며 체코어 찬송가를 보급하기도 했다.

얀 후스는 설교와 저술을 통해 교회가 타락을 청산하고 초대교회의 정신으로 돌아가야 한다고 주장했다. 그의 주장은 프라하 대학 교수들과 왕실, 일부 귀족, 그리고 민중들의 지지를 받았다. 그에게 영향을 준 위클리프가 다양한 활동을 통해 교회의 개혁을 촉구했던 것과는 달리 후스는 주로 설교를 통해 자신의 생각을 피력했다. 그는 교회가 재산권을 포기하여 청빈한 교회가 되어야 한다고 주장하여 귀족들을 포함한 많은 사람들의 지지를 받았다.

1412년 후스가 교회의 면죄부 판매를 공개적으로 비난하자 교회는 이에 반발했고 이로 인해 후스는 프라하를 떠나 남부 체코의 코지흐라데크에서 귀족들의 보호를 받으며 지냈다. 이 시기에 후스는 농민들에게 복음을 전하면서 교회개혁을 주장했다. 후스는 다음과 같은 네 가지가 발견된다면 교황에 대항하라고 설교했다.

① 만일 교황이 하나님의 율법과 복음을 아는 경건한 자들을 무시하고 인간적인 전통에만 눈을 돌린다면 이것은 교황을 거절해야 하는 표시가 된다.

② 교황을 비롯한 성직자들이 경건한 삶을 벗어나서 세상적인 일에 얽매여 산다면 이것은 교황을 거절해야 할 표시가 된다.

③ 교황이 그리스도를 섬기는 일에 세상의 장사꾼들을 내세우고 자신의 세속적인 삶에만 욕심을 내어 교회를 압박하는 경우도 교황을 거절할 표시가 된다.

④ 만일 교황이 자신의 명령서를 통하여 구원을 필요로 하는 영혼들에게서 하나님의 말씀을 탈취한다면 이것이 교황을 향하여 대항할 표시이다.

그림9-6 〈콘스탄츠 공의회에서 사형을 선고 받는 후스〉(바츨라프 브로지이크, 1898)

1415년에 콘스탄츠에서 공의회가 소집되었을 때 황제로부터 참석을 권유받은 후스는 고위 성직자들에게 자신의 주장을 이해시킬 수 있을 것이라고 판단하고 회의에 참석했다가 체포되어 고문을 당한 후 1415년 7월 6일 화형에 처해졌다.

후스의 처형은 체코인들의 강한 반발을 불러일으켜 1415년 가을에는 귀족들이 콘스탄츠 종교 회의의 결정을 거부한다는 결의문을 발표했다. 이들은 성만찬 때 빵과 포도주를 모든 신도들이 나누었다. 전에는 성직자들에게만 포도주를 나누는 것이 허용되었다. 이로 인해 포도주를 담은 성반은 후스주의 운동의 상징이 되었다. 이후 보헤미아인들이 가톨릭교회의 박해에 저항해서 반란을 일으켰다. 이에 대해 교황 마르티누스 5세와 황제 지기스문트는 다섯 차례에 걸쳐 십자군을 일으켜 탄압했으나 실패했다. 이 전쟁을 후스 전쟁이라 한다.

## 콘스탄츠 공의회

콘스탄츠 공의회Council of Constance는 로마와 독일의 왕이었던 지기스문트가 제안하고 대립교황 요한 23세가 소집하여 독일 남부에 있는 콘스탄츠에서 열렸던 공의회이다. 이 공의회는 중세에 열린 최대의 교회 회의로 각국의 군주, 추기경, 대주교, 신학자들을 포함하여 약 10만 명이 콘스탄츠에 모여 회의를 진행했다.

교회의 일치를 최대 목표로 삼은 이 공의회에서는 공의회가 교회를 대표하며 공의회의 권능은 하나님으로부터 직접 온 것임을 선언했다. 그리고 베네딕토 13세를 폐위시키고, 그레고리오 12세를 설득하여 자진 퇴위케 했으며, 요한 23세도 폐위시켰다. 그리고 후임으로 마르티누스 5세를 선출하여 교회의 분열을 수습했다.

콘스탄츠 공의회는 또한 공의회의 결정이 교황의 결정보다 우위에 있으며, 교황도 신앙 및 교회개혁에 관한 문제에 대해서는 공의회의 결정에 복종해야 한다는 공의회 지상주의를 천명했다. 교회의 분열로 교황의 권위가 실추되면서 공의회 지상주의가 점차 강화되었는데, 콘스탄츠 공의회가 교회 분열을 수습하는 데 성공하자 공의회의 영향력이 더욱 강화된 것이다. 그러나 공의회 지상주의의 배후에는 세속 제후들의 영향력이 작용하고 있었으므로 결국 교권을 약화시키는 결과를 가져왔다.

콘스탄츠 공의회는 교회개혁을 중요 의제로 다루었기 때문에 개혁교회 회의라고도 불리는데 위클리프를 이단으로 단죄하고 후스를 화형에 처하여 이단 문제도 매듭지었다. 이때 후스의 처형에 반발한 체코인들이 이 공의회의 결의를 무효로 선언하고 반란을 일으킨 것이 앞서 언급한 후스전쟁으로 비화되었다.

〈95개 조문을 내건 마르틴 루터〉(페르디난드 포웰스, 1872)

1500 1600

1519 루터의 종교개혁

1521 보름스 칙령

1523 츠빙글리의 종교개혁

1549 칼뱅의 종교개혁

1562 - 1598 위그노 전쟁

# Chapter 10

# 16세기에 일어난 종교개혁

## 들어가며

교회 내의 부정부패와 비리를 비판하는 것으로 시작된 종교개혁 운동은 교리 논쟁으로 발전했다. 종교개혁의 씨앗은 14세기 교회의 부패한 권력을 비판한 존 위클리프와 얀 후스에 의해 뿌려졌다. 그러나 위클리프와 후스와는 달리 종교개혁가들은 교리 자체를 문제 삼았다. 그들은 교회의 부패 문제를 교회 내에서 해결하려고 시도했던 위클리프나 후스와는 달리 교황과 사제의 권위를 부정하고 성경을 기초로 하는 새로운 교회를 만들려고 했다.

본격적인 종교개혁 운동은 루터가 1517년에 발표한 속죄의 효력에 관한 〈95개 조문〉과 츠빙클리가 1523년에 발표한 〈교회 개혁을 위한 67개항〉을 통해 시작되었다. 프랑스 사람으로 스위스 제네바에서 주로 활동했던 칼뱅의 종교개혁은 큰 성공을 거두어 스위스와 프랑스를 포함한 여러 나라에서 많은 추종자를 확보하게 되었다. 프랑스에서는 칼뱅의 종교개혁을 받아들인 사람들을 위그노라고 불렀는데, 가톨릭교회를 옹호하는 세력과 위그노를 지지하는 세력 사이의 분쟁은 많은 사람들이 목숨을 잃은 위그노 전쟁으로 비화되었다. 한편 칼뱅의 종교 개혁의 결과로 개혁교회와 장로교회가 성립되었다.

## 루터의 종교개혁

〈95개 조문〉

아우구스티노회 수도사이며 비텐베르크 대학의 교수였던 마르틴 루터Martin Luther(1483-1546)가 1517년에 면죄부의 판매를 비판하고 속죄의 효력에 관한 〈95개 조문〉을 발표한 것이 본격적인 종교개혁의 도화선이 되었다. 면죄부는 가톨릭교회의 일곱 성사들 가운데 하나인 고해성사와 연관된 것이었다. 사제는 고해자의 고백을 듣고 죄를 사면한 뒤 보속으로 시편 낭송, 특별기도 등을 하도록 하는 것이 전례였다. 면죄부는 이러한 보속을 면해 주는 증서였다. 그런데 면죄부가 교회의 주요 수입원이 되자 교회가 면죄부 판매에 큰 관심을 갖게 되면서 그에 따른 여러 가지 부작용이 나타나기 시작했다.

돈으로 구원을 살 수 있다는 교회의 가르침에 순응할 수 없었던 루터는 설교에서 면죄부 판매를 비판하기 시작했고 1517년 10월 31일, 비텐베르크의 만인성자교회 문 앞에 〈95개 조문〉을 게시함으로써 교회와의 본격적인 논쟁에 들어가게 되었다. 루터는 〈95개 조문〉에서 주님이시며 선생이신 예수 그리스도께서 "회개하라"고 하실 때는 신자들이 전 생애를 참회할 것을 요구하셨다(제1조)고 주장하고, 면죄부는 그리스도의 십자가에 나타난 자비에 비할 바가 아니라고(제68조)라고 설명했다. 그리고 그리스도인은 면죄부

그림10-1 〈95개 조문을 내건 마르틴 루터〉(페르디난드 포웰스, 1872)

와 같은 행위의 의가 아니라 고난을 통해 하늘나라에 들어간다(제 95조)고 결론지었다.

학자들 사이의 토론을 위해 내걸었던 〈95개 조문〉은 대량으로 인쇄되어 빠르게 독일 전체와 유럽으로 퍼져나갔다. 〈95개 조문〉을 발표하고 5개월이 지난 1518년 4월 가톨릭교회는 루터에게 하이델베르크에서 열리는 아우구스티누스 수도회의 독일 분회에서 자신의 주장을 설명하도록 요청했다. 하이델베르크 논쟁에서 루터는 고난과 십자가를 통해 하나님을 인식할 수 있다는 십자가 신학Theology of the Cross을 발표하여 가톨릭교회를 비판했다. 그의 십자가 신학은 하나님의 자비와 은혜를 강조한 은혜의 신학이었다. 루터는 인간의 구원은 인간이 행하는 선행에 의해서가 아니라, 십자가에서 피를 흘린 그리스도의 대속의 은혜로만 가능하다고 주장했다.

## 최종적인 권위는 교회가 아니라 성경에 있다

루터가 자신의 주장을 포기하지 않자 교황은 그를 로마로 소환하려고 했다. 그러나 선제후 프리드리히 3세와 대학이 이에 반대하고, 아우크스부르크에서 추기경 토마스 카예탄으로 하여금 그를 대신 심문하도록 주선했다. 카예탄은 교황의 권위에 순종할 것을 요구했지만 루터는 교황보다 공의회가 더 큰 권위를 가지고 있으며, 모든 인간들은 오류를 범할 수 있기 때문에 기독교 신앙의 최종적인 권위는 교회가 아닌 성경에 있다고 반박했다. 한때 교회와 루터는 서로 비난을 하지 않기로 합의하기도 했었다.

그러나 잉골슈타트 대학의 교수였던 요한 에크가 약속을 어기고 루터를 공격하자 루터는 동료인 안드레아스 칼슈타트와 함께 라이프치히로 가서 에크와 논쟁을 벌였다. 1519년 6월에서 7월 사이에 열렸던 라이프치히 토론에서 루터는 교황의 지상권을 부인하고 가톨릭교회와 결별했다. 교황이 아니라 성경만이 유일한 권위를 가

그림10-2 〈라이프치히 토론에서 논쟁하는 에크(좌)와 루터(우)〉(줄리어스 휘브너, 1866)

진다고 생각한 루터는 많은 지지자들을 확보할 수 있었고, 농민을 비롯한 서민층의 지지를 받아 큰 세력으로 성장했다.

로마에서는 1520년 6월 교황 레오 10세가 이단 판결이 내려진 루터에게 주장을 철회하지 않으면 파문한다는 내용의 교서를 발표했다. 가을이 되어서야 이 교서를 전달받은 루터는 12월 10일 많은 사람들이 보는 앞에서 이 교서를 불 속에 던져서 저항의 결의를 다졌다. 교황은 다음해인 1921년 1월 3일 루터를 파문했다.

1921년 봄 신성로마제국의 카를 5세가 루터에게 보름스에서 열린 제국 의회(보름스 국회)에 출두하여 이단적 주장을 철회할 기회를 주었지만, 제국 의회에 출석한 루터는 "성서에 나타난 증거와 명백한 이성에 비추어 나의 유죄가 증명되지 않는 이상 나는 교황들과 교회 회의의 권위를 인정하지 않겠습니다. 교황과 교회 회의는 오류를 범하여 왔고 또 서로 엇갈린 주장을 펴왔습니다. 내 양심은 하나님의 말씀에 사로잡혀 있습니다. 나는 아무것도 철회할 수 없고 또 그럴 생각도 없습니다. 왜냐하면 양심에 반해서 행동하는 것은 안전하지도 못할 뿐만 아니라 현명한 일도 아니기 때문입니다"라고 말하며 자신의 주장을 철회하지 않았다. 따라서 황제는 보름스 칙령을 발표하여 루터의 제국공민권을 박탈하고 그의 저서들을 금지시켰다.

작센의 제후 프리드리히 3세의 도움으로 바르트부르크성에 은거한 루터는 신약성경을 독일어로 번역(루터역 성경)하여 1522년에 출간했다. 루터의 종교개혁은 전통적인 사회체제를 변혁하려는 시민의 요구와 결합해서 각지로 비화했다. 루터는 독일 농민들이 영주들의 착취에 저항하여 일으킨 독일농민전쟁에 대해 처음에는 동정적이었으나 후에는 복음을 정치적 목적에 이용하려는 사탄의 공격이라고 보며 영주들에게 강경한 진압을 요구했다. 교황이 세속권력에 대한 우위권을 주장하기 위해 복음을 이용해 온 것과 마찬가지로 농민들도 정치적 목적을 달성하기 위해 복음이라는 이름의 칼을 이용하고 있다고 본 것이다.

루터는 1525년 6월 13일 16년 연하의 전직 로마 가톨릭교회 수녀였던 카타리나 폰 보라와 결혼했다. 루터는 자신이 결혼하려는 목적이 자신이 설교한 것을 몸소 실천하여 본을 보이기 위해서라고 했다. 루터는 그가 태어난 아이슬레벤에서 63세를 일기로 세상을 떠났다. 의사와 그의 친구들이 지켜보는 가운데 "하나님께서 세상을 이처럼 사랑하사 독생자를 주셨으니, 이는 그를 믿는 사람은 누구든지 멸망하지 않고 영생을 얻게 하려 하심이니라(요한복음 3장 16절)"라는 성경 구절을 암송한 후 세상을 떠났다고 전해진다.

루터의 종교개혁의 핵심은 하나님 중심 사상이라고 할 수 있다. 루터는 가톨릭교회가 성경의 권위를 말하면서도 성경을 해석하는 교황의 권위를 더 주장했으며, 하나님이 주시는 은총을 말하면서도 그것을 인간이 율법의 의를 쌓는 데 도움을 주는 것으로만 이해하고 있다고 생각했다. 루터는 성경은 모든 사람이 이해할 수 있어서 해석하는 사람이 따로 필요하지 않다고 주장하고, 죄인이 의인으로 바뀌는 것은 사람의 선행에 의해서가 아니라 하나님이 은혜로 의인으로 칭해(이신칭의) 주신다고 주장했다.

# 츠빙글리의 종교개혁



## 교회의 부패를 비판

1484년 스위스의 빌드하우스에서 태어난 울리히 츠빙글리Ulrich Zwingli(1484–1531)는 열 살 때 바젤에서 라틴어 문법과 음악을 배웠고, 1498년에는 베른 대학에서 스위스 종교개혁의 기수로 알려진 하인리히 뵐플린에게 배웠다. 1502년부터는 성 마틴 대학에서 라틴어를 배우고 1506년에 문학 석사 학위를 취득한 후 가톨릭교회 사제로 서품되었다. 그 후 10년 동안 사목 활동을 하면서 그리스어

그림10–3 츠빙글리의 초상(한스 아스퍼, 1549)

를 배워 그리스와 고대 로마의 철학자, 시인, 웅변가, 저술가에 대해 공부했다. 이 시기에 인문학자이자 사제였던 에라스무스[40]와 서신을 교환하면서 우정을 쌓았다.

츠빙글리는 용병으로 이루어진 글라루스 연대의 군종 사제로도 일했다. 이런 경험을 통해 전쟁의 비인간성을 경험한 그는 스위스의 용병제도를 반대했다. 그러나 용병으로 먹고 살던 교구민들로부터 배척을 받아 1516년 순례지로 이름난 아인지델른으로 옮겼다. 아인지델른으로 옮긴 츠빙글리는 주일 미사 시간에 면죄부의 부당성을 고발하면서 교황청을 비난했다. 그러나 츠빙글리가 비판한 것은 가톨릭교회의 부패였지 교리가 아니었다.

〈교회개혁을 위한 67개조 항〉

1518년 12월에 취리히로 온 츠빙글리는 1523년에 〈교회개혁을 위한 67개조 항〉을 발표하여 취리히 지역 주교들 대부분의 승인을 받았다. 이로서 전례에 대한 개혁이 시작되었고, 성당 부속학교를 문법학교와 개혁적인 사제들을 훈련시키는 신학교로 재조직하는 안을 마련했다. 그 해 10월에는 교회의 성상들을 제거하는 문제로 논쟁이 벌어졌지만 츠빙글리의 주장이 받아들여져 1524과 1525년에 성상들이 제거되었고 종교 건물들이 해체되었으며 미사가 간단한 성찬식으로 대체되었다. 또한 성서 강독이 도입되었고 교회 조직이 재편되었다. 츠빙글리는 협의회에 영향력을 행사하는 한편 설교와 저술 활동을 통해 개혁운동을 강화시켜 나갔다.

---

40 데시데리우스 에라스무스(Desiderius Erasmus, 1466-1536)는 네덜란드 출신의 가톨릭교회 성직자이자 인문주의자로 종교개혁 운동에 영향을 준 기독교 신학자이다. 루터의 교회 비판에 대부분 동의했으나 종교개혁의 와중에서 중립을 지켰기 때문에 양측으로부터 비난을 받았다.

그림10-4 〈츠빙글리의 죽음〉(칼 조슬린, 19세기 경)

츠빙글리는 직설적으로 개혁을 주장하여 적이 많았다. 츠빙글리에 비판적이었던 사람들은 츠빙글리가 용병제도나 숙박업 같이 스위스 사람들의 생업과 관련되어 있는 제도를 반대한 것을 지적하고, 스위스 사람들이 받아들일 수 없었던 급진적 개혁안을 제안한 것에 대해 비판했다.

츠빙글리의 종교개혁은 스위스 전역으로 퍼져 나갔으나 모든 곳에서 환영받은 것은 아니었다. 산림 자치주들은 개혁을 원하지 않았다. 츠빙글리를 지지하는 자치주에서는 산림 자치주에 생활 필수품을 공급하지 않기로 결정했다. 그러자 1531년 산림 자치주가 카펠에 쳐들어 왔다. 츠빙글리가 이끄는 취리히 군대는 10월 11일 카펠 전투에서 패배하여 츠빙글리를 포함한 개신교 목사, 의회의원 등 다수가 전사했다. 이로서 츠빙글리는 개혁을 마무리하지 못한 채 47세를 일기로 세상을 떠나게 되었고, 그의 종교개혁도 실패로 돌아갔다.

츠빙글리와 루터는 성찬식에 대한 견해에서 차이를 보이고 있다. 두 사람은 모두 성례전에서 실체의 변화라는 개념을 거부하는 데 동의했다. 그러나 루터는 "이것은 내 몸이다"라는 구절이 그리스도의 몸과 피가 빵과 포도주로 대체된 것이 아니라 빵과 포도주 안에 그리스도가 임재하는 것이라고 주장한 반면, 츠빙글리는 이 말의 참뜻은 "내 몸을 의미한다"이며, 따라서 그리스도가 실제로 빵과 포도주에 임재하는 것이 아니라, 성령으로 신자들에게 그리스도가 임재하는 것이라고 주장했다. 루터는 스위스의 개혁운동을 복음적인 개혁으로 인정하지 않았다. 두 사람 사이의 화해를 위해 마르부르크 회담이 열려 대부분의 문제에 대해 합의를 이끌어 냈지만 성찬에서의 그리스도의 임재에 대한 견해에서는 끝까지 합의를 보지 못했다.

# 칼뱅의 종교개혁



## 칼뱅의 『기독교 강요』

1523년에서 1528년 사이에 파리에서 신학을 공부한 후 오를레앙으로 가서 아버지의 뜻에 따라 법학을 공부한 장 칼뱅Jean Calvin(1509-1564)은 1535년 프랑스 국왕 프랑수아 1세의 이단에 대한 박해로 신변의 위험을 느끼고 스위스의 바젤로 피신하여 그곳에서 『기독교 강요』를 집필했다. 1535년 3월에 완성하여 프랑수아 1세에게 헌정한 『기독교 강요』는 바젤에서 출판된 후 빠른 속도로 전파되어 칼뱅을 종교개혁의 주도적인 신학자로 만들었다.

그림10-5 장 칼뱅의 초상화(저작권 불명, 1550)

종교개혁에 커다란 영향을 준 『기독교 강요』의 서문 격인 저작 동기에서 칼뱅은 경건한 하나님의 사람들이 성경을 바로 이해할 수 있도록 돕기 위해 이 책을 썼다고 설명했다. 이 책은 제1권 「창조주 하나님을 아는 지식」, 제2권 「율법 아래에서 조상들에게 나타나셨고, 복음 안에서 우리에게 나타나신 그리스도를 아는 지식」, 제3권 「그리스도의 은혜를 받는 길」, 제4권 「하나님께서 우리를 그리스도회에 들이셔서 우리를 지키시는 방법」의 네 권으로 이루어져 있다. 1535년에 완성하여 1536년에 라틴어로 출판된 초판은 모두 6장으로 구성되어 있었으나, 1539년에 출판된 두 번째 라틴어판은 17장으로 늘어났고, 1543년에는 다시 21장으로 늘어난 증보판이 출판되었다. 이 책은 프랑스어, 영어, 독일어, 스페인어로도 출판되었다.

1536년 프랑스에서 망명객의 귀환을 허용하는 임시 특별 사면을 발표하자 칼뱅은 프랑스로 돌아왔지만, 6개월 안에 공개적으로 이단과 단절해야 한다는 조건으로 인해 다시 프랑스를 떠났다. 슈트라스부르크로 가서 조용히 공부를 계속할 계획이었던 칼뱅은 프랑스 왕과 신성로마제국의 황제 사이에 전쟁이 발발하자 군대의 이동을 피하기 위해 제네바에 들렀다. 기욤 파렐[41]의 노력으로 제네바는 1536년 5월 21일 종교개혁을 수용하기로 결정했다. 제네바에 종교개혁 운동을 정착시키는 데 성공한 파렐은 칼뱅에게 제네바에 머물 것을 강력하게 요청했다. 파렐의 요청을 받아들인 칼뱅은 제네바에 머물기로 했다.

41 기욤 파렐(Guillaume Farel, 1489–1565)은 종교개혁가로 종교개혁 운동의 선구자 중 한 사람이며 종교개혁 사상이 스위스 로망드 지역에서 확산되는 데에 중요한 역할을 했다. 특별히 장 칼뱅을 스위스 제네바에서 활동하도록 강권한 학자로 알려져 있다.

칼뱅은 제네바의 생피에르 성당에서 바울 서신들을 강해하는 성서 교사로 일하기 시작했다. 1537년 1월 16일에 제네바의 목사들은 시의회에 제네바교회의 개혁을 위해 필요한 일련의 규정들을 제출하여 승인을 받았다. 그러나 모든 제네바 시민들에게 교리교육서와 신앙고백서를 받아들이게 하는 과정에서 많은 반발이 있었고, 재세례파와 같은 다른 종교개혁 세력과도 충돌이 있었다. 이에 따라 1538년 4월 25일 칼뱅은 제네바에서 추방되어 바젤로 갔다.

1538년 9월 칼뱅은 슈트라스부르크로 가서 프랑스 망명객으로 구성된 교회의 목사가 되었다. 슈트라스부르크에서는 『기독교 강요』의 두 번째 라틴어판과 로마서 주석인 『성만찬 소고』를 썼다. 1541년 5월 1일에 제네바 시의회가 칼뱅에게 내려졌던 추방령을 취소하고 만장일치로 칼뱅을 다시 초청하기로 결정함에 따라 칼뱅은 1541년 9월 제네바로 돌아왔다.

여섯 명의 제네바 시의회 의원과 칼뱅, 그리고 또 다른 네 명의 제네바 목사들은 새로운 교회법을 작성하여 1541년 9월 26일 시의회에 제출하여 승인을 받았다. 이 교회법은 1547년에 증보되었으며 1561년에 상당 부분 수정되었다. 교회법이 제네바 시의회에서 승인된 다음날인 1541년 11월 21일 시의회는 시민법을 제정하기 위해 세 명으로 구성된 소위원회 위원을 임명했다. 칼뱅도 이 위원회 위원 중 한 사람이었다. 1543년 1월 28일에 제네바 총회는 이 위원회가 만든 시민법을 채택했다.

1549년 1월 18일 시의회는 모든 시민들에게 개혁주의에 기초한 종교법을 지키도록 요구하는 포고문을 발표했다. 이 포고문은 모든 사람에게 기독교적인 생활을 준수하고 교회 예배에 충실히 출석할 것을 요구했으며, 지도자의 위치에 있는 사람들에게는 모범을 보이도록 요구했다. 1555년 2월에 거행된 선거에서는 칼뱅의 추종자들이 승리했다. 다음달에 다수의 프랑스 망명객들이 제네바 시민권을 취득했다. 이들의 시민권 취득을 반대하는 사람들의 반발을 무마시킴으로써 제네바와 교회를 개혁하기 위한 칼뱅의 오랫동안의 노력이 결실을 맺게 되었다.

1555년 5월 칼뱅의 반대파들이 제네바에서 떠난 후 제네바는 조용하게 되었지만, 1556년부터 칼뱅의 건강은 쇠약해져 갔다. 1559년이 되어서야 칼뱅은 제네바 시민권을 얻었다. 1564년 초에는 건강이 악화되어 활동을 대부분 중단했다. 그는 1564년 2월 2일에 에스겔서를 인용하여 마지막 강의를 했고, 2월 6일에는 마지막 설교를 했다. 4월 27일에 칼뱅은 자신의 집을 방문한 시 장관들과 의회 의원들에게 우정에 대한 감사를 표했으며 비록 자신이 부족한 점이 있기는 했어도 하나님께 봉사하며 이 도시를 위해 최선을 다하려 노력했다고 고백했다. 칼뱅은 1564년 5월 27일에 사망했고 다음 날 장례식이 열렸다. 칼뱅의 무덤은 알려져 있지 않다.

칼뱅은 주로 스위스 제네바에서, 루터는 독일에서, 그리고 츠빙글리는 스위스 취리히에서 활동했다. 그러나 종교개혁이 유럽 전역으로 번져가면서 개신교의 신학은 점차 칼뱅주의로 기울었다. 그 결과 루터교가 주류로 뿌리내린 독일 및 스칸디나비아를 제외한 다른 지역에서는 칼뱅주의가 개신교 신학의 주류로 자리 잡게 되었다. 이렇게 하여 유럽에 자리 잡은 칼뱅주의 교회가 개혁교회이며, 칼뱅주의의 영향을 받은 존 녹스가 스코틀랜드에 개혁주의를 전파함으로써 설립된 교회가 장로교회이다.

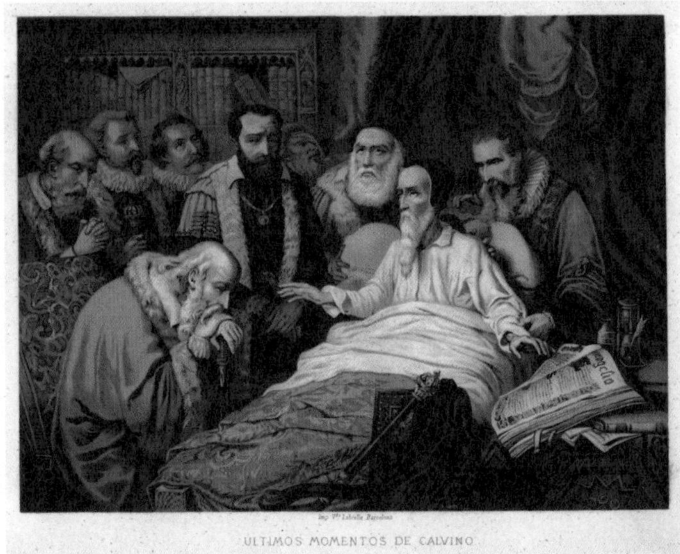


그림10-6 〈칼뱅의 죽음〉(저작권 불명)

개혁주의를 나타내는 문서에는 하이델베르크 요리문답(독일), 네덜란드 신앙고백, 도르트 신조(네덜란드), 제2스위스 신앙고백(츠빙글리 전통), 프랑스 신앙고백, 제네바 요리문답(제네바 전통), 스코틀랜드 신앙고백(스코틀랜드) 등이 있다. 장로교회의 신앙고백으로 주로 채택되는 웨스트민스터 신앙고백 및 대소요리 문답 또한 개혁주의를 잘 반영하고 있으며, 웨스트민스터 신앙고백을 기초로 작성한 개혁 침례교회의 제2차 런던 신앙고백은 침례신앙을 바탕으로 한 개혁주의를 표방하고 있다.

칼뱅주의의 근간을 이루는 것은 다섯 '솔라', 언약신학, 그리고 칼뱅주의 5대 강령이다. 이것들은 개신교의 다른 종파와 칼뱅주의를 구분 짓는 요소들이 된다. 다섯 솔라Sola(오직)는 오직 성서Sola

Scriptura, 오직 그리스도Solus Christus, 오직 은혜Sola Gratia, 오직 믿음Sola Fide, 오직 주만 영광 받으심Soli Deo Gloria이다.

또한 개혁주의에서는 하나님의 언약이 인간의 의사와 관계없이 하나님의 선언으로 체결되며 인간은 이 언약을 지킬 의무를 지게 된다고 주장한다. 개혁주의 교회에서는 성경에 나타난 하나님의 언약을 구속 언약, 행위 언약, 은혜 언약의 세 가지 언약으로 요약하고 있다.

구속 언약covenant of redemption은 아버지 하나님과 예수 그리스도 사이에 창세 전에 맺어진 언약으로 예수 그리스도가 지상에 오심으로 완성된 것으로 본다. 행위 언약covenant of works은 하나님과 인류의 대표인 아담 사이에 맺은 언약으로 아담은 하나님에게 순종하고 하나님은 아담에게 영원한 생명을 주신다는 언약이다. 그러나 아담이 이 언약을 지키는 데 실패했기 때문에 인간에게 죽음이 왔다고 본다. 은혜 언약covenant of grace은 아담의 실패 이후로 모든 인류와 하나님이 맺은 언약으로 그리스도를 통해 용서와 구원을 약속한 일방적인 은혜에 대한 언약이다.

칼뱅주의 5대 강령에는 육체적인 생명만 갖고 있는 모든 인간은 그 본성이 타락하여 구원에 필요한 믿음을 만들 수 없다는 전적 타락, 구원 받을 사람을 하나님이 은혜로 선택했다는 무조건적 선택, 예수 그리스도의 대속의 효과는 하나님의 선택을 받은 사람들에게만 유효하다는 제한적 속죄, 하나님의 선택을 받은 사람은 그리스도를 믿지 않을 수 없다는 불가항력적 은혜, 하나님은 선택받은 사람이 틀림없이 구원을 받도록 이끌어 주신다는 성도의 견인이 포함된다.

## 예정설

예정설은 인간의 전적 타락으로 인해 구원이 오로지 신의 은혜에 의해서만 가능하다는 주장을 바탕으로 하고 있다. 인간은 자유로운 선택권을 가지고 있었지만 죄로 인해 전적으로 타락했기 때문에 더 이상 하나님을 찾는 것을 거부한다는 것이다. 루터는 이러한 인간의 의지를 죄의 노예라고 했다. 이러한 인간의 거부와 불순종을 바꾸어 구원에 이르도록 하는 것은 인간의 양심이나 노력이 아니라 하나님의 은혜라는 것이다.

개혁주의 예정설에서는 하나님께서 천지를 창조하기 전에 인간이 타락할 것을 알고 그 가운데서 일부를 아무 조건 없이 구원하기로 선택했고, 일부를 방치하기로 선택했다고 주장한다. 두 가지 선택을 했다고 해서 이것을 이중예정설이라고도 한다.

예정설은 성 아우구스티누스가 주장했지만, 이를 신학적으로 체계화한 것은 종교개혁 지도자들이었다. 따라서 이중예정설은 개혁주의 신학의 한 특징이 되었다. 이중예정설은 칼뱅주의 5대 강령에 명시되어 있다. 즉, 구원은 사람의 어떠한 행위에 대한 보상이 아니라 하나님의 무조건적인 은혜로 받는다는 것이다.

예정설에서는 신에 의한 선택이 구원 받지 못하는 사람들의 책임을 없애지 않는다고 주장한다. 모든 인간은 타락으로 인해 구원 받지 못하는 것에 대한 책임을 지고 있다. 그런 책임을 가지고 있는 사람들 중 일부를 하나님이 은혜로 구원하기로 선택했다는 것이다. 따라서 구원 받은 사람들은 자신의 구원을 자랑할 수 없으며, 구원 받지 못한 사람들은 구원 받지 못하는 것을 그렇게 결정한 하나님의 탓으로 돌릴 수 없다는 것이다. 루터는 구원 받을 자격이 없는 사람을 구원해 주는 하나님에게 감사를 드릴 수는 있지만, 죄에 대한 책임을 져야 하는 사람을 멸망시키는 하나님에게 불평할 수 없다고 했다.

예정설을 인간의 선택권에 대한 이론이 아니라 인간의 상태를 설명하는 이론이라고 보는 사람들도 있다. 인간에게는 자유로운 선택권이 주어졌지만 타락한 인간은 하나님을 싫어하는 심성을 가지고 있어 자유로운 선택권을 가지고도 하나님을 선택하려 하지 않는다는 것이다. 사람은 하나님이 그 사람을 바꾸어 줄 때까지는 이러한 심성을 계속 가지고 있을 수밖에 없다. 다시 말해 인간은 죄의 노예 상태에 있기 때문에 자신의 의지만으로는 항상 죄의 종노릇하는 길을 선택하게 된다는 것이다. 이중예정설은 인간의 자유선택권을 인정하지만, 인간이 타락으로 인해 죄의 지배를 받게 되면서 자유의지가 죄의 노예의지로 전락해 신을 거부하는 상태가 되었다고 주장한다.

예정설과 관련하여 기독교에는 두 가지 의견이 대립해 왔다. 하나는 '합력설'로 하나님이 구원의 길을 마련하시지만 그 길을 선택하느냐의 여부는 인간의 자유의지에 달려있기에 구원은 하나님과 사람의 협력에 의해서 이루어진다는 것이다. 합력설을 주장하는 신학 사상은 칼뱅의 예정설을 반대한 네덜란드의 신학자 아르미니우스의 이름을 따서 아르미니우스주의라고 한다. '단독설'은 하나님이 구원의 길을 마련하실 뿐만 아니라, 사람이 그것을 선택하도록 하는 것도 하나님이라고 주장한다. 단독설을 주장하는 신학 사상을 아우구스티누스주의라고 한다. 칼뱅의 예정설은 아우구스티누스주의에 해당한다. 장로교회와 개혁교회는 주로 아우구스티누스주의를 따르지만 아르미니우스주의를 따르고 있는 교파도 많이 있다.

아르미니우스주의에 의하면 구원이 사람의 결정에 달려 있으므로 한 번 구원을 얻었던 사람도 훗날 구원을 잃어버리거나 취소될 수 있다. 그러나 아우구스티누스주의에서는 구원이 하나님의 선택에 의해 시작하고 또 하나님에 의해 완성되므로 한 번 시작된 구원의 역사는 취소될 수도 없고 실패하는 경우도 없다. 개혁주의 예정설의 또 한 가지 특징 중 하나는 하나님이 구원 받을 사람과 방치될 사람을 선택했을 뿐만 아니라 구원의 방법까지 예정했다고 하는 것이다.

### 아르미니우스주의

칼뱅보다 50년 후에 태어난 아르미니우스Jacobus Arminius(1560-1609)는 네덜란드 개혁교회 출신 신학자였다. 아르미니우스가 태어났을 때는 가톨릭 군주인 필리프 2세가 스페인과 함께 네덜란드를 다스리고 있었다. 필리프 2세의 강력한 가톨릭교회 옹호 정책과 개신교에 대한 박해에도 불구하고 네덜란드의 개혁교회는 상당한 세력을 구축하고 있었다. 필리프 2세가 개신교를 더욱 심하게 박해하자 이에 저항하는 반란이 곳곳에서 일어났다.

1575년 아르미니우스는 창설된 지 얼마 안 된 레이던 대학에 입학하여 신학을 공부했다. 레이던 대학을 졸업한 후에는 스위스 제네바로 가서 공부를 계속했다. 공부를 끝낸 아르미니우스는 네덜란드로 돌아와 1588년 8월 암스테르담의 개혁교회에서 목회를 시작했다.

이때부터 아르미니우스는 매우 엄격하게 칼뱅의 교의를 지지하는 동료들과 갈등을 겪기 시작했다. 아르미니우스는 로마서에 기초한 여러 편의 설교를 통해, 은총과 예정, 자유의지 등에 관하여 칼뱅의 가르침과 다른 견해를 보이기 시작했다. 아르미니우스는 하나님이 은혜로 구원할 사람과 구원하지 않을 사람을 세상을 창조하기 전에 이미 선택해 놓았다는 '선정론'이 아니라, 인간이 타락한 이후에 그런 선택이 있었다는 '후정론'을 주장했다.

창조 이전에 타락과 구원이 예정되었다는 선정론은 하나님의 전지전능과 주권을 최대한 인정하는 것이지만 인간의 자유의지를 위한 공간은 남겨놓지 않았다. 그렇게 되면 하나님은 세상을 창조하기 전부터 인간의 타락과 이에 따르는 형벌을 준비한 죄와 형벌의 창시자가 되어 버린다고 아르미니우스는 생각했다. 1601년과 1602년에 전염병이 나돌아 많은 사람들이 고통에 시달리는 것을 보면서 그는 선정론에 문제가 있다는 확신을 더욱 굳혔다.

그림10-7 아르미니우스의 초상(히에로니무스 반더메이, 18세기경)

레이던 대학의 신학 교수가 된 후에 그의 주장이 칼뱅의 예정론에서 벗어난다는 의혹을 받게 되어 1608년부터 교회의 조사가 시작됐다. 조사 중 쓴 〈견해 선언서〉를 통해 아르미니우스는 극단적인 칼뱅주의로부터 교회를 보호하려고 노력했을 뿐이라고 주장했다. 조사가 마무리되기 전에 아르미니우스는 병이 들어 1609년 세상을 떠났다.

오늘날의 개신교는 크게 선정론을 받아들이는 칼뱅 계열과 아르미니우스의 신학 사상을 따르는 계열로 나눌 수 있다. 교파에 따라서는 양쪽에서 일부씩을 선택한 교리를 받아들이기도 한다. 장로교와 개혁교회 그리고 침례교회는 칼뱅 계열의 교회이고 감리교회, 성결교회, 구세군, 오순절교회(순복음교회)는 아르미니우스의 신학 사상을 따르는 교회들이다.

### 위그노전쟁

프랑스에서는 칼뱅주의 신학 노선을 따르는 개신교들을 위그노Huguenot라고 불렀다. 프랑스 남부를 중심으로 위그노의 세력이 빠르게 성장하자, 가톨릭교회와의 종교적 갈등이 정치적 문제와 겹쳐 37년 동안이나 계속된 위그노전쟁이 일어나게 되었다. 위그노전쟁은 프랑스에 일어난 최초의 종교전쟁이었다.

샤를 9세가 어린 나이에 왕위에 오르자 샤를 9세의 모후인 카트린느 드 메디시스가 섭정을 했다. 프랑스 가톨릭 세력을 대표하고 있던 기즈 공작은 1562년 3월 1일 파리에서 얼마 떨어지지 않은 바시에서 창고에 모여 예배 중인 위그노를 습격하여 74명을 죽이고 많은 사람들에게 부상을 입혔다. 이때 섭정인 카트린느는 가톨릭

그림10-8 〈성 바톨로메 축일 대학살〉(프랑수아 뒤부아, 1584)

교회와 위그노를 중재하면서 왕권을 강화하며 안정을 이루고자 했으며, 어느 정도 성공을 거두기도 했다. 그러나 개신교 신자로 위그노를 지원하고 있던 나바라[42]의 앙리가 프랑스 왕위를 노리는 데다, 이런 와중에서 샤를 9세가 위그노의 지도자이기도 했던 콜리니 제독의 영향을 받아 위그노 쪽으로 기울 기미가 보이자, 카트린느는 기즈 공작과 함께 위그노 세력을 축출하기로 했다.

카트린느는 우선 나바라의 앙리와 자신의 막내딸 마그리트를 결혼시키기로 하고 결혼식 하객으로 온 콜리니를 암살할 계획을 세웠다. 그러나 기즈 공작은 위그노 하객 모두를 죽이기로 했다. 기즈 가문은 결혼식이 있던 1572년 8월 24일에 결혼식에 참석하기 위해 파리에 온 콜리니를 포함한 위그노 신자들을 살해하고, 앙리는 포로로 억류했다. 이 날이 성 바돌로메 축일이었기 때문에 이 사건

42 피레네 산맥의 스페인과 프랑스에 걸친 지역에 존재하던 왕국

을 성 바돌로메 축일 대학살이라고 부른다. 이 사건으로 같은 해 10월까지 약 3만에서 7만 명 사이의 위그노들이 죽임을 당했다.

샤를 9세가 결핵으로 죽은 후 개신교에 대해 너그러웠던 샤를 9세의 동생 앙리 3세가 왕위에 오르면서 상황은 조금씩 달라지기 시작했다. 앙리 3세가 위그노에 대해 유화책을 쓰는 사이 다시 세력을 결집한 위그노들이 1576년 포로 상태에서 탈출한 나바라의 앙리를 구심적으로 하여 무장봉기를 일으킨 것이다. 그러나 한동안 큰 충돌 없이 평화로운 상태가 유지되었다.

하지만 앙리 3세에게 후계자가 없었던 것이 문제의 불씨가 되었다. 남이나 다름없었지만 가장 가까운 왕위 계승자는 나바라의 앙리였다.[43] 위그노였던 앙리를 받아들일 수 없었던 가톨릭 세력은 교황에게 나바라의 앙리를 파문하고 계승권을 박탈해 달라고 요청하여 이를 관철시켰다. 앙리 측이 이에 반발하면서 위그노전쟁 중 가장 격렬했던 앙리의 전쟁이 시작되었다.

프랑스 남부에서는 위그노가, 북부에서는 가톨릭 세력이 우세를 점하고 있었다. 이런 와중에 어머니를 못마땅하게 생각하던 앙리 3세가 어머니를 실각시키고 기즈 가문에 대적했다. 그러자 기즈 가문은 가톨릭의 수호를 명분으로 스페인의 펠리페 2세를 끌어들였다. 축출 당할 위기에 몰린 앙리 3세는 1588년 기즈 공작을 암살했지만 이로 인해 가톨릭과 위그노 모두를 적으로 만들었다. 앙리 3세는 1589년에 수도사에게 암살당했다. 이로써 100년전쟁에서 승리한 후 프랑스 재건에 성공했던 발루아 왕조가 몰락했다.

---

43 앙리 3세와 앙리는 부계로는 22촌이었고, 모계로는 6촌 사이였다. 그러나 프랑스에서는 후계자를 정할 때 모계는 따지지 않았다.

앙리 3세가 암살당한 후 앙리 3세의 뒤를 이어 위그노의 지도자격인 나바라의 앙리가 일부 가톨릭 세력의 지지를 받아 프랑스 왕으로 등극해 앙리 4세가 되었다. 그러나 여전히 다수의 가톨릭교도들은 앙리 4세를 인정하지 않아 양 진영의 대치 상태는 계속되었다. 세력을 확장하던 앙리 4세는 가톨릭 세력의 지지를 이끌어내기 위해 가톨릭으로 개종했다. 힘을 잃어 가던 가톨릭 세력은 앙리 4세를 받아들이지 않을 명분을 잃게 되었고, 위그노들은 자신들의 지원자였던 앙리 4세의 결정에 반발할 수 없었다.

이후에도 부분적으로 계속되던 소요를 진정시키고 위그노전쟁을 완전히 끝낸 것은 1598년에 발표된 낭트 칙령이었다. 앙리 4세는 낭트 칙령을 통해 위그노의 종교의 자유를 공식적으로 보장하여 내전을 종식시켰다. 그러나 앙리 4세는 친위그노 정책에 불만을 가진 가톨릭교도에 의해 1610년 암살되었다. 앙리 4세가 암살된 후에는 그의 아들인 루이 13세가 왕위를 계승했다. 앙리 4세를 시조로 하는 부르봉 왕조[44]는 표면적으로는 가톨릭 왕조였지만 위그노에게도 유연하게 대처했다. 1618년부터 벌어진 30년전쟁에서 부르봉 왕조가 가톨릭 국가이면서도 개신교 편에 섰던 것은 이 때문이었다.

### 개혁교회와 장로교회

종교개혁 이전부터 가톨릭교회의 부패와 타락에 맞서 성경으로 돌아가자는 개혁운동을 주도해 오다가 종교개혁 후 보편교회를 계

44 부르봉 왕조는 1589년부터 프랑스 대혁명으로 실각한 1791년까지, 그리고 나폴레옹이 패퇴한 1814년부터 1830년까지 프랑스를 다스렸다. 부르봉 왕가의 루이 13세와 루이 14세는 프랑스 절대 왕정시대를 이룩했지만, 루이 16세는 프랑스 혁명의 와중에 단두대에서 처형당했다.

그림10-9 〈비텐베르크 제단화〉(루카스 크라나흐, 1547)

승했다고 주장하는 교회를 개혁교회라고 한다. 이들은 종교개혁을 거부한 로마 가톨릭교회와 종교개혁을 시작한 루터교회와의 차별성을 강조하고 있으나 실제로는 개신교와 동일시되고 있다.

종교개혁이 진행되면서 유럽 전역이 초대교회의 신앙과 성경의 가르침대로 교회를 회복하자는 칼뱅주의 신학 사상을 빠르게 받아들여 칼뱅주의는 개혁교회의 주류 신학으로 자리 잡게 되었다. 칼뱅주의자들은 초기 보편교회의 역사성을 자신들이 계승했으며, 자신들의 신학이 종교개혁을 통해 본격화 된 정통 신학이라고 주장하며 자신들의 교의를 개혁주의라고 불렀다.

많은 사람들은 장로교회와 개혁교회를 잘 구별하지 못하고 있다. 그것은 개혁교회와 장로교회가 모두 칼뱅주의를 따르고 있어 신학적으로 큰 차이가 없고, 우리나라에 장로교회는 많이 진출해 있지만 개혁교회는 거의 들어오지 않아 장로교회와 개혁교회를 비교할 기회가 없었기 때문이다.

유럽 대륙에서 발전한 개혁교회와 스코틀랜드에서 발전한 장로교회는 신학적으로는 큰 차이가 없지만 교회를 조직하고 운영하는 방법에는 차이가 있다. 장로교회에서는 노회와 총회가 상위기관으로 지역교회를 다스리기 때문에 교단의 유대가 강하지만 개혁교회는 지역교회의 독립성을 존중하여 노회와 총회가 상위기관으로서가 아닌 협의기관과 같은 성격을 가진다.

그밖에 개혁교회와 장로교회 사이에는 신앙고백을 하는 신앙고백 문서가 다르다. 개혁교회에서는 신앙고백 공식 문서로 도르문트 신조, 벨직 신앙고백서, 하이델베르크 요리문답을 채택하고 있지만, 장로교회에서는 웨스트민스터 신앙고백과 대소요리문답을 공식 신앙고백으로 채택하고 있다.

츠빙글리에서 칼뱅으로 이어지는 스위스의 개혁교회 전통을 바탕으로 하고 있는 장로교회는 장로주의를 바탕으로 하고 있는 교회이다. 장로주의는 가톨릭교회의 일인 감독주의를 배격하고 회중의 위임을 받은 장로들이 협의하여 교회의 일을 처리하는 것을 말한다. 장로주의는 프랑스의 위그노파, 스코틀랜드의 장로교회, 영국의 청교도들에 의해 계승되어 각 지역에서 발전했다.

16세기 스코틀랜드에는 종교개혁이 이루어질 만한 분위기와 여건들이 마련되고 있었다. 스위스에서 칼뱅의 개혁주의를 접한 존 녹스John Knox(1513–1572)는 종교개혁 분위기가 무르익은 스코틀랜드에서 개신교 세력을 결집시키는 역할을 했다. 녹스는 칼뱅주의에 입각한 스코틀랜드 신앙고백서를 신조로 채택하고, 제일권징서First

Book of Discipline와 공동예배 의식서를 마련하여 1564년 국회의 승인을 받았다. 이러한 녹스의 작업은 녹스 사후에도 계승되어 1690년 이후 스코틀랜드에 장로교회가 정착하게 되었다.

영국국교회 안에서 지속적으로 교회 정화를 위한 노력을 전개했던 청교도들 중에도 장로주의를 지향하는 사람들이 많았다. 이들을 장로파라고 부른다. 엘리자베스 1세 시대에는 그들의 노력이 결실을 맺지 못했지만 청교도 혁명 기간에는 잠시 동안이지만 장로파 청교도들이 정권의 주도권을 잡기도 했다. 그러나 독립파 청교도였던 크롬웰에 의해 장로파 청교도들이 밀려났고, 크롬웰이 죽은 후에는 왕정복고를 주도했다. 그러나 장로파 청교도들은 영국에 장로주의를 정착시키는 데는 성공하지 못했다. 왕정복고로 찰스 2세가 즉위하여 다시 국교회가 주도권을 잡게 되자, 장로파 청교도들 중 일부는 신앙의 자유를 찾아 신대륙으로 건너갔다.

미국의 장로교회는 영국과 스코틀랜드를 비롯한 유럽의 각 나라에서 온 이민자들에 의해 시작되어 19세기 초에는 미국에서 가장 영향력 있는 교단 중 하나가 되었다. 그러나 신학 노선과 노예제도에 대한 갈등으로 남북장로교로 나뉘었다가 1983년 미국 장로교회로 통합되었다.

〈헨리 8세의 가족과 튜더 왕조의 알레고리〉(루카스 데 헤레, 1572)

1500

1600

1534 헨리 8세의 수장령과 영국의 종교개혁

1549 에드워드 6세의 개신교 전환 및 통일령 공포

1523 - 1566 재세례파 이단 단죄

1545 - 1563 트리엔트 공의회

1534 예수회의 성립

# XI

## Chapter 11

# 영국국교회와 재세례파, 그리고 반종교개혁

# 들 어 가 며

영국의 종교개혁은 대륙에서의 종교개혁과는 전혀 다른 양상으로 전개되었다. 16세기에 영국을 통치하고 있던 튜더 왕조의 두 번째 왕이었던 헨리 8세는 자신의 결혼과 이혼 문제로 교황과 대립한 끝에 국가의 종교를 로마 가톨릭에서 분리해 영국 왕을 수장으로 하는 영국국교회를 성립시켰다. 영국의 종교개혁은 교리나 교회의 부패보다는 정치적인 것에 기인하였다. 따라서 왕권이 교체될 때마다 가톨릭으로 복귀했다가 다시 독립하는 과정을 거쳤다.

16세기에 유럽 전역에서 활동했던 재세례파는 종교개혁 그룹 중에서 가장 급진적인 사람들이었다. 초대교회로 돌아갈 것을 주장하며 모든 기존의 기독교인들을 진정한 기독교인으로 인정하지 않았던 재세례파는 가톨릭과 개신교 양쪽으로부터 박해를 받아 많은 사람들이 처형되는 수난을 겪었다.

가톨릭에 반대하는 개신교가 큰 세력을 형성하자 가톨릭 내부에서도 부패에 대한 자성과 교회 혁신을 주장하는 소리가 커졌다. 이런 요구에 부응하여 가톨릭교회는 1545년 트리엔트 공의회를 개최하고 교회개혁과 청렴운동을 시작했다. 가톨릭교회 내에서의 개혁운동을 반反종교개혁이라고 부른다.

## 영국의 종교개혁

### 헨리 8세의 수장령

16세기 이후 영국교회는 공식 명칭을 영국국교회로 바꾸었으며 19세기 이후 여러 국가에 형성된 영국국교회를 정비한 후 명칭을 다시 성공회로 바꾸었다. 현재 영국국교회라는 명칭은 성공회 전체를 가리키는 것이 아니라 잉글랜드 성공회만을 가리킨다. 영국교회가 영국국교회를 거쳐 성공회로 바뀌는 과정을 거치는 영국의 종교개혁은 국가가 중심이 되어 영국교회에 대한 로마 가톨릭교회의 종교적, 사법적, 재정적 지배를 단절하는 것으로 시작되었다. 영국교회가 가톨릭교회와 단절하게 되는 데에는 교리나 교회의 부패보다는 잉글랜드 튜더 왕조의 두 번째 왕이었던 헨리 8세와 가톨릭교회 사이의 갈등이 더 크게 작용했다.

강력한 왕권을 확립하여 잉글랜드와 아일랜드의 통합을 이끌어낸 헨리 8세는 자신의 이혼과 결혼 문제로 교황과 갈등을 겪자 영국교회를 로마 가톨릭교회로부터 독립시켜 영국국교회를 설립했다. 헨리 8세의 아버지 헨리 7세는 스페인왕국과 동맹을 맺기 위해 큰아들 아서를 스페인 합스부르크 왕가의 캐서린과 결혼시켰다. 그러나 왕세자였던 아서가 병으로 죽자 헨리 7세는 헨리 8세를 왕세자로 책봉하고 교황의 허락을 받아 캐서린과 헨리 8세를 다시 결혼시켰다.

헨리 7세가 죽은 후 열일곱 살에 왕위를 계승한 헨리 8세는 즉위하던 해에 왕에게 큰 영향력을 행사해 온 귀족들을 반역죄로 몰아 처형하는 등 처음부터 강력한 왕권을 행사했다. 헨리 8세와 캐서린 사이에는 후에 메리 1세가 된 딸만 있었고 아들이 없었다. 아들을 가지기 원했던 헨리 8세는 1520년대 초부터 캐서린의 궁녀였던 앤 볼린[45]과 결혼하기 위해 캐서린과 이혼하려고 했다. 헨리 8

그림11-1 헨리 8세의 초상(소 한스 홀바인, 1537)

45 헨리 8세와의 사이에서 엘리자베스 1세를 낳은 앤 볼린은 모반, 마녀 등의 이유로 처형당했다.

세는 캐서린과의 결혼이 형제와의 결혼을 금지한 성경에 위배되므로 원천무효라고 주장했다.

그러나 캐서린의 친정이었던 스페인 합스부르크 왕가의 영향력 하에 있던 교황 클레멘스 7세는 이혼을 허락하지 않았다. 헨리 8세는 교황의 반대를 무시하고 잉글랜드 대주교의 동의를 얻어 캐서린과 이혼하고 앤 볼린과 재혼했다. 이에 교황 클레멘스 7세는 헨리 8세와 잉글랜드의 대주교 크랜머를 파문했다.

이에 반발한 헨리 8세는 1534년 수장령을 발표해 영국교회의 유일한 머리는 왕이라고 선포했다. 동시에 영국 의회가 로마 가톨릭교회에 호소하는 것을 금지하는 상소금지법을 발표했으며, 왕의 동의 없이 교회가 어떤 규정도 만들 수 없도록 했다. 그러자 교황이 교황 대사를 잉글랜드에서 철수시킴에 따라 로마와 잉글랜드의 외교 관계가 단절되었다.

이로써 영국교회는 로마 가톨릭교회에서 독립하여 잉글랜드 국왕의 지배 아래 놓이게 되었다. 로마 교황청에 의해 파문당해 가톨릭교회와 결별하고 영국국교회를 설립했지만 헨리 8세는 로마 가톨릭교회의 전례와 교리를 대부분 그대로 지켰다. 따라서 그가 단행한 종교개혁은 종교적인 것이라기보다는 정치적인 것이었다.

영국국교회가 개신교로 전환한 것은 헨리 8세와 제인 시모어[46] 사이에서 태어나 아홉 살에 왕에 즉위한 에드워드 6세 때였다. 1549년에 에드워드 6세는 개신교 교의에 바탕을 둔 보통기도서를 제정하고 모든 교회가 이 기도서에 따르도록 하는 통일령을 공포했다.

---

46 헨리 8세의 3번째 아내로, 앤 볼린이 처형된 후 헨리 8세의 정부가 되었으나, 에드워드 6세를 낳고 얼마 안 되어 사망했다.

그러나 이 기도서는 표현이 애매하여 가톨릭교회의 교의를 따르는 것으로 해석할 수 있는 부분이 많았으므로 1552년 두 번째 기도서를 만들고 제2의 통일령을 공포했다. 통일령은 메리 1세의 가톨릭 복귀로 한때 폐지되었다.

## 메리 1세(블러디 메리)의 가톨릭 복귀

메리 1세는 헨리 8세와 캐서린 사이에서 태어나 어릴 때는 헨리 8세의 총애를 받았지만 헨리 8세가 앤 볼린과 재혼하고 엘리자베스가 태어난 후에는 공주의 자격과 왕위 계승권을 박탈당했다. 그러나 헨리 8세의 여섯 번째 왕비의 도움으로 공주의 신분을 되찾

그림11-2 〈헨리 8세의 가족과 튜더 왕조의 알레고리〉(루카스 데 헤레, 1572)
(왼쪽부터)전쟁의 신 마르스, 펠리페 2세, 메리 1세, 헨리 8세, 에드워드 6세, 엘리자베스 1세, 평화의 여신 팍스, 풍요의 여신 데메테르

은 메리 1세는 이복 남동생인 에드워드 6세가 열여섯 살에 죽자 귀족들과 시민들의 지지를 받아 잉글랜드 왕으로 즉위하여 잉글랜드의 첫 번째 여왕이 되었다.

가톨릭 신자였던 메리 1세는 아버지 헨리 8세 이래 추진해 온 종교개혁을 포기하고 가톨릭으로의 복귀를 선언한 후 영국국교회 성직자들과 개신교 신자들 300명을 처형했다. 이로 인해 메리 1세는 '피의 메리(블러디 메리)'라는 별명으로 불리게 되었다. 메리 1세는 자신의 어머니인 캐서린을 궁정에서 쫓아낸 앤 볼린의 딸인 이복 여동생 엘리자베스를 평생 동안 미워했다. 그러나 메리 1세가 5년 남짓 왕위에 있은 후 난소암에 걸려 죽자 엘리자베스가 왕위에 올라 엘리자베스 1세가 되었다.

### 중용을 선택한 엘리자베스 1세

엘리자베스 1세는 메리 1세가 폐기했던 수장령과 통일령을 1559년 다시 발표하고 예배와 기타 모든 의식은 에드워드 6세가 공포한 기도서에 따도록 했다. 1558년에 25세로 즉위하여 1603년 70세로 죽을 때까지 44년 동안 영국을 통치한 엘리자베스 1세는 통일령을 발표한 후에도 개신교와 가톨릭교회 사이의 중용을 지키는 균형 잡힌 종교정책을 실시하기 위해 노력했다. 그런 노력 중의 하나가 캔터베리 대주교 매슈 파커가 작성한 영국국교회 39개 신앙조항으로, 여기에는 개신교와 가톨릭교회가 모두 만족할 수 있는 내용이 포함되어 있었다.

결혼하지 않아 후계자가 없었던 엘리자베스 1세가 죽자 잉글랜드의 왕위는 헨리 7세의 외손녀였던 스코틀랜드의 메리 1세의 아들인 제임스 1세가 이어받았다. 이로서 1485년 헨리 7세가 잉글랜드 왕으로 등극하면서 시작되어 1603년 엘리자베스 1세가 죽을 때까지 118년 동안 잉글랜드를 통치했던 튜더 왕조가 끝나고 스튜어트 왕조가 시작되었다. 튜더 왕조가 미완성인 채로 스튜어트 왕조에게 넘긴 영국의 종교개혁은 17세기에 청교도 혁명과 명예혁명을 거치면서 완성되었다.

# 재세례파

## 초대교회로 돌아가자

재세례파는 종교개혁 기간 중에 나타난 가장 급진적인 단체로, 유아세례를 반대하고 신앙을 고백하는 성인에게만 세례를 주었다. 재세례파라는 명칭만 보면 이들이 세례만을 논쟁의 대상으로 하고 있는 것처럼 보이지만 사실은 그렇지 않았다. 다른 종교개혁자들과는 달리 재세례파는 기존의 기독교인을 진정한 의미의 기독교인이라고 인정하지 않았다. 그들은 자신들을 미지근한 신앙생활을 하면서 부분적으로만 복음에 순종하는 세례 받은 이방인들에게 복음을 전파하는 선교사라고 생각했다.

그러나 그들은 복음을 전할 때 적대적인 방법이 아니라 온건한 방법을 사용했다. 그들은 재세례파가 아닌 사람들에게 온화하게 행동했으며, 전쟁에 참여하는 것을 반대했고, 그들을 핍박하는 사람들에게 대적하지도 않았다. 교회에 대한 재세례파의 신념은 매우 독특한 것이었다. 그들은 단순한 교회의 개혁보다는 활기차고 신앙이 훌륭했던 초대교회로 돌아가야 한다고 생각했다. 그들은 교회 구성원이 모두 참된 신자여야 하며 자발적으로 신앙고백을 하고 세례를 받은 사람이어야 한다고 주장했다.

종교개혁자들은 재세례파가 설교를 방해하며 교회에서 가장 믿음 좋은 사람들을 미혹시킨다고 생각했다. 또, 신앙뿐만 아니라 생활을 강조하는 재세례파의 주장이 오직 믿음이라는 종교개혁의 원리에 대한 도전이라고 보았다. 따라서 재세례파는 개신교와 가톨릭교회 양쪽 모두로부터 이단으로 배척당했다. 1525년 스위스의 가톨릭교회에서는 이들을 이단으로 처형했고, 그 다음 해에는 취리히의 의회정부가 재세례파를 이단과 반역죄로 사형에 처했다. 이들은 잔인한 방법으로 재세례파를 처형했는데, 산 채로 물에 빠트리기도 하고, 화형에 처하기도 했으며, 사지를 절단하기도 했다. 1523년과 1566년 사이에 네덜란드에서만 1만 3,000여 명이 희생되었다는 조사결과도 있다.

1534년경에는 새 예루살렘을 땅 위에 건설하기 위해 폭력을 사용할 수도 있다고 주장하는 급진적인 재세례파가 독일의 베스트팔리아에 있는 뮌스터를 장악하고 신권정치를 행하려고 시도했다. 1534년 2월부터 1535년 6월까지 18개월 동안 뮌스터는 재세례파의

그림11-3 〈아네켄 헨드릭스의 화형〉(얀 뤼켄, 1685)

지배 아래 있었으며 재세례파의 본부 역할을 했다. 이들은 가톨릭 교도를 무신론자와 같이 취급해 살해했으며, 모든 여성에게 결혼할 것을 명령하고, 사유재산을 폐지했다. 그러나 재세례파에 의해 뮌스터에 쫓겨난 주교가 군대를 모아 뮌스터를 포위하자 재세례파는 무력으로 대항했지만 결국 진압되고 말았다. 뮌스터 반란의 진압으로 재세례파의 세력이 크게 약화되었다.

### 세 개의 파벌로 나누어진 재세례파

약화된 재세례파의 새로운 구심점이 된 사람은 가톨릭 사제였다가 재세례파로 개종한 메노 시몬스Menno Simons(1496–1561)[47]였다. 시몬스는 북부 유럽에 흩어져 있던 재세례파의 모임을 찾아다니면서 설교를 통해 감동을 주었으며 평화주의를 주장했다. 시몬스를 따르는 재세례파를 메노파라고 불렀다. 재세례파의 일부는 티롤과 모라비아 같은 동부 지역으로 확산되어 갔으나, 티롤 지역의 가톨릭교회가 그들을 심하게 박해하자 온건한 군주가 통치하는 모라비아로 피난했다. 이들을 후터파라고 한다. 스위스와 남부 독일 지역에는 형제파라고 부르는 재세례파가 있었다. 이렇게 하여 16세기 중반에는 재세례파가 세 파로 나누어져 활동했다. 미국으로 건너간 재세례파는 노예제에 반대하는 인권운동을 벌이기도 했다.

미국으로 건너간 재세례파 중에는 펜실베이니아 주의 중부에서 아미시라고 부르는 종교 공동체를 이루고 살고 있는 사람들이 있다. 이들은 지금도 집안에서 예배드릴 때 펜실베이니아 독일어라고

---

47 1496년 네덜란드 비트마르숨에서 출생한 급진 종교개혁가인 메노 시몬스는 원래 로마 가톨릭 사제였으나 후에 네덜란드 재세례파의 온건파 초기지도자가 되었다.

그림11-4 메노 시몬스의 초상(아흐누 낙데갈)

부르는 특유한 독일어 방언을 사용하고 있으며, 현대 문명을 거부하여 이동할 때는 마차를 주로 이용하고, 전통 화로를 이용하여 음식을 준비한다. 이들 외에도 미국에는 평범하게 살아가는 메노파에 속하는 사람들이 많이 있다. 1950년부터 1975년 사이에 메노파의 수가 두 배로 증가했다. 그러나 후터파의 경우에는 양심적 병역거부 문제로 미국 정부와 충돌한 끝에 캐나다로 이주하기도 했다.

재세례파는 국가와 종교는 철저하게 분리되어야 하며 서로 영향을 주어서는 안 된다는 엄격한 정교분리를 주장하며, 다른 사람의 강요나 국가의 법률에 의한 신앙이 아닌 자신의 결단에 의한 신앙을 강조한다. 그들은 또한 모든 사람들이 하나님 앞에 제사장이라는 만인제사장주의와 신약성서의 평화에 대한 가르침을 문자 그대로 실천하자는 평화주의를 주장한다. 따라서 재세례파는 어떤 명분으로도 전쟁을 합리화할 수 없다고 주장하고 병역을 사회봉사로 대체하는 양심적 병역거부를 옹호한다.

## 가톨릭교회의 반종교개혁 운동

### 트리엔트 공의회

가톨릭교회 내부에서 일어난 개혁에 대한 요구는 종교개혁 이전인 르네상스시대 당시 교황을 비롯한 성직자들이 보인 세속적 생활태도 및 현실 정치 관여에 대한 비판에서부터 시작되었다. 그러나 16세기 중엽까지 종교개혁자들이나 로마 가톨릭교회 내부의 개혁요구에 대해 교황은 이렇다 할 대응을 하지 못한 채 종교개혁에 대해 수동적인 태도로 임했다.

종교개혁에 대해 적극적인 반종교개혁을 주도한 최초의 교황은 파울루스 3세Paulus(재위 1534–1549)였다. 파울루스 3세는 1545년에 반종교개혁을 주도한 트리엔트 공의회Council of Trient를 소집했다. 1563년까지 세 차례로 나누어 열린 이 공의회에서는 루터를 비롯한 종교개혁자들의 교리를 반박하고, 가톨릭 내부의 부패를 비판했으며 성직자들의 행동을 규정하려고 시도했다. 반종교개혁 운동에는 과거 로마 가톨릭교회가 지배했던 지역을 다시 가톨릭교로 개종시키려는 시도도 포함되었다.

회의 장소를 옮겨가며 1545년부터 1563년까지 장기간에 걸쳐 열렸던 트리엔트 공의회는 개신교의 발전으로 인해 로마 가톨릭교회의 교의적, 도덕적, 행정적 기준을 확립할 필요성에 의해 열린 공의회로, 총 3기로 나눌 수 있다. 제1기 회의는 1545년부터 1548년까지 열린 회의로, 기독교 신앙의 원천은 전통이나 교의가 아니라 성서라는 개신교의 교의를 이단으로 배척하고, 성서와 전통 모두가 기독교 신앙의 원천임을 확인했다. 제1기 회의는 황제 카를 5세와 교황 사이의 관계 악화로 중단됐다.

그림11-5 〈트리엔트 공의회〉(파스퀘일 카터, 1588)

교황 율리우스 3세가 1551년 개회하여 다음해 독일 제후들의 봉기로 좌절될 때까지 약 1년간 열렸던 제2기 회의에서는 성체성사에서의 그리스도의 현존과 실체변화, 고해성사, 병자성사, 사죄, 비밀고해, 보속 등의 교리가 정리되었다. 제2기에는 제1기에 참여하지 않았던 독일 지방의 주교들이 참석했고, 황제의 권유에 따라 개신교에서도 참석했다. 1562년에 시작해 1년 동안 열린 제3기 회의에서는 성체성사와 미사, 사제서품, 혼인성사에 관한 교리를 규정했다.

이 공의회에서는 70인역 성서에 따라 구약성서가 제2경전인 토빗기, 유딧기, 마카베오기 상권과 하권, 집회서, 지혜서를 포함해 46권임을 확인했다. 개신교에서 마소라 사본에 포함되어 있는 39권만을 구약성서로 인정하고 제2경전을 경전에서 제외한 것에 대해 가톨릭교회의 입장을 명확히 한 것이다. 또한 미사 집전 시 라틴어만을 사용하도록 했고, 만인제사장설, 성변화 부정설 등 개신교 교리들을 이단으로 단죄했다. 이 공의회 이후 가톨릭교회의 개신교에 대한 탄압이 심해져 프랑스에서의 위그노전쟁과 독일에서의 30년전쟁의 원인이 되기도 했다.

### 예수회의 성립

스페인 귀족 가문에서 태어나 군인으로 활동했던 이냐시오 데 로욜라Ignatius de Loyola(1491–1556)는 「그리스도전」과 「성인열전」을 읽고 순례자가 되기로 결심했다. 스페인과 프랑스에서 신학을 공부한 그는 1534년 8월 15일 6명의 동료들과 함께 청빈, 정결, 순명에 교황에 대한 순명을 더하고 예수회라는 수도 단체를 설립했다. 1540년 9월 27일 바오로 3세는 예수회 창립칙서를 발표하여 예수회를 정식 인가했으며 1541년 4월 8일 로욜라를 초대 총장으로 임명했다.

그러나 영국의 청교도 혁명(1642), 포르투갈(1759), 프랑스(1764), 스페인과 나폴리(1767)를 비롯한 여러 나라에서 예수회가 정치적 사건에 연루되자 이 나라들에서 예수회를 추방하고, 교황에게 예수회를 해산할 것을 요구했다. 여러 나라의 정치적 압박에 의해 교황 클레멘스 14세는 1773년 7월 21일 예수회의 해산을 명령했다. 예수회는 러시아의 예카테리나 2세의 보호 아래 명맥을 유지했다.

교황 비오 7세는 1814년 8월 7일 〈모든 교회의 우려〉라는 제목의 칙서를 발표하여 예수회를 다시 합법화했다.

예수회는 군대 제도를 모방한 엄격한 규율과 굳건한 결합력으로 결속되어 있었다. 철저한 상명하복의 규율로 인해 교황의 비밀 군대라는 의심을 받았으며 세계의 중요 정치적 사건의 배후로 지목되기도 했다. 예수회는 루터에 의해 시작된 종교개혁의 모든 흔적들을 파괴하는 반종교개혁 운동에 앞장섰고, 교육 사업을 적극적으로 펼쳤으며, 개신교의 세력이 미치지 않은 아시아와 아메리카에서 활발한 해외선교를 전개했다.

그림11-6 〈예수회 창시자 이냐시오 데 로욜라〉(페테르 파울 루벤스, 16세기경)

중국에서는 이탈리아 출신 예수회 선교사였던 마테오 리치Matteo Ricci(1552–1610)가 1583년에 광동에서 선교 활동을 시작했다. 1571년 예수회에 가입했고, 1581년에 로마 가톨릭교회 사제 서품을 받은 마테오 리치는 1582년 예수회로부터 중국에서 선교하라는 지시를 받고 마카오에 도착하여 중국어와 한문을 배웠다. 1583년 중국에 정착한 마테오 리치는 1583년부터 1602년까지 세계지도를 제작하여 중국이 세계의 중심이라고 생각했던 중국인들에게 유럽을 소개했다.

그림11–7 〈명나라 학자 서광계에게 천주교 교리를 소개하는 마테오 리치〉
(아타나시우스 키르허, 1670)

1587년에는 난징으로 가서 고위 관료들에게 천문, 지리, 수학 등을 가르쳤고, 1601년에는 북경으로 가서 신종 황제를 만나 선무문 안에 천주당을 세워도 된다는 허가를 받았다. 1605년에는 북경에 200여 명의 신도가 참석하는 천주교회를 세웠다. 마테오 리치는 1593년에서 1594년 사이 중국 사람을 대표하는 중사中士와 저자 자신인 서사西士가 174항목에 대해 토론하는 형식을 빌려 가톨릭을 소개하는 『천주실의』라는 책을 썼다. 이 책은 이수광(1563–1628)이 쓴 『지봉유설』을 통해 우리나라에도 소개되었고, 실학자 이익(1681–1763)의 저서인 『성호전집』에 실린 『발천주실의』라는 글을 통해서도 소개되었다.

예수회 설립에 참여한 6명 중 한 사람인 프란시스코 하비에르 신부는 1549년 최초로 일본에 기독교를 전파했다. 일본에 진출한 예수회는 내란을 평정한 후 우리나라를 침략해 임진왜란을 일으킨 도요토미 히데요시를 돕기도 했다.

〈대관식에 앞서 권리장전에 서명하는 윌리엄 3세와 메리 2세〉(새뮤얼 웨일, 1783)

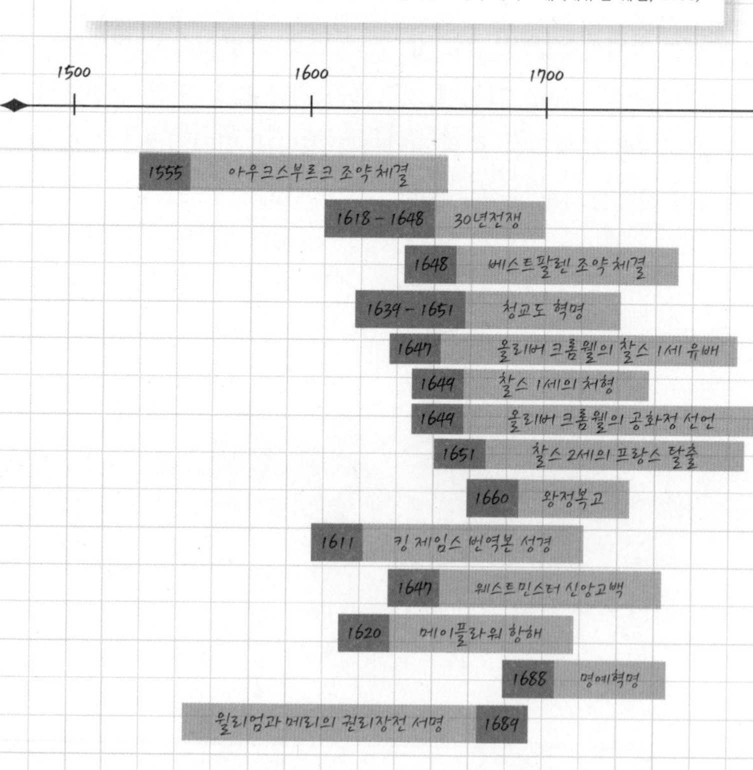

# XII

## Chapter 12

# 17세기를 점철한 전쟁과 혁명, 그리고 교리 논쟁

# 들어가며

17세기 초에는 유럽의 거의 모든 국가들이 참가한 30년전쟁이 일어나 유럽의 질서가 재편되었다. 처음에는 30년전쟁이 가톨릭을 옹호하는 신성로마제국과 개신교를 옹호하는 제후들 사이의 종교전쟁의 양상을 띠었으나 후에는 잉글랜드, 덴마크, 스웨덴 등 개신교를 믿는 여러 나라들이 신성로마제국과 에스파냐의 합스부르크 왕가에 대항하여 참전해 유럽의 거의 모든 나라가 관련된 국제전의 양상을 띠게 되었다. 가톨릭 국가였던 프랑스가 개신교의 편에 선 것은 이 전쟁이 단순히 가톨릭 세력과 개신교 세력 사이의 전쟁이 아니었다는 것을 잘 나타낸다.

30년전쟁이 끝나기도 전인 1639년에 영국에서는 청교도 혁명이 일어나 국왕이 처형되고 공화정을 실시했지만 왕정복고로 혁명은 실패로 돌아갔다. 그러나 튜더 왕조의 뒤를 이어 영국을 통치하게 된 스튜어트 왕조의 왕들이 가톨릭을 옹호하자 1688년

에는 명예혁명이 일어났고, 1689년에는 가톨릭 신자는 영국 왕위 계승자에서 제외한다는 조항이 포함된 권리장전이 선포되었다.

종교개혁 이후 활발하게 전개된 교리 논쟁은 17세기에도 계속되었다. 교리 논쟁에는 구원론 논쟁, 성서 해석에 대한 논쟁, 성사에 대한 논쟁이 포함되어 있었다. 이러한 교리 논쟁은 17세기 이후 새로운 기독교 종파들이 나타나는 원인을 제공했다.

# 유럽의 질서를 재편한 30년전쟁

## 독일 내전으로 시작된 30년전쟁

마르틴 루터의 종교개혁 이후 독일 곳곳에서는 로마 가톨릭교회를 이탈하여 루터교회로 개종하는 도시들이 늘어났다. 영주들 중에는 로마 가톨릭교회를 버리면 교회 재산을 압수할 수 있었기 때문에 루터교회나 칼뱅의 개혁교회로 개종하는 경우도 많았다.[48] 1526년에 열린 제국 의회에서 영주들의 지원을 필요로 했던 신성로마제국은 영주들의 개종을 인정했다.

그림12-1 〈로크루아 전투, 마지막 1/3〉(아우구스투스 페레 달미우, 연도 미상)

48 프랑스에서는 가톨릭교회의 재산이 왕의 관할 하에 있었기 때문에 왕이 교회의 재산 때문에 개종을 권유하는 일이 일어나지 않았다.

그러나 신성로마제국의 황제 카를 5세가 기존의 '보름스 칙령'을 다시 발표하고 루터교회를 탄압하려 했다. 개신교도였던 영주들이 동맹을 결성하고 반발하자, 1555년에 카를 5세는 '아우크스부르크 조약The Peace of Augsburg'에 서명하며 독일 내에서의 가톨릭교회와 개신교 간의 종교전쟁을 끝냈다. 이 조약은 독일 내 제후들이 로마 가톨릭교회와 개신교 교회 중 하나를 자신의 종교로 선택할 수 있게 했으며, 만약 가톨릭 제후가 개신교로 교파를 옮길 경우에는 재산을 로마 가톨릭교회에 반납해야 한다는 내용을 포함하였다. 그러나 이 조약은 루터교와 가톨릭교회 사이의 조약이어서 후에 독일에 진출한 칼뱅주의와 재세례파는 가톨릭교회와 루터교 양쪽으로부터 탄압을 받았다.

아우크스부르크 조약에도 불구하고 가톨릭 제후와 루터교 제후들 사이에는 항상 긴장감이 감돌았다. 보헤미아의 귀족들이 보헤미아의 왕 페르디난도 2세의 개신교 탄압에 반발한 것이 직접적 계기가 되어 시작된 30년전쟁은 처음에는 가톨릭과 개신교 사이의 종교전쟁의 양상을 보였으나, 후에는 잉글랜드, 덴마크, 스웨덴 등 개신교파 여러 나라가 반합스부르크 동맹으로 참전하여 국제전의 양상을 띠게 되었다. 30년전쟁은 전쟁을 주도한 국가에 의해 ①보헤미아-팔츠 시기, ②덴마크 시기, ③스웨덴 시기, ④프랑스-스웨덴 시기로 나눌 수 있다.

1618년에 열성적인 가톨릭 신자였던 페르디난트 2세가 보헤미아의 국왕이 된 후 개신교를 탄압하자 이에 반발한 개신교도들이 프라하 왕궁을 습격해 국왕 고문 2명을 왕궁의 창문 밖으로 던져버리는 프라하 창문 투척사건이 발생했다. 개신교 신자인 보헤미아

제후들은 이 사건을 계기로 반란을 일으켰고 이것이 30년전쟁의 시발점이 되었다.

내란 중인 1619년에 페르디난트 2세가 신성로마제국 황제로 즉위하자 보헤미아 의회는 페르디난트 2세의 왕위를 취소하고 새로운 왕을 선출했다. 1920년 가톨릭 제후들과 에스파냐의 후원을 받은 황제 측의 군대가 반란에 가담한 개신교파 제후들의 군대를 각지에서 제압하여 황제 측의 승리로 끝났다.

## 독일 내전에서 국제전으로

영국과 덴마크의 원조를 확보한 덴마크 왕 크리스티안 4세는

그림12-2 〈베스트팔렌 조약의 체결, 1648년 5월 15일〉(제라드 털보르히, 1648)

1625년 독일에 침입했다. 황제 군대는 덴마크군을 격파하고 1629년 뤼베크화약을 체결했다. 그러자 이번에는 발트해에서 세력 확장을 꾀하고 있던 스웨덴 왕 구스타브 아돌프가 황제 세력의 북진에 위협을 느끼고, 프랑스의 원조를 얻어 1630년 포메른에 상륙했고, 이어 보헤미아까지 진출했다. 황제는 에스파냐의 원조를 받아 개신교파 군대를 제압하고 1635년에 개신교 제후들과 프라하조약을 체결했다.

가톨릭 국가이던 프랑스는 30년전쟁이 시작된 이후 계속 반합스부르크 입장을 견지했다. 독일에서 합스부르크 왕가의 지배가 확립되면 합스부르크 왕가가 지배하는 에스파냐와 독일에 둘러싸

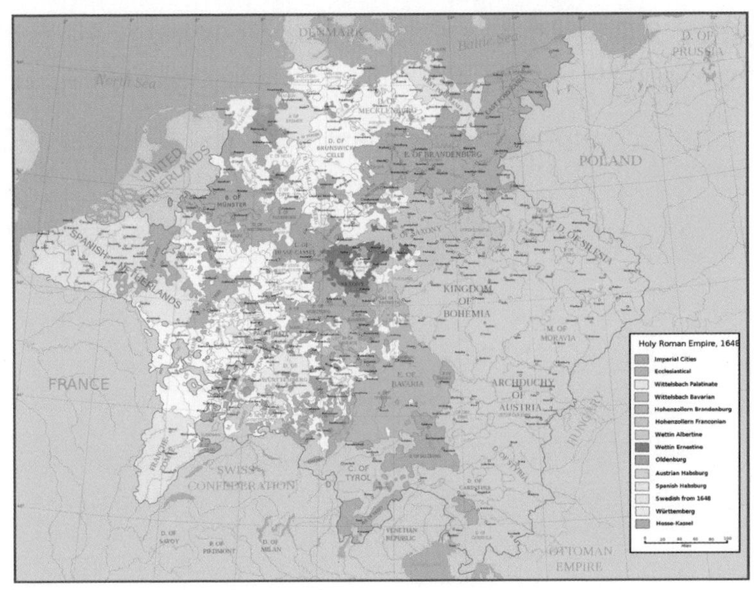


그림12-3 신성로마제국의 분열

이게 되어 프랑스에게는 대단한 위협이 될 것으로 생각했기 때문이었다. 그러나 전쟁의 전면에는 나서지 않던 프랑스는 개신교 세력이 약하게 되자 할 수 없이 전쟁의 전면에 등장하여 독일로 침입했고 스웨덴군도 공격을 재개했다. 수세에 몰리게 된 황제와 독일 제후, 그리고 스웨덴 사이에 교섭이 이루어져 1648년 베스트팔렌 조약이 체결되었다. 이로서 유럽의 여러 나라가 개입하여 30년 동안 벌였던 30년전쟁이 끝나게 되었다.

역사상 최초로 여러 국가가 참여한 조약이었던 베스트팔렌 조약에 의해, 장기간에 걸친 전쟁으로 전 국토가 황폐해진 독일은 여러 개의 연방 국가로 나누어지게 되었다. 30년전쟁은 신성로마제국과 유럽 전체에도 큰 영향을 주었다. 30년전쟁의 결과 신성로마제국은 이름만 있고 실체가 없는 국가로 남아 있다가 1806년 나폴레옹에 의해 해체되었다. 프랑스와 스페인 사이의 전투는 30년전쟁 이후에도 계속되다가 1659년에 체결된 피레네 조약에 의해 종결되었다.

# 영국의 청교도 혁명과 명예혁명

## 청교도 혁명

1559년 엘리자베스 1세가 공포한 통일령에 따르지 않고 영국국교회 내에 존재하는 모든 가톨릭적인 제도와 전례를 배척하고 철저한 개혁을 주장했던 사람들을 청교도라고 한다. 청교도에는 개신교의 전통적 복음주의를 추구한 루터주의 계열과 장로주의를 주장하던 칼뱅주의 계열, 영국국교회 소속이면서 국교회에 개혁을 요구한 영국국교회 계열, 그리고 전통 복음주의를 추구했지만 계열을 추구하지 않던 이들을 포함한 다양한 교파에 속한 개혁주의 자들이 포함된다.

청교도들은 국왕을 중심으로 한 영국의 종교개혁이 불완전한 개혁이었다고 평가하고, 영국국교회의 국가 중심적인 성향과 영국국교회 내에 남아 있는 로마 가톨릭교회의 잔재를 철폐하고자 했다. 이들은 도덕적인 순수성을 추구하여 낭비와 사치를 배격하고 근면을 강조했다. 청교도에는 영국의 중산층이 많았다. 신학적으로는 교회의 권위와 전통을 인정하지 않고 철저하게 성서에 의존하고자 했던 전통 복음주의와 성서주의적인 입장을 추구했다.

1603년 엘리자베스 1세가 죽은 후 헨리 7세의 외손녀였던 스코틀랜드의 메리 1세의 아들이었던 제임스 1세가 잉글랜드의 왕으로 등극하여 스튜어트 왕조를 열었다. 왕권신수설을 신봉하여 왕의 절대권을 주장하고 전제 정치를 했던 제임스 1세는 청교도들에게 영국국교회로 개종할 것을 강요했다. 이에 1620년 청교도들 중 일부가 신앙의 자유를 찾아 메이플라워호Mayflower를 타고 북아메리카로 건너가 그곳에 정착했다. 1620년에 9월 16일 플리머스를 출발해 66일간의 항해를 마치고 11월 21일 프로빈스 타운에 도착한 메이플라워호에는 청교도 102명이 타고 있었다. 이들을 필그림 파더스Pilgrim Fathers라고 한다.

그림12-4 〈플리머스 항구의 메이플러워호〉(윌리엄 할샐, 1882)

제임스 1세의 왕위를 이어받은 찰스 1세 역시 왕권신수설의 신봉자로 전제 정치를 행했기 때문에 의회와 자주 충돌했다. 찰스 1세는 스페인과의 전쟁 경비를 마련하기 위해 1628년 3월 권리청원Petition of Rights[49]에 서명하고 세금 부과에 대한 의회의 동의를 얻어냈다. 그러나 찰스 1세는 세금을 징수한 후 권리청원이 무효라고 선

49 권리청원의 내용은 왕이나 국가가 누군가를 법률에 의하지 않고 함부로 체포하거나 구금할 수 없고, 시민은 군법에 의한 재판을 받지 않으며, 군대가 민가에 강제 투숙할 수 없고, 의회의 동의 없이는 세금을 부과할 수 없다는 것 등을 담고 있었다.

언하고 의회를 해산했다.

1639년에 찰스 1세가 장로교가 국교인 스코틀랜드에 영국국교회를 강요하자 스코틀랜드와 잉글랜드 사이에 전쟁이 발발했다. 의회의 동의 없이 독자적으로 전쟁을 치른 찰스 1세는 스코틀랜드에 패배하면서 거액의 전쟁배상금을 부담하게 되었다. 찰스 1세는 배상금을 지불하기 위해 다시 의회를 소집했지만, 의회는 국왕의 실정을 비판하면서 찰스 1세를 압박했다. 찰스 1세는 근위병 400명을 거느리고 의회에 진입하여 자신을 비난한 의원들을 체포하고자 했으나 실패했고, 이로 인하여 왕당파와 의회파 사이의 내전이 시작되었다.

청교도였던 올리버 크롬웰Oliver Cromwell(1599–1658)이 이끄는 철기군이 1646년 6월 옥스퍼드를 함락시키자, 전세가 의회파 쪽으로 기울었다. 1647년 패배한 찰스 1세는 의회파의 포로가 되어 와이트섬에 유배되었다. 의회파의 주요 구성원들은 청교도들이었다. 청교도 혁명에는 장로주의를 주장하는 장로파, 국가 권력을 왕과 귀족을 배제한 의회가 가져야 한다고 주장하여 하급병사들의 지지를 받았던 진보적인 경향의 수평파, 각 교회의 독립을 주장했던 독립파가 가담했다. 독립파였던 크롬웰은 수평파와 연합하여 왕의 처형에 반대했던 장로파를 의회에서 몰아내고 1649년 1월 30일 찰스 1세를 처형했다.

국왕을 처형한 의회는 1649년 잉글랜드연방을 수립하여 공화정을 선언하고 크롬웰은 국무회의 의장이 되었다. 크롬웰은 찰스 1세의 아들인 찰스 2세를 새로운 왕으로 인정하고 있던 스코틀랜드 정벌에 나서 1650년 9월 스코틀랜드군을 물리쳤고, 1651년에는 잉

그림12-5 〈찰스 1세의 처형〉(저작권 불명)

글랜드로 공격해 들어온 찰스 2세의 군대를 물리쳤다. 1651년 10월 찰스 2세가 프랑스로 탈출하여 청교도 혁명이 종결되었다. 크롬웰은 왕당파의 반혁명운동 가능성을 두려워한 중산층 시민들의 지지를 받아 1653년 의회를 해산하고 잉글랜드, 스코틀랜드, 웨일즈를 통치하는 종신호국경이 되었다. 크롬웰은 보통선거를 요구하고, 아일랜드 침략을 반대한 진보적인 수평파 지도자를 탄압했으며, 자신을 지지하는 중산층 시민의 권익을 옹호하기 위하여 중상주의 정책을 실시했다. 그러나 크롬웰이 1658년 사망한 후 공화정은 붕괴되었고, 공화정에서 소외되었던 장로파가 주축이 되어 왕정을 복고시켰다.

청교도 혁명 후 프랑스에 망명하여 있던 찰스 1세의 아들 찰스 2세가 왕정복고로 인해 1660년 5월 29일 런던으로 돌아와 잉글랜드의 왕이 되었다. 찰스 2세는 찰스 1세 처형을 주장했던 귀족들을 처형하고 크롬웰을 무덤에서 끌어내 참시했다. 찰스 2세는 1665년부터 1667년까지 일어난 네덜란드와의 전쟁에서 패하여 재정이 파탄 상태에 이르자, 입지를 강화하기 위해 프랑스와 동맹을 맺고 로마 가톨릭에 관용적인 정책을 추진하여 청교도 혁명의 개혁 정책을 원점으로 돌려놓았다.

그림12-6 〈국회를 해산하는 올리버 크롬웰〉(벤자민 웨스트, 1789)

## 킹 제임스 번역본 성경

영국은 헨리 8세 이래 영국국교회라는 독립교회를 가지게 되었으나 아직 성경을 비롯한 교회의 전례는 가톨릭교회의 전례를 그대로 따르는 것이 많았다. 1603년에 잉글랜드의 왕이 된 제임스 1세는 성경을 영어로 번역하도록 했다. 이때 번역된 성경을 킹 제임스 번역본 성경, 또는 왕이 중심이 되어 번역한 성경이라는 뜻에서 흠정역欽定譯 성경이라고 부른다.

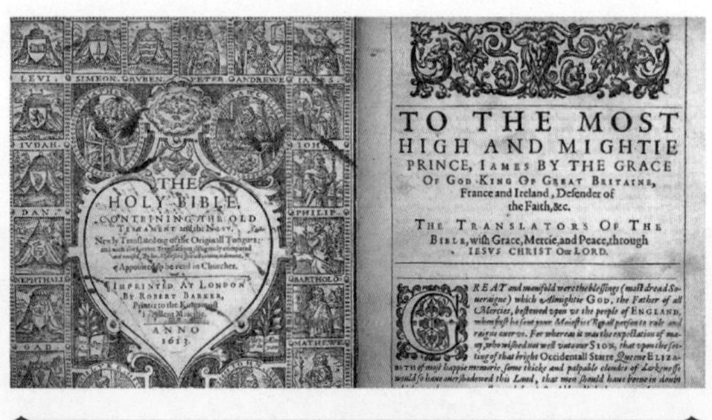


그림12-7 1613년 발간본 킹 제임스 성경의 표지

킹 제임스 번역본 성경은 웨스트민스터, 케임브리지, 옥스퍼드의 세 그룹으로 나누어 히브리어 마소라 사본과 라틴어 성경, 그리고 이전에 번역된 영역 성경 등을 바탕으로 하여 번역되었다. 교정과 수정 작업은 토마스 빌슨과 마일즈 스미스가 맡아 했으며, 왕에게 보내는 헌정서는 밴크롭트가 작성했다.

킹 제임스 번역본 성경의 번역이 완료된 것은 1611년이었고, 1612년에는 인쇄가 시작되었다. 그 이후 1629년, 1638년, 1762년, 1769년에 4차례 교정 작업이 있었다. 현재 영어권에서 가장 많이 사용되는 번역본은 최신 버전인 1769년판이지만, 1611년판도 일부 사용되고 있다.

킹 제임스 성경은 영국에서 중요한 두 가지 큰 의미를 가지고 있다. 하나는 왕의 명령으로 번역하여 출판된 성경이라는 것이고, 또 하나는 인쇄기를 이용해 대량으로 인쇄하여 많은 사람들에게 보급하는 데 성공한 영어 성경이라는 점이다. 아름다운 문체와 구어적 표현을 사용했지만 고풍스런 고어도 많이 사용했으며 구절이 비교적 짧은 것도 이 성경의 주요한 특징이다. 이 성경은 가장 널리 보급되었고 출판된 지가 오래 됐기 때문에 여러 문학 작품이나 성가, 또는 각종 연설에 인용되어 영어권 사람들에게 가장 익숙한 성경이 되었다.

현대 영어는 셰익스피어의 작품과 킹 제임스 성경을 바탕으로 발전했다고 해도 과언이 아니다. 아직도 이 성경은 전 세계에서 가장 많이 사용하는 성경이다. 개신교 신자의 40%가 넘는 약 1억 5,000만 명 정도가 이 성경을 사용하고 있다. 그러나 성공회에서는 이 성경을 더 이상 사용하지 않기 때문에 이 성경은 영국보다는 미국에서 더 널리 사용되고 있다.

## 웨스트민스터 신앙고백

청교도 혁명 중이던 1643년, 영국교회가 공통으로 따를 수 있는 전례와 교리의 기준을 정립할 필요를 느낀 잉글랜드와 스코틀랜드의 성직자, 의회의원, 정치가들은 영국국교회 소속 교회인 웨스트민스터 대성당에 모여 5년 동안 회의를 열었다. 이 회의에서 작성된 신앙고백서가 웨스트민스터 신앙고백서Westminster Confession of Faith

이다. 이 회의에서는 신앙고백서뿐만 아니라 대요리문답Westminster Longer Catechism과 소요리문답Westminster Shorter Catechism[50]도 작성하여 영국 의회의 승인을 받았다. 웨스트민스터 신앙고백서는 미국으로 건너간 청교도들에 의해 미국 장로교회의 표준 교리문서로 인정되었고, 미국 장로교 선교사들을 받아들인 우리나라에서도 장로교 교회의 표준문서로 받아들여지고 있다.

교회에 대한 사항들을 규정하는 웨스트민스터 신앙고백서 25조의 6항에는 로마 가톨릭 교황이 교회의 머리가 아닐 뿐만 아니라 오히려 적그리스도라고 규정하고 있다. "주 예수 그리스도 외에 교회의 다른 머리는 없다. 로마 교황도 또한 결코 그 머리가 될 수 없고, 다만 적그리스도요, 불법의 사람이요, 멸망의 아들이요, 교회 안에서 그리스도와 하나님이라 일컫는 모든 것에 대적하여 자기를 높이는 자이다." 그러나 미국 장로교회에서는 교황이 교회의 머리가 아니라는 부분만 남겨두고, 적그리스도라고 규정한 부분은 삭제했다.

## 명예혁명과 권리장전

왕정복고로 왕위에 오른 찰스 2세가 죽은 후, 동생인 제임스 2세가 왕위를 물려받았다. 가톨릭에 호의적이었으며 왕권신수설을 신봉하고 있던 제임스 2세 역시 제임스 1세나 찰스 1세와 마찬가지로 의회와 갈등을 빚었다.

당시 의회는 복음주의 노선을 견지하는 휘그당과 교회 전통을

50 요리문답이란 기독교에서 세례나 학습을 받을 때 주고받는, 교리에 대한 문답을 말한다. 교리문답이라고도 한다(표준대국어사전). 대요리문답은 성직자를 위해, 소요리문답은 평신도를 위해 작성되었으며, 각각 196개와 107개의 질답으로 이루어져 있다.

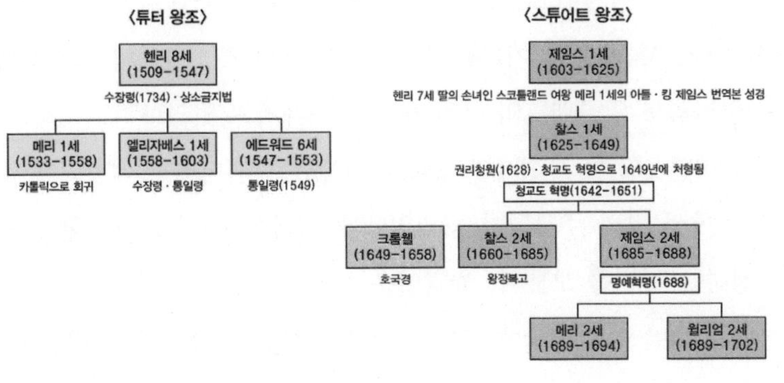


그림12-8 영국의 종교개혁 연대표

강조하는 토리당으로 나누어져 있었다. 1685년 즉위한 제임스 2세는 토리당을 지원했으나, 토리당의 만류를 무시하고 종교적 관용을 내세우며 가톨릭 신자들을 관리로 등용했다. 1687년 제임스 2세는 양심의 자유 선언을 반포하여 가톨릭에 대한 억압을 철폐하려고 했다. 또한 의회의 동의를 받지 않고 가톨릭신도들을 상비군으로 고용했다. 1688년에는 영국의 모든 교회에서 양심의 자유 선언을 낭독하라는 칙령을 반포했다. 양심의 자유 선언은 신앙의 자유를 인정하는 것처럼 보였지만 사실은 가톨릭신자들에 대한 차별을 철폐하기 위한 것이었다.

의회는 제임스 2세가 죽으면 그의 딸인 개신교 신자 메리가 왕위를 계승할 것으로 생각하고 제임스 2세의 이런 전횡을 참고 있었다. 그러나 1688년에 제임스 2세의 아들이 태어나 그런 희망마저 사라지게 되자, 토리당과 휘그당이 동맹을 맺고 왕에 대항했다. 제임스 2세의 아들이 태어나기 전까지 왕위 계승 서열 1위였던 제임스 2세의 딸 메리와 결혼한 네덜란드 총독 오렌지공 윌리엄은 영국 왕위를 계승할 기회를 엿보고 있었다. 찰스 1세의 외손자였던 윌리엄도 잉글랜드의 왕위 계승권을 가지고 있었다.

1688년 6월 30일 제임스 2세가 수감했던 캔터베리 대주교를 비롯한 여섯 명의 주교들이 윌리엄에게 영국에 군대를 파병할 것을 요청하는 편지를 보냈다. 윌리엄은 폭군으로부터 개신교도를 구원한다는 명분으로 영국에 출병할 것을 약속했다. 1688년 10월 윌리엄은 자신의 군사 행동이 오로지 개신교와 자유로운 의회를 위한 것이며 웨일즈 공으로서 자신의 권리를 행사하는 것일 뿐이라고 천명한 '헤이그 선언서'를 반포하고 이를 잉글랜드에 배포했다.

1688년 11월 15일 윌리엄의 군대가 잉글랜드에 상륙하자 많은 시민들이 윌리엄의 군대를 환영했으며, 시민들 중 일부는 윌리엄군에 합류했다. 윌리엄은 자신의 군대를 3개월에 걸쳐 천천히 진군시키면서 군대가 약탈하지 못하도록 엄격히 통제해 시민들로부터 지지를 이끌어 냈다. 그러자 많은 귀족들이 윌리엄에 대한 지지를 선언했다. 11월에는 제임스 2세군의 최고 사령관이 윌리엄군에 투항했고, 다음날에는 사령관 중의 한 명이, 그리고 26일에는 제임스 2세의 딸 앤이 투항했다. 제임스 2세는 런던으로 퇴각하여 자유로운 선거와 반역자에 대한 사면을 약속했지만 이미 잉글랜드에 대한 통제력을 상실한 후였다. 윌리엄은 제임스 2세에게 잉글랜드가 네덜란드의 전쟁 비용을 지불할 것과 잉글랜드 정부의 가톨릭 관료를 즉각 해임할 것을 요구했으나, 제임스 2세는 이를 받아들이지 않았다.

12월 11일 밤에는 런던에서 반가톨릭 폭동이 일어나 가톨릭 신

그림12-9 〈대관식에 앞서 권리장전에 서명하는 윌리엄 3세와 메리 2세〉(새뮤얼 웨일, 1783)

자의 집과 여러 가톨릭 국가의 대사관이 약탈당했다. 가톨릭교도들인 제임스 2세의 용병들이 반란을 계획하고 있다는 유언비어가 퍼지자 런던 시민들이 가톨릭교도들을 무차별적으로 폭행하고, 약탈을 자행한 것이다. 윌리엄은 모든 잉글랜드 군대에게 런던을 떠날 것을 명령한 후 런던에 입성했다. 런던 시민들은 오렌지색 옷을 입고 윌리엄군을 환영했다. 제임스 2세가 12월 23일 아내가 있던 프랑스로 건너가면서 내전은 종식되었다.

윌리엄은 12월 28일 정부를 재편하고 휘그당과 연합하여 임시 의원 대회를 개최했다. 의회에서는 윌리엄과 메리 중에서 누가 왕위를 계승하느냐 하는 문제를 두고 논란을 벌였지만 윌리엄과 메리가 공동으로 왕위에 오르는 것으로 결정되었다. 이에 따라 메리와 윌리엄이 각각 잉글랜드의 윌리엄 3세와 메리 2세로서 즉위했다. 1689년 2월 13일 윌리엄 3세와 메리 2세는 권리장전Bill of Rights에 서명했다. 이로써 영국의 왕권은 별다른 유혈 충돌 없이 제임스 2세로부터 딸과 사위에게로 이양되었다. 1689년 5월 윌리엄 3세와 메리 2세는 스코틀랜드의 권리장전에 서명하고 스코틀랜드의 왕권도 인수했다. 이 내전에서는 많은 피를 흘리지 않았기 때문에 이를 명예혁명glorious revolution이라고 부른다.

1688년에 있었던 명예혁명은 오랫동안 계속되어 온 왕과 의회의 갈등에 한 획을 긋는 중요한 사건이었다. 왕권신수설을 신봉했던 제임스 2세가 물러나고 1689년에 권리장전이 선포되어 더 이상 왕이 절대 권력을 휘두를 없게 되었다. 이로 인해 영국은 전제군주제를 끝내고 입헌군주제의 기틀을 마련하게 되었다.

1689년에 선포된 권리장전의 주요 내용은 다음과 같다.

① 의회의 동의를 거치지 않고 법률의 적용, 면제, 집행, 정지를 금지한다.

② 의회의 동의 없는 과세, 평시의 상비군을 금지한다.

③ 선거의 자유, 의회의 발언의 자유, 국민 청원권을 보장한다.

④ 의회를 소집한다.

⑤ 국민의 청원권, 의회 의원의 면책 특권, 신체의 자유에 관한 제반 규정을 둔다.

⑥ 왕위 계승자에서 로마 가톨릭 교도를 배제한다.

권리장전(1689)은 1215년에 존 왕이 선포한 대헌장(1215), 1628년

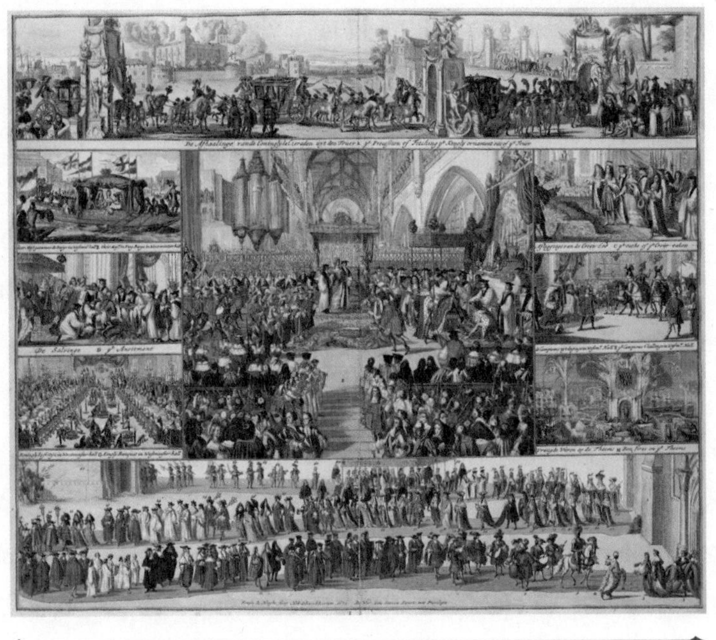

그림12-10 〈윌리엄과 메리의 대관식〉(로미인 드후프, 1689)

에 찰스 1세가 선포한 권리청원(1628)과 함께 영국 헌정사상 가장 중요한 의미를 가지는 법률이다.

윌리엄 3세와 공동 군주로 왕위에 오른 메리 2세는 윌리엄 3세가 부재중일 때만 왕의 업무를 보다가 5년 후인 1694년에 세상을 떠났다. 메리 2세가 죽은 후에는 윌리엄 3세가 단독으로 잉글랜드를 통치했다. 1702년 윌리엄 3세가 세상을 떠나자 메리 2세의 동생으로 개신교 신자였던 앤 여왕이 잉글랜드의 왕위를 계승했다. 앤이 잉글랜드 왕으로 있던 1704년에 잉글랜드와 스코틀랜드가 합병하여 대영제국이 되었다. 이전에는 같은 왕이 잉글랜드의 왕과 스코틀랜드의 왕을 겸하고 있었지만 왕의 호칭이 달랐고 독립된

의회를 가지고 있었다. 그러나 1704년 이후 한 명의 왕과 하나의 의회를 가지게 되었다.

영국 의회는 왕위 계승법을 제정해 가톨릭신자가 영국의 왕이 되는 것을 금지시켰다. 이로 인해 프랑스에 가 있던 제임스 2세의 후손들은 영국 왕위 계승권을 상실하게 되었다. 앤 여왕이 후손이 없이 세상을 떠나자, 영국의 왕위는 제임스 1세의 외손녀인 소피아 공주의 후손인 하노버 제후국의 조지 1세가 이어받았다.

이로서 약 110년 동안 잉글랜드를 통치했던 스튜어트 왕가가 하노버 왕가로 바뀌게 되었고, 더 이상 가톨릭 신자가 영국의 왕이 되지 못했다. 그러나 가톨릭 신자로 프랑스에 망명해 있던 제임스 2세의 후손들이 프랑스의 지원을 받아 영국 왕위를 되찾기 위해 벌였던 투쟁은 그 후에도 오랫동안 계속되었다. 제임스 2세의 후손을 따르던 사람들을 재커바이트Jacobite라고 하는데, 재커바이트들의 스튜어트 왕가 복위 운동은 19세기 초까지도 계속되었다. 스튜어트 왕조의 뒤를 이어 187년 동안 영국을 통치했던 하노버 왕조의 치세 동안은 영국의 전성기였다. '해가 지지 않는' 대영제국을 건설했으며 인도의 황제도 겸했던 빅토리아 여왕은 하노버 왕조의 마지막 왕이었다.

# 17세기의 주요 교리 논쟁

## 만인구원론과 제한구원론

기독교는 불순종으로 하나님에게서 멀어진 인간을 위해 하나님의 아들이자 하나님 자신인 예수 그리스도가 십자가에서 피를 흘려 대신 속죄함으로 인간이 구원을 받을 수 있게 되었다는 것을 믿는 종교이다. 만인구원론과 제한구원론은 십자가에서 피를 흘린 예수 그리스도의 대속의 효력이 누구에게까지 미치느냐 하는 것에 대한 교의이다. 예수 그리스도의 대속을 믿는 모든 사람들에게 대속의 효력이 미친다고 보는 것이 만인구원론이고 하나님이 미리

그림12-11 〈최후의 심판〉(슈테판 로크너, 1435)

선택한 사람들에게만 대속의 효력이 미친다고 보는 것이 제한구원론이다.

만인구원론과 제한구원론의 차이는 장로교회와 감리교회의 구원론을 비교해 보면 쉽게 알 수 있다. 장로교회에서는 구원과 관련해 다음과 같은 다섯 가지 교리를 주장한다.

① 아담 이후 인간은 스스로 구원 받을 수 없을 정도로 전적으로 타락했다 (전적 타락).

② 하나님은 구원 받을 사람과 방치할 사람을 조건 없이 세상을 창조하기 전에 이미 선택했다 (무조건적 선택).

③ 예수의 대속은 선택된 사람들에게만 그 효력이 있다 (제한 구원).

④ 하나님의 선택을 받은 사람은 구원의 은혜를 거부할 수 없다 (불가항력적 구원).

⑤ 한 번 선택 받고 구원 받은 사람은 하나님께서 끝까지 이끌어 주신다 (성도의 견인).

이에 대해 감리교회에서는 다음과 같이 주장한다.

① 인간은 타락하여 원죄를 가지고 있지만 스스로의 선택에 의해 예수를 믿고 구원 받을 수 있다 (부분적 타락).

② 하나님은 예수를 믿는 사람들을 구원하기로 예정했다 (구원의 예지).

③ 예수의 대속은 모든 사람들에게 그 효력이 있다 (만인 구원).

④ 하나님의 구원의 은혜를 사람이 거부할 수 있다 (저항 가능한 구원).

⑤ 한 번 구원을 받은 사람도 중간에 타락하여 구원을 잃을 수 있다 (실족 가능).

장로교와 감리교의 구원론 중에서 세 번째 항목이 만인구원론과 제한구원론을 구별하게 한다. 장로교에서는 예수의 대속이 선택된 하나님의 백성들에게만 효력이 있다고 주장하는 반면, 감리교에서는 예수 그리스도의 대속이 그것을 받아들이는 모든 사람들에게 효력이 있다고 주장한다.

성경에서는 두 가지 구원론의 근거가 되는 구절을 얼마든지 찾아낼 수 있다. "하나님이 세상을 이처럼 사랑하사 독생자를 주셨으니 이는 저를 믿는 자마다 멸망치 않고 영생을 얻게 하려 하심이니라(요한복음 3방16절)"라는 구절은 신학자가 아니더라도 예수의 대속을 믿는 모든 사람을 구원하려 한다는 만인구원론을 이야기하고 있다는 것을 알 수 있다.

그러나 성경에 기록되어 있는 바울을 비롯한 많은 사람들의 회심은 그 사람의 노력이 아니라 하나님의 일방적 선택에 의해 이루어진 경우가 대부분이다. 예를 들어, 예수에 의한 구원을 가장 격렬하게 반대하던 바울은 다메섹에 가는 길에서 빛 속에 나타난 예수 그리스도의 음성을 듣고 새 사람이 되었다.

예수가 이렇게 직접 나타나 이야기한다면 예수를 그리스도라고 믿지 않을 사람이 몇이나 될까? 바울의 회심은 바울의 선택이 아니라 바울의 의지와는 전혀 관계없이 이루어진 하나님의 선택이었다. 따라서 바울의 회심은 제한구원론을 보여주는 가장 좋은 예이다. 만인구원론과 제한구원론 중 어떤 것이 더 성경적인지를 판단하기 어려운 것은 이 때문이다.

### 성서의 영감설과 성서 비평학

기독교 대부분의 교파에서는 성경이 하나님의 영감을 받아 쓰여졌다는 영감설과 성경에는 오류가 없다는 성경무오설을 받아들이고 있다. 그러나 영감설에도 여러 가지 다른 견해가 있다.

개혁주의 교회에서 받아들이는 유기적 영감설에서는 하나님께서 성경을 기록하는 저자들에게 성령으로 감동하게 하시고, 그들의 심령을 조명하시고, 죄의 영향력을 억제하시고, 그들을 인도하여 그들이 사용하는 언어로 하나님이 계시한 진리를 표현하게 하는 동시에 그들의 개성, 성격, 재능, 경험, 교양, 용어, 문체, 어법 등의 인격적이고 인간적인 요소들을 사용하여 성경을 기록하게 했다고 주장한다. 1,600년간 40여 명의 다양한 저자들에게 영감을 주시되 단순하게 기계적으로 받아쓰게 하신 것이 아니라 그 특성과 자질에 따라 각각 특색 있게 기록하게 하셨다는 것이다.

그런가 하면 기계적 영감설에서는 성경의 저자들이 성경을 기록할 때 하나님께서 불러주시는 대로 기계처럼 받아쓰기만 했다고 주장한다. 기계적 영감설을 주장하는 사람들은 기록 당시 저자들의 정신 활동이 정지되어 있었기 때문에 그들의 사고나 지식이나 언어가 성경을 기록하는 데 아무런 영향을 주지 않았다고 본다.

동력적 영감설은 기계적 영감설에 반대하여 생긴 학설로 성경의 저자들은 그들 위에 역사한 성령님의 일반적인 감화를 받았을 뿐 저자 자신의 마음대로 성경을 기록했다고 주장한다. 하나님이 성경의 저자들을 기계적인 방식으로 사용한 것이 아니고, 그들이 기록하려는 단어들이 귀에 들려온 것도 아니며, 그들의 내면적인 성결, 재능, 교육, 용어, 문체, 인격을 사용하여 성경을 기록했다는

그림12-12 〈모세와 십계명〉(필립 드 샹파뉴, 1648)

것이다. 이 견해에 따르면 성령은 성경의 구체적인 내용과 그 기록에 작용한 것이 아니라 저자들의 성격과 사상과 언어와 삶에 영향을 주어 그들이 영적 통찰력을 가지도록 변화시키는 역할만 했다는 것이다. 직관적 영감설에서는 인간이 가지고 있는 뛰어난 이성적인 통찰력을 영감이라고 주장한다. 따라서 인간은 하나님의 영감이나 계시가 없어도 진리를 이해하고 기록할 수 있었다고 주장한다.

영감설은 영감의 정도에 따라 부분적 영감설과 사상적 영감설, 완전 축자영감설로 분류할 수 있다. 18세기 합리주의의 영향을 받은 부분적 영감설은 성경의 특정 부분만 영감에 의해 기록된 하나님 말씀이라고 주장한다. 이들은 성경을 교리적인 부분과 역사적인 부분으로 나누고 교리적인 부분은 영감을 받아 쓴 하나님의 말씀이지만 역사적인 부분은 이방 문학 작품이나 신화, 전설 등을 편집한 것도 있다고 주장한다. 사상적 영감설을 주장하는 사람들은 성경의 전체적인 사상은 영감에 의한 것이지만 그것을 표현하는 문자나 용어들은 자신이 선택하여 사용했다고 주장한다. 다시 말해 하나님께서는 저자에게 사상만 주시고 언어 선택은 저자 자신이 했다는 것이다.

축자영감설에서는 성경의 특정한 부분만 영감에 의해 기록된 것이 아니라 단어 하나하나에 이르기까지 완전히 영감에 의해 기록되었다고 주장한다. 그들은 "모든 성경은 하나님의 감동으로 된 것으로 교훈과 책망과 바르게 함과 의로 교육하기에 유익하니 이는 하나님의 사람으로 온전케 하며 모든 선한 일을 행하기에 온전케 하려 함이니라(디모데후서 3장 16절-17절)", "예언은 언제든지 사람의 뜻으로 낸 것이 아니요 오직 성령의 감동하심을 입은 사람들이 하나님께 받아 말한 것임이니라(베드로후서 1장 21절)"와 같은 성경 말씀을 축자영감설의 근거로 내세운다. 성경 자신이 축자영감설을 주장하고 있다는 것이다. 축자영감설을 지지하는 사람들은 성서의 원본이 문자적으로 오류가 없다고 보기 때문에 성경을 문자적으로 해석하는 것이 성경을 해석하는 최선의 방법이라고 본다.

축자영감설을 반대하는 사람들은 성경에 기록된 내용을 축자영

그림12-13 〈편지를 쓰는 성 바울〉(발렌틴 드불로뉴, 1620)

감설의 근거로 제시하는 것은 순환논리의 오류에 해당한다고 주장한다. 다시 말해 축자영감설을 받아들이지 않는 사람에게는 성령의 감동으로 쓰였다고 선언한 성경 말씀이 축자영감설의 증거가 될 수 없다는 것이다. 또한 성경에 기록된 글자 하나하나가 완벽하여 오류가 없으려면 무엇이 원본인지 알 수 있어야 하는데 성경의 원본이 발견된 바가 없으므로 축자영감설은 그 전제 자체가 성립되지 않는다는 것이다.

축자영감설의 반대편에 서 있는 성서 비평학은 성서에 기록된 내용을 비평학적으로 접근하는 것을 말한다. 성서 비평학에도 여러 가지 방법이 있다. 자료 비평 방법은 성경에 사용된 집필 자료를 분석하는 성서해석 방법이다. 이들은 모세오경이 야훼문서(J문서), 엘로힘 문서(E문서), 제사장 문서(P문서), 신명기 문서(D문서) 등 다른 문서를 바탕으로 기록되었다고 주장한다. 히브리어 성경에는 하나님을 야훼, 엘로힘 등으로 다르게 지칭하고 있는데 자료 비평에서는 다른 호칭을 쓴 구절은 각기 다른 자료에서 유래한 것으로 본다. 삶의 비평에서는 성서의 내용이 어떤 정황에서 사용된 문서인지를 파악해야 한다고 주장한다. 예를 들어 구약성서에서 시편은 고대 유대인의 찬송가였기 때문에 해석에서도 이런 정황을 고려해야 한다는 것이다.

그 외에도 성서사본을 비교함으로써 필사본이 원문에 얼마나 충실하게 접근했는가를 비교하는 본문 비평, 성서의 문학적인 특징을 비평하는 문학 비평, 성경에 기록된 내용이 성경에 포함되기 전까지 문서와 구전자료로 전승되어온 경로를 비평하는 전승사 비평, 성경의 문학 양식을 분석하는 양식 비평, 교회를 통해 전승된 구전과 문서자료를 성경 저자가 어떻게 자신의 신학에 따라 편집했는가를 비평하는 편집 비평, 성경의 역사적 배경과 역사적 사실성을 비평하는 역사 비평, 성경의 사회적 배경을 분석하는 사회학적 비평 등이 있다.

이러한 성서 비평학에 대한 반론도 만만치 않다. 성서 비평학을 반대하는 사람들은 자료 비평학에 근거해 성경을 볼 경우 성경 본문의 큰 흐름이 사라져 버린다고 주장한다. 성경의 내적인 맥락은 무시하고 특정 구절의 출처만을 문제 삼으면 성경이 전하려는 전체적인 메시지가 사라진다는 것이다.

## 성사에 대한 논쟁

그리스어에서 신비라는 의미를 가진 미스테리온mystērion의 라틴어적 표현은 미스테리움mysterium이다. 교부 중의 한 사람인 테르툴리아누스(160-220)는 미스테리움과 같은 의미로 사크라멘툼

sacramentum이라는 말도 사용했다. 아우구스티누스부터는 사크라멘툼이 구원의 은혜를 나타내는 표시라는 의미로 사용되었다. 우리나라에서는 이 말이 성사, 성례전 등으로 번역되어 사용되고 있다. 따라서 성사는 눈으로 볼 수 없는 예수 그리스도의 구원의 은혜를 나타내는 눈에 보이는 표시와 말이라고 할 수 있다. 그러나 많은 사람들은 성사를 살아가는 동안 겪게 되는 중요한 사건들에 주어지는 하나님의 은혜를 중계하는 전례라고 인식하고 있다.

현재 가톨릭교회에서는 일곱 가지 성사를 집행하고 있는데, 일곱 성사에 대해 논의한 기록은 1274년에 개최되었던 제2리용 공의회에서도 나타난다. 리용의 요한 대성당에서 열렸던 이 공의회의 제4차 회기는 7월 6일에 시작되었는데, 이때 공의회에서는 동방교회와의 일치와 관련된 내용을 논의하고, 동방교회의 그리스 사절들이 교황의 수위권과 연옥 교리, 일곱 성사를 받아들였다. 이것으로 미루어 가톨릭교회에서는 일곱 가지 성사가 그 이전부터 행해졌다는 것을 알 수 있다.

가톨릭교회에서 행하는 일곱 가지 성사는 세례성사, 견진성사, 성체성사, 병자성사, 고해성사, 혼인성사, 성품성사이다. 대부분의 개신교에서는 성체성사와 세례성사만을 인정하고 나머지는 성사로 인정하지 않는다. 가톨릭교회에서는 주교만 모든 성사를 집전할 수 있는 권한을 가지고 있다. 주교가 아닌 사제들은 주교로부터 성사를 집전할 수 있는 권한을 위임받아 성사를 집전한다.

성사는 그리스도의 은혜를 나타내는 것이어서 성사의 효과는 성사를 집행하는 사람의 인격에 의해 달라지지 않는다. 그러나 성사를 집행하는 사람은 교회가 의도하는 바를 행한다는 의향을 가지고 있어야 하고, 성사를 받는 사람은 교회의 성사를 받아들이겠다는 의지가 있어야 한다.

가톨릭교회와 개신교가 모두 가장 중요하게 여기는 성사인 세례성사는 성경에서 그 기원을 찾을 수 있다. 성경에 나타난 최초의 세례는 세례자 요한이 했던 침례이다. 사람들이 침례를 주는 세례 요한이 혹 그리스도가 아닌가 하고 생각하자 "요한이 모든 사람에게 대답하여 가로되 나는 너희에게 물로 세례를 주거니와 나보나 능력이 많으신 이가 오시나니 나는 그의 신들메를 풀기도 감당치 못하겠노라 그는 성령과 불로 너희에게 세례를 주실 것이요(누가복음 3장 16절)"라고 말했다.

마태복음에는 예수가 열두 제자에게 "그러므로 너희가 가서 모든 족속을 제자를 삼아 아버지와 아들과 성령의 이름으로 세례를 주고(마태복음 28장 19절)"라고 명령했다고 기록되어 있다. 사도행전에도 사도들이 예수의 이름으로 세례를 준 일들이 여러 번 기

그림12-14 〈그리스도의 세례〉(피에트로 페루지노, 1482)

록되어 있다(8장 16절, 10장 48절, 19장 5절).

바울은 로마 신자들에게 보내는 편지에서, 세례를 받는 사람은 그리스도와 영적으로 연합되어 그의 죽음에 동참하는 것이라고 설명했다. "무릇 그리스도 예수와 합하여 세례를 받은 우리는 그의 죽으심과 합하여 세례 받은 줄을 알지 못하느뇨 그러므로 우리가 그의 죽으심과 합하여 세례를 받음으로 그와 함께 장사되었나니 이는 아버지의 영광으로 말미암아 그리스도를 죽은 자 가운데서 살리심과 같이 우리로 또한 새 생명 가운데서 행하게 하려 함이니라 만일 우리가 그의 죽으심을 본받아 연합한 자가 되었으면 또한 그의 부활을 본받아 연합한 자가 되리라(로마서 6장 3절-5절)."

그림12-15 〈성 프란치스코의 세례〉(안토니오 델 카스티요, 1665)

대부분의 기독교에서는 물을 이용하여 세례를 행하고 있는데, 몸 전체를 물에 잠기게 하는 침수, 물을 머리에 뿌리는 살수, 물을 머리에 붓는 관수 등이 행해지고 있다. 세례는 그리스도에 대한 믿음을 공개적으로 고백한 사람에게 주어진다. 로마 가톨릭교회, 성공회, 장로교 등에서는 유아세례도 행하고 있다. 성경에서는 유아세례에 대한 기록을 찾아볼 수 없지만, 아우구스티누스가 그 필요성을 주장했다. 아우구스티누스는 갓난아기도 원죄를 가지고 있어 세례를 받기 전에 사망할 경우 죄의 저주를 받기 때문이라고 주장했다.

견진성사는 그리스도인의 마음속에 성령이 임하게 하는 가톨릭교회의 성사이다. 많은 신학자들은 로마에서 활동하다 235년에 순교한 초기의 교부였던 히폴리투스가 쓴 『사도적 전승』에 기록된 내용을 근거로 초기에는 견진성사가 세례성사의 일부였다고 보고 있다. 3세기 교회에서는 주교가 세례를 받은 신자에게 "성령의 새롭게 남의 목욕을 통하여, 이들을 죄의 용서에 합당하게 만드신 주 하나

그림12-16 〈마지막 만찬〉(레오나르도 다빈치, 1498)

님, 이들에게 당신의 은총을 내려주소서"라고 기도했는데, 이러한 전통 이후에 견진성사 또는 견신례라고 부르는 성사가 되었다는 것이다.

세례와 함께 가톨릭교회와 개신교가 모두 행하고 있는 가장 중요한 성사 중의 하나인 성체성사는 성찬이라고도 부르며, 최후의 만찬 때 예수 그리스도가 자신의 죽음을 기념하여 빵과 포도주를 나누라고 한 명령에 따라 행해지는 성사이다. "저희가 먹을 때에 예수께서 떡을 가지사 축복하시고 떼어 제자들에게 주시며 가라사대 받아 먹으라 이것이 내 몸이니라 하시고 또 잔을 가지사 사례하시고 저희에게 주시며 가라사대 너희가 이것을 마시라 이것이 죄 사함을 얻게 하려고 많은 사람을 위하여 흘리는 바 나의 피 곧 언약의 피니라(마태복음 26장 26절-28절)" 마가복음 14장 22절-24절, 누가복음 22장 19절-20절에도 성찬과 관련된 내용이 기록되어 있다.

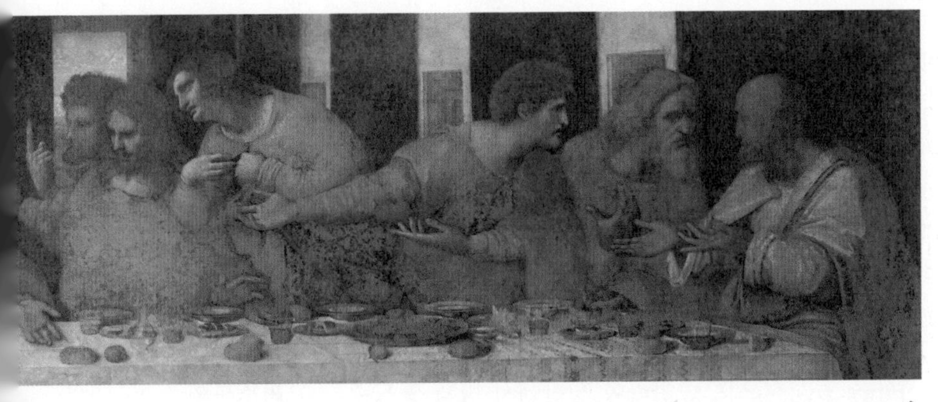

바울이 고린도교회에 보낸 편지에도 세례에 대한 자세한 설명이 포함되어 있다. “내가 너희에게 전한 것은 주께 받은 것이니 곧 주 예수께서 잡히시던 밤에 떡을 가지사 축사하시고 떼어 가라사대 이것은 너희를 위하는 내 몸이니 이것을 행하여 나를 기념하라 하시고 식후에 또한 이와 같이 잔을 가지시고 가라사대 이 잔은 내 피로 세운 새 언약이니 이것을 행하여 마실 때마다 나를 기념하라 하셨으니 너희가 이 떡을 먹으며 이 잔을 마실 때마다 주의 죽으심을 오실 때까지 전하는 것이니라 그러므로 누구든지 주의 떡이나 잔을 합당치 않게 먹고 마시는 자는 주의 몸과 피를 범하는 죄가 있느니라 사람이 자기를 살피고 그 후에야 이 떡을 먹고 이 잔을 마실지니 주의 몸을 분변치 못하고 먹고 마시는 자는 자기의 죄를 먹고 마시는 것이니라(고린도전서 19장 23절-29절)”

모든 기독교에서 성체성사를 하고 있지만 이에 대한 해석은 크게 다르다. 성체성사에 대한 해석은 크게 성찬은 예수 그리스도의 최후의 만찬을 상징적으로 기념하는 것이어서 성찬에 사용하는 빵이나 포도주가 그리스도의 몸과 피로 변하지는 않는다고 보는 기념설, 성찬에 사용하는 빵과 포도주가 사제의 축성을 통해 예수의 살과 피로 변한다는 화체설, 그리스도가 빵과 포도주에 임재한다는 임재설로 나눌 수 있다. 성찬에 대한 이러한 여러 가지 해석은 교부시대부터 많은 논쟁을 불러왔고, 종교개혁 이후에는 새로운 교파가 설립되는 원인을 제공하기도 했다.

가톨릭교회는 1551년 트리엔트 공의회에서 성변화라는 용어의 사용을 공식적으로 승인하여 성찬에서 빵과 포도주가 그리스도의 몸과 피로 바뀐다는 교리를 확정했다. 동방교회에서도 빵과 포도주가 그리스도의 실제 몸과 피로 바뀐다고 믿는다. 대부분의 개신교에서는 기념설을 받아들이고 있다. 그러나 기념설 내에도 조금씩 다른 여러 가지 해석이 존재한다.

고해성사는 신자가 자신이 지은 죄를 사제를 통해 하나님께 고백하고 용서의 은혜를 받는 성사이다. 가톨릭교회에서는 고해성사가 죄 때문에 받을 벌을 면제하여 주고 죄의 유혹과 싸워 이길 힘을 키워 준다고 믿고 있다. 종교개혁 시기에 가장 큰 논란을 불러왔던 고해성사에 대해 개신교에서는 성경적 근거를 찾을 수 없다고 주장한다. 인간인 사제는 죄를 사해 줄 권한이 없다는 것이다. 성공회에도 고해예식이 있지만 가톨릭교회에서처럼 필수적인 것은 아니다.

결혼을 매우 중요하게 여기는 가톨릭교회에서는 결혼을 성사 중 하나로 본다. 성공회에서는 결혼을 성사로 인정하지 않고 성사적 예식으로 보아 혼배예식이라고 부른다. 혼인성사의 성경적 근거는 "예수께서 대답하여 가라사대 사람을 지으신 이가 본래 저희를 남자와 여자로 만드시고 말씀하시기를 이러므로 사람이 그 부모를 떠나서 아내에게 합하여 그 둘이 한 몸이 될지니라 하신 것을 읽지 못했느냐 이러한즉 이제 둘이 아니요 한 몸이니 그러므로 하나님이 짝지어 주신 것을 사람이 나누지 못할지니라 하시니(마태복음 19장 4절-6절)"라고 한 성경 말씀에서 찾는다.

가톨릭교회에서는 남녀가 모두 세례를 받은 신자여야 성사혼을 할 수 있다. 주교의 허락을 받아 비신자와 하는 결혼인 관면혼[51]은

51 관면혼을 하는 비신자는 신자의 신앙생활을 보장해 주고, 자녀를 천주교 신자로 양육하도록 허락한다는 약속을 해야 한다.

교회법상으로는 합법적인 결혼이지만 성사혼으로 인정되지는 않는다. 성공회에서도 로마 가톨릭교회처럼 남녀가 모두 세례를 받은 신자여야 된다는 원칙을 가지고 있으며, 만일 혼인 상대가 비신자인 경우에는 관면혼 허가를 주교로부터 받아 결혼할 수 있다.

병자성사는 몸이 불편한 신자에게 성유를 바르면서 회복을 기

그림12-17 〈후안 마타의 성 요한 서품식〉(빈센조 카두치, 17세기경)

원하는 성사를 말한다. 몸이 아프면 교회 원로들을 불러서 기름을 바르며 회복을 요청하는 기도를 부탁하라는 야고보의 편지 내용을 근거로 하고 있는 성사이다. "너희 중에 병든 자가 있느냐 저는 교회의 장로들을 청할 것이요 그들은 주의 이름으로 기름을 바르며 위하여 기도할지니(야고보서 5장 14절)." 병자성사의 경우 가톨릭교회와 동방정교회에서는 성사로 행하고 있고, 성공회에서는 성사가 아닌 성사적 예식으로 본다.

서품식이라고도 부르는 성품성사는 사제와 부제에게 교회가 사목을 맡기는 성사를 말한다. 성품성사는 주교가 집전할 수 있으며, 주교를 임명하는 경우에는 교황이 집전한다. 가톨릭교회는 서품을 성사로 보지만 성공회는 성사적 예식으로 보아 서품예식이라고 부른다.

성사 외에도 준성사가 있다, 준성사는 그리스도가 제정한 성사들과 달리 교회가 도입한 전례 행위, 거룩한 표지들, 사물들을 가리킨다. 준성사는 크게 사람이나 물건을 하나님에게 봉헌하여 성스럽게 하는 축성과 하나님에게 은혜를 청하는 기도인 축복, 악령을 퇴치하는 구마의 세 가지 종류로 구별된다. 준성사는 실제적 은총, 가벼운 죄의 용서, 죄로 인한 잠정적 벌의 사함, 신체적 건강과 물질 축복, 악령으로부터 보호와 같은 것들을 위해 행해진다.

〈단테의 신곡〉(도메니코 디 미켈리노, 1465)

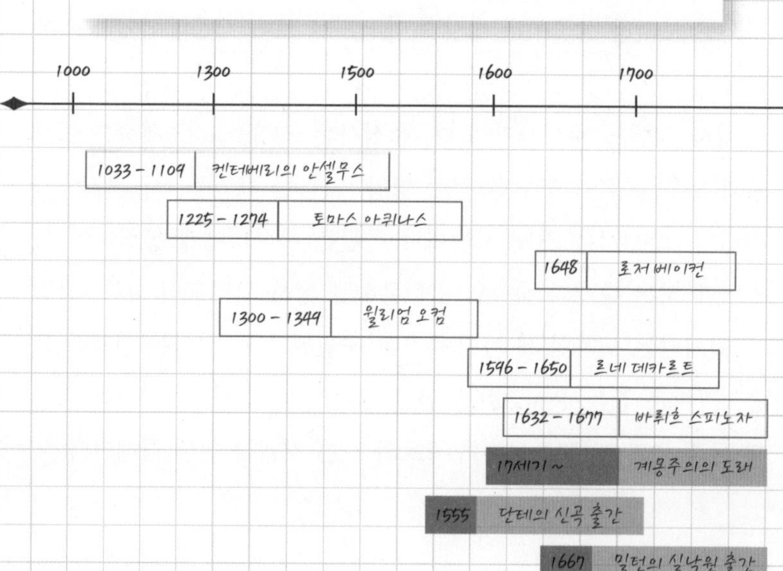

# IX

## Chapter 13

# 기독교에 영향을 준 철학과 문학

# 들어가며

십자군전쟁으로 아랍 세계와 직접 접촉하게 되면서 고대 그리스 문물이 본격적으로 서유럽에 전해지기 시작했다. 아랍 세계를 통해 전해진 고대 그리스 문명을 유럽에 정착시키는 역할을 한 사람들이 스콜라 철학자들이었다. 스콜라 철학 Scholasticism이란 말은 중세 수도원 학교 선생이나 학생을 지칭하는 라틴어 스콜라티쿠스Scholasticus에서 유래된 말이다. 스콜라 철학은 기독교는 물론 유럽 문화 전반에 큰 영향을 끼쳤다.

기독교 교리와 아리스토텔레스의 철학을 종합하여 스콜라 철학을 집대성한 아퀴나스는 이성과 신앙, 철학과 신학은 엄밀히 구별되는 것이지만 서로 모순되는 것은 아니라고 주장했다. 신의 계시를 중요시했던 과거의 신학자들과는 달리 아퀴나스는 신과 인간 사이의 관계를 신앙과 철학을 조화시켜 말로 설명하려고 시도했다. 그때까지도 철학의 목표는 신을 증명하는 것이었지만 아퀴나스 이후에는 신의 존재를 논리적으로 설명하는 것이 철학과 신학의 가장 중요한 목표가 되었다.

기독교 신학과 스콜라 철학의 전통에서 벗어나 근대 철학의 기초를 만든 사람은 프랑스의 르네 데카르트였다. 데카르트는 코페르니쿠스, 케플러, 그리고 갈릴레이가 이루어 낸 새로운 과학적 발견을 포용할 수 있는 새로운 철학체계를 만들려고 했다. 데카르트 이후 많은 철학자들이 자연법칙, 인식, 신, 윤리 등을 다룬 다양한 철학을 발전시켰다. 새로운 철학의 등장으로 사람들은 기독교적 세계관에서 벗어나 새로운 눈으로 세상을 보기 시작했고, 이는 기독교가 이제 새로운 철학과도 경쟁하게 되었음을 뜻했다.

14세기부터는 기독교적 세계관을 반영한 문학 작품도 많이 나타났다. 단테가 1307년에 쓰기 시작하여 그가 사망한 1321년에 완성된 『신곡』은 지옥과 연옥 그리고 천국에 대한 기독교적 세계관과 역사적 인물들에 대한 기독교적 가치 판단이 잘 나타나 있다. 이 『신곡』은 교회의 가르침보다 사람들의 내세관에 더 큰 영향을 주기도 했다.

17세기에 쓰인 밀턴의 『실낙원』은 인간의 자유의지와 죄의 문제를 주제로 하고 있다. 청교도 혁명의 와중에서 잉태된 『실낙원』에서 밀턴은 인간은 신으로부터 자유의지를 부여받았고, 따라서 자신의 선택에 대해 스스로가 책임져야 한다는 것을 설명하려고 했다. 기독교적 세계관을 다룬 이런 문학 작품들은 많은 사람들에게 큰 영향을 주었다.

# 스콜라 철학

## 켄터베리의 안셀무스

1093년에서 1109년 사이에 캔터베리의 대주교를 지낸 안셀무스 Anselmus Cantuariensis(1033–1109)는 이탈리아의 신학자로 신의 존재에 대한 존재론적 논증과 십자군 원정을 반대한 사람으로 널리 알려져 있다. 1033년경에 이탈리아 북부의 부르고뉴왕국에서 태어난 그는 27세에 베크 수도원에 들어가 수사가 되었다. 안셀무스의 일생은 신학자였던 베크 대수도원 시대와, 정치와 종교 사이의 대립이 심한 환경에서도 교회의 자유와 권리를 위해 헌신한 캔터베리 시대로 나눌 수 있다. 초기 스콜라 철학자인 안셀무스는 신앙을 전제로 하고 이성을 추구했다는 면에서 아우구스티누스를 계승했다고 할 수 있다.

안셀무스는 신이 요구하는 것은 '신의 의지에 대한 복종을 통해 신에 대해 존경을 표시하는 것'이라고 보았다. 따라서 신에게 돌아가야 할 존경을 가로채서 신의 영광을 더럽히는 것이 죄라고 했다. 인간은 악마에게 설득되어 악마가 자신을 지배하도록 함으로써 신의 존경을 가로채는 죄를 지었다. 안셀무스는 피조물인 인간이 신에게 주어져야 할 존경을 가로챈 것은 우주의 질서와 계획에 있어 용인될 수 없는 것이고, 이처럼 용인될 수 없는 인간의 죄를 어떠한 보상도 없이 용서하는 것은 정의롭지 못한 일이기에 정의로

그림13-1 캔터베리 성당 외부에 세워진 안셀무스의 석상

운 신에게 적합하지 않다고 보았다. 그러므로 인간이 죄로부터 구원을 받으려면 어떤 방식으로든 보상이 있어야 하지만 죄인인 인간은 죄를 보상할 방법이 없게 된다. 죄인이 죄인을 의롭게 할 수는 없기 때문이다. 결국 인간은 죄에 대한 보상의 책임이 있으면서도 어떤 식으로도 죄에 대한 대가를 치룰 수 없는 무능력한 상태에 놓이게 된다. 고착 상태에 빠진 이런 상태를 해결하는 방법으로 안셀무스는 신이면서 동시에 인간인 그리스도의 대속에 의한 구원이 필연적이라는 결론을 도출해 냈다.

안셀무스는 또한 논리적인 방법으로 신의 존재를 증명하려고 시도하기도 했다. 안셀무스의 저서 『프로슬로기온』[52]에 포함되어 있는 신의 존재 증명은 다음과 같이 요약할 수 있다. ①신은 상상할

52 안셀무스가 1077년에서 1078년 사이 쓴 작품으로 제목은 '신의 존재에 대한 대화'라는 뜻이다.

수 있는 어떤 것보다도 더 큰 존재다(가장 큰 존재다). ②실제로 존재하는 것은 상상 속에만 존재하는 것보다 크다(상상〈실재). ③따라서 신은 실제로 존재해야 한다. 그렇지 않다면 그는 상상할 수 있는 어떤 것보다도 크지 않기 때문이다. 다시 말해 안셀무스는 신이 존재하지 않는다는 가정이 모순이라는 것을 보이는 귀류법을 이용하여 신의 존재를 증명하려고 했다.

안셀무스는『프로슬로기온』의 3장에서 또 다른 선험적 논증을 제시했다. 이 논증은 필연적 존재성이라는 개념에 의존하는데, 그보다 더 큰 것이 상상될 수 없는 존재로서의 신이 존재할 수 있다면, 그런 신은 우연이 아니라 필연적으로 존재할 수밖에 없다는 것이다. 따라서 신이 필연적으로 존재한다는 것이 안셀무스의 논리이다.

토마스 아퀴나스를 비롯한 가톨릭 신학자들은 존재론적 논증을 비판하며 이를 평가절하했다. 임마누엘 칸트는 존재는 성질이 아니라는 이유로 이 논증을 반박했다. 칸트와 달리 존재가 성질이라고 생각하는 이들도 논증에 오류가 있다고 비판했다. 데이비드 흄은 어떤 것도 선험적으로 존재를 증명할 수 없다고 주장했다. 선험적으로 판단될 수 있는 주장은 '나는 결혼한 총각이다'처럼 정의상 모순인지 아닌지가 확실한 명제들뿐이며, 존재 자체를 증명할 수 없는 것으로부터는 모순이 나올 수 없다는 것이다. 안셀무스와 동시대 사람인 마르무티에의 가우닐로는 '가울리노의 섬'을 이용하여 신에 대한 안셀무스의 존재 증명이 틀렸다는 것을 보여 주었다. 가울리노는 신 대신 '가장 완벽한 섬'을 안셀무스의 증명에 대입하여 논증의 정당성을 반박했다.

## 토마스 아퀴나스

토마스 아퀴나스Thomas Aquinas(1224–1274)는 1225년 초 또는 1224년 말에 이탈리아의 지방 군주였던 란돌프 백작의 아들로 태어났다. 아퀴나스가 수도원장이 되기를 바랐던 부모님들은 그가 다섯 살 때 아퀴나스를 몬테 카시노 수도원에 있는 베네딕토 수도원으로 보냈다.

그러나 1239년경 정치적 혼란으로 인해 아퀴나스는 수도사가 되는 수업을 중단하고 수도원을 떠나야 했다. 수도원을 떠난 아퀴나스는 나폴리 대학으로 가서 문법, 논리학, 수사학, 대수학, 기하

그림13–2 〈산 도메니코 교회 제단화의 토마스 아퀴나스〉(카를로 크리벨리, 1476)

학, 음악, 천문학 등을 배웠다. 이때 아리스토텔레스의 철학과 도미니코회 수도사들을 알게 된 아퀴나스는 가족들의 완강한 반대를 무릅쓰고 열아홉 살에 도미니코 수도회에 가입하고, 파리로 가서 파리대학과 파리의 도미니코 수도원에서 약 3년간 공부했다.

공부를 마친 아퀴나스는 1252년부터 1256년 사이에 파리대학에서 강의를 하며 신학 교수의 자격을 얻기 위한 필수과정인『명제집』주석 집필에 착수했다. 1256년『명제집』주석 작업이 완결될 때쯤 아퀴나스는 파리대학의 신학 교수로 취임했다. 1260년경에 그가 후임자에게 교수직을 물려주고 파리를 떠났다는 것은 분명하지만, 어디로 갔는지는 확실하지 않다. 그러나 1261년부터 1265년까지는 수도회를 대표하는 성직자와 학자로서 활발하게 활동하여 명망이 높아졌다.

1265년부터 9년 동안 로마의 수도원에 머문 아퀴나스는 수도원 교수로 일하면서 저술 활동을 계속했다. 이때 그는 대표작『신학대전』집필에 착수했고, 아리스토텔레스의 저작들에 대한 주석 작업도 시작했다. 1268년으로부터 1272년까지 4년 동안은 두 번째로 파리대학의 교수로 일했다. 신학대전의 1부와 2부를 완성한 것은 파리에서 두 번째로 교수생활을 하던 시기였다. 신학대전 3부는 나폴리로 옮긴 후 완성했다. 1274년 3월 7일 아퀴나스는 100여 명의 수도사와 평신도들이 지켜보는 가운데 세상을 떠났다. 49세의 나이로 세상을 떠난 아퀴나스는 죽은 지 49년째 되던 1323년 7월 18일 가톨릭교회의 성인으로 시성되었다.

아퀴나스의 대표작인『신학대전』의 서문에는 이 책이 신학 공부를 시작하는 학생들을 위해 쓰여졌다고 설명되어 있다. 그러면서도 대전이라는 이름을 붙인 것은 대전이라고 번역된 숨마summa라는 말이 당시에는 특정 학문 영역 전체를 간략하게 제시하여 그 영역을 종합적으로 이해할 수 있도록 하고, 교육에 이용할 수 있도록 쓴 책을 지칭했기 때문이다.

『신학대전』의 제1부는 모든 것이 삼위일체인 하나님에 기인하며, 인간은 유한한 존재지만 보다 깊은 삶으로 부르심을 받은 존재라는 것을 설명하고 있다. 제2부는 특별한 생명력에 의해서 삶의 여정이 이끌려지는 인간의 운명을 다루고 있다. 『신학대전』의 제3부는 예수를 삶의 여정의 표본으로 제시하고 있다. 먼저 예수의 삶을 소개한 다음, 예수가 이 세상을 떠난 다음에는 교회를 통해 활동하고 있다는 것을 설명하고, 마지막으로 죽음을 넘는 생명을 이야기 한다. 그러나 3부는 미완성으로 남아 있다.

아퀴나스는 기독교 교리와 아리스토텔레스의 철학을 종합하여 스콜라 철학을 집대성한 중세의 최대 신학자였다. 그는 이성과 신앙, 철학과 신학은 엄밀히 구별되는 것이지만 서로 모순되는 것이 아니라고 주장했다. 이것들은 모두 신으로부터 오는 것으로 필연적으로 서로 조화될 수 있다는 것이다. 또한 하나님의 은총이 자연을 버리는 것이 아니라 완성하는 것처럼 자연적 이성은 신앙의 전 단계로 신앙에 봉사하는 것이라고 주장했다.

### 로저 베이컨

근대 과학의 선구자라고 평가되는 영국의 로저 베이컨Roger Bacon (1214-1294)은 신의 계시를 지식의 원천이라고 생각했지만, 수학이나 광학과 같이 경험과 실험을 통해 확인한 지식을 확실한 지식이라고 보았다. 경험과 실험을 중요하게 생각한 베이컨은 철학에 경험적 방법을 도입하고, 신의 계시를 중요하게 생각하는 신학과 구별했다. 베이컨은 교황에게 과학 교육을 개선할 것과 교육기관에 실험실을 증설한 것을 요구하기도 했으며, 모든 지식을 포함하는 백과사전을 편찬할 것을 제안하기도 했다. 교황의 요청으로 베이컨은 『대저작Opus Majus』, 『소저작Opus Minor』, 『제3저작Opus Tertium』를 써서 교황에게 헌정했다. 이후 베이컨은 『자연 철학의 일반 원리』, 『수학의 일반 원리』를 쓰는 작업을 시작했지만 완성하지는 못했다.

그림13-3 〈옥스퍼드 대학에서 별을 관찰하는 베이컨〉(얀 베르하스, 1867)

베이컨은 1년을 365.25일로 계산한 율리우스력의 오차가 축적됨으로 인해 니케아 종교 회의가 열렸던 325년에는 춘분이 3월 21일이었는데 1263년경에는 춘분이 3월 13일이 된 것을 지적하고, 달력을 수정하도록 클레멘스 4세 교황에게 청원하기도 했다. 교회가 율리우스력을 그레고리력으로 바꾼 것은 그로부터 300년이 지난 1582년이었다. 베이컨은 고대 그리스의 불을 재현하는 과정에서 목탄과 황의 혼합물에 초석을 넣으면 폭발적으로 연소한다는 사실을 발견하기도 했다. 따라서 유럽에서는 그를 흑색화약의 발견자라고 생각하고 있다. 하지만 중국에서는 이보다 훨씬 전부터 화약이 널리 사용되고 있었다.

### 윌리엄 오컴

옥스퍼드에서 공부한 후, 모교에서 제자들을 가르쳤던 윌리엄 오컴 William of Occam(1300−1349)은 로마 가톨릭교회와 대립하고 있던 세속 제후의 사상적 대변자였다. 그는 신의 존재나 종교적 교의는 이성으로는 증명할 수 없는 신앙에 속한다고 주장하고, 철학과 신학은 분리되어야 한다고 주장했다. 감각적이고 직감적인 인식이 우선적인 진리라고 주장한 오컴의 사상은 17세기의 영국 철학자들에게 많은 영향을 주었다.

오컴은 '오컴의 면도날'이라는 말로 널리 알려져 있다. 경제성 원리 또는 단순성의 원리라고도 불리는 오컴의 면도날은 어떤 현상을 설명할 때 불필요한 가정을 해서는 안 된다는 것이다. 오컴의 면도날은 여러 가지 가설 중 하나를 선택하는 방법을 나타낸 것으로 가설의 진위를 결정하는 기준은 아니다. 따라서 오컴의 면도

그림13-4 서레이 지역 교회의 스테인드 글라스에 그려진 윌리엄 오컴

날로 어느 가설을 선택했다고 해서 반드시 그 가설이 옳다고 할 수 없고, 반대로 오컴의 면도날에 의해 버려졌다고 해서 그 가설이 반드시 틀린 것도 아니다.

# 기독교와 근대 철학

## 데카르트의 이원론과 스피노자의 범신론

근대 철학의 기초를 만든 데카르트René Descartes(1596–1650)는 세상이 형이상학적 영역에 속하는 '정신'과 역학법칙의 지배를 받는 '물질'로 이루어졌다고 보았다. 물질의 세계는 자연법칙의 지배를 받는 세계여서 신이 개입할 여지가 없는 세계였다. 데카르트는 이를 통해 자연과학이 다룰 수 있는 영역과 신의 영향이 미치는 영역을

그림13–5 데카르트의 초상(프란스 할스, 17세기경)

명확하게 구분하려고 했다. 역학 법칙의 지배에서 벗어나 있는 순수한 정신, 즉 생각하는 것을 속성으로 하는 정신의 세계는 물질세계와는 독립적인 세계였다.

데카르트는 정신이 자연의 진리를 인식할 수 있는 것은 신으로부터 받은 '자연의 빛'을 가지고 있기 때문이라고 했다. 데카르트는 물질세계와 독립적인 정신세계를 설명하기 위해 신의 존재를 인정해야 했다. 그리고 자연법칙의 지배를 받는 물질세계와 물질세계를 지배하는 자연법칙의 존재를 설명하기 위해서도 신을 필요로 했다. 따라서 데카르트가 물질세계가 자연법칙의 지배를 받는다고 설명한 것만을 놓고 보면 그가 물질세계에 관한 한 무신론자라고 할 수 있지만, 데카르트는 물질세계와 자연법칙의 존재 자체를 설명하기 위해서 신의 존재를 인정했다.

더구나 데카르트는 서로 독립적인 존재라고 한 정신과 물질이 어떻게 상호작용을 하는지 설명하지 못했다. 서로 독립적인 실체인 정신과 물질이 독립성을 훼손하지 않으면서도 상호의존적이라는 것을 설명하는 것은 쉬운 일이 아니었다. 데카르트는 정신과 물질이 뇌의 일부분인 송과선(솔방울샘)을 통해 상호작용한다고 설명하려고 했지만 송과선도 물질이었다. 따라서 정신이 송과선이라는 물질을 통해 상호작용한다는 설명은 완전한 설명이라고 할 수 없었다.

데카르트의 철학이 가지고 있던 이런 문제점을 해결하기 위해 범신론을 제안한 사람은, 유대인 탄압을 피해 포르투갈에서 네덜란드로 망명한 유대인 가정에서 태어난 바루흐 스피노자Baruch Spinoza(1632–1677)였다. 스피노자가 보기에는 신의 존재를 전제로 한 정신은 독립적인 실체라고 할 수 없었다. 그리고 물질 역시 그 존재를 위해서 신을 필요로 했으므로 엄밀한 의미에서 실체라고 할 수 없었다. 따라서 실체라고 할 수 있는 것은 신 하나뿐이라고 생각하게 되었다. 따라서 물질세계와 정신세계의 구분이나 대립은 존재하지 않으며 정신이나 물질이 모두 신의 또 다른 측면이라고 주장하는 일원론적 범신론을 주장했다.

이로 인해 스피노자는 신을 모독했다는 이유로 유대교에서 추방되었다. 이를 계기로 그는 유대식 이름인 바루흐를 베네딕트로 바꾸었다. 이후 스피노자는 철학적 진리를 탐구하는 일에만 전념했다. 스피노자의 철학은 후세 철학자들에게 큰 영향을 끼쳤다.

그림13-6 스피노자의 초상(저작권 불명, 1665년경)

스피노자의 일원론적 범신론은 무신론으로 간주되어 교회로부터도 이단으로 단죄되었다. 물질과 정신 가운데 신이 존재하고 있다는 스피노자의 주장은 현실 저편에 존재하면서 세상사를 섭리하는 하나님의 존재를 전제로 하는 기독교의 신앙과 양립할 수 없었던 것이다.

철학자이며 인류학자로 헤겔 좌파에 속했던 독일의 루트비히 포이어바흐는 스피노자를 근대적 자유사상가와 유물론자들의 모세라고 했다. 스피노자의 신은 이 세상을 초월한 신이 아니라 자연에 내재해 있는 신이었기 때문이다. 신이 곧 자연이라는 범신론에서 신에 자연이라는 이름을 붙이면 자연을 유일한 원리로 세계를 설명하는 자연주의적인 유물론이 된다.

### 계몽주의와 이신론

17세기와 18세기에 정치, 사회, 철학, 과학 분야에서 전개되었던 사회 진보 및 지적 사상 운동이었던 계몽주의는 인간의 지성 혹은 이성의 힘으로 자연과 인간, 사회, 정치에 내재되어 있는 보편적 진리를 발견하고, 이를 바탕으로 사회를 발전시키려고 했던 철학 사상이었다.

인간의 존엄과 평등, 자유권을 강조하고, 중세 유럽을 지배한 전제군주와 종교와 신학의 족쇄로부터 인간을 해방할 것을 주장했던 계몽주의 철학자들은 국가는 국민의 권리를 보장하고 유지하기 위해 존재하는 수단이 되어야 한다고 주장했다. 국가의 존재는 국민의 동의를 전제로 하고 있으므로, 국가가 책임을 다하지 않아 국민이 지지를 철회하면 국가는 더 이상 존재할 수 없게 된다. 이러한 계몽사상은 17세기와 18세기에 일어났던 시민혁명에 큰 영향을 끼쳤다.

계몽주의 사상가들은 전통적 관습, 의례, 도덕에 대해 비판적이었다는 공통점을 가지고 있었다. 전통을 비판한 계몽주의 사상가들은 형이상학보다는 상식이나 경험을 중요하게 생각했고, 권위보다는 개인의 자유를 우선시했으며, 특권보다는 평등한 권리와 교육을 지향하였다.

프랑스의 계몽사상은 몽테스키외, 볼테르, 루소, 디드로 등을 중심으로 한 백과전서파encyclopedists가 주도했다. 드니 디드로는 전통적 제도와 편견에 대항하기 위해 백과전서를 출판했다. 볼테르, 몽테스키외, 루소를 비롯한 많은 집필진들이 참여하여 1751년 제1권을 출판하였으나 가톨릭교회와 절대 왕정을 강하게 비판한 것이 문제가 되어 당국으로부터 발행을 금지당했다. 이런 어려움에도 불구하고 디드로는 1772년까지 본문 19권, 도표 11권으로 된 『대사

그림13-7 〈볼테르의 비극 낭독회〉(가브리엘 레모니에르, 1812)

전』을 완성하였다. 계몽주의 사상가들은 교회의 권위와 부패에 대해서도 신랄하게 비판하며 교회와 대립했다.

영국 계몽주의의 특징은 이신론과 자유주의라고 요약할 수 있다. 18세기에 등장한 이신론deism, 理神論은 세계를 창조한 신의 존재를 인정하지만, 세상을 창조한 뒤에는 신이 인류의 역사나 물리법칙에 관여하지 않는다는 생각이다. 따라서 이신론에서는 계시나 기적을 인정하지 않는다. 자연신론이라고도 부르는 이신론은 초월적인 신의 존재를 인정한다는 면에서 무신론과 구분된다.

이신론은 그것을 주장하는 사람이나 나라에 따라 그 내용이 많이 다르다. 기적은 자연법칙의 구속을 받지 않는 신의 본질적 요소이자 특성이었으며 종교의 존립 근거였다. 따라서 신의 섭리를 부정한 이신론은 교회를 위협하는 것으로 인식되었다.

한편, 이신론을 주장한 사람들은 종교 의식이 아무런 의미를 가지지 않는다고 생각했으며, 초자연적인 계시를 믿음의 근거로 내세우는 것을 조롱했다. 대표적인 이신론 사상가들로는 영국의 존 톨런드, 매튜 틴들, 프랑스의 프랑세스 볼테르, 드니 디드로, 장 쟈크 루소, 미국의 토머스 제퍼슨, 벤저민 프랭클린과 같은 사람들이 있었다.

### 신의 존재를 부정한 유물론

가톨릭교회의 권위에 도전하고 교회의 부패를 비판했던 계몽 사상가들 사이에서 신의 존재를 부정하는 무신론이 등장한 것은 예상할 수 있는 일이었다. 대표적 계몽주의 사상가였던 볼테르가 교회를 신랄하게 비판했지만 무신론에 대해서는 반대 입장을 취했던 것과 마찬가지로 교회의 부패에 대해 비판적이었던 백과전서파 역시 가톨릭교회 자체를 적대시한 것은 아니었다. 그들은 좀 더 자유롭고 행복한 시대를 만들기 위해 부패한 교회와 성직자를 비판했다.

그러나 곧이어 계몽주의 사상가들 중에서 신의 존재 자체를 부정하는 사람들이 나타나기 시작했다. 프랑스의 의사로 계몽주의 시대 첫 번째 유물론 작가로 꼽히는 줄리앵 라메트리Julien Offray de La Mettrie(1709–1751)는 사물의 존재와 사물에 내재하는 운동만을 인정하고, 신의 존재와 신의 창조를 부정했다.

그림13–8 라메트리의 초상(아실 루브헤, 1750)

무신론적 입장으로 인해 박해를 받아 네덜란드로 망명했다가 후에 베를린에서 활동했던 라메트리는 1748년에 출판한 『인간 기계론』에서 세계는 스스로 움직일 수 있으므로 세계를 움직이는 신이 필요 없으며, 인간의 내부에 사유하는 주체의 존재를 가정할 필요가 없다고 주장했다. 정신 활동 역시 다른 모든 신체 기능과 마찬가지로 기계적 작용에 불과하다는 것이다. 라메트리는 종교야말로 우리의 삶을 교란시키는 가장 나쁜 것이라고 결론짓고 무신론자에 의한 국가가 실현되어야만 세계가 평온해질 수 있다고 주장했다. 그는 죄의식이나 참회와 같은 종교 행위 역시 불필요한 자학 행위에 지나지 않는다고 주장했다.

그림13-9 카바니스의 초상(앙브르아즈 타르디유, 연도 미상)

프랑스 대혁명시대의 유물론자로 유물론자들 가운데서도 가장 급진적이었던 피에르 쟝 카바니스Pierre Jean Cabanis는 『인간의 육체와 정신과의 관계』에서 육체와 정신은 하나이자 동일한 것이라고 주장했다. 의사이자 계몽 사상가였던 카바니스는 인간의 의식은 생리학적 기능과 내장 활동에 의해 나타나는 것이라고 주장했다. 그는 또한 영혼은 존재하지 않고 신경다발이 인간의 모든 것이라고 주장하며, 뇌에서 의식이 생기는 것은 간이 담즙을 배출하는 것과 근본적으로 다를 것이 없다고 했다. 오직 존재하는 것은 물질뿐이므로 물질을 이해해야만 그 밖의 모든 것에 대해서도 알 수 있다고 했다.

유물론자들은 정신적 원리를 추구하는 형이상학은 환상에 지나지 않으며, 종교 역시 사람들을 속이는 술수에 불과한 것으로 보았다. 따라서 학문이 해야 할 일은 인간을 고통스럽게 하는 이런 거짓을 없애는 것이라고 생각했다. 그들은 인간이 편협한 생각에서 벗어나 이성적인 시대를 맞이하기 위해 올바른 의미의 계몽이 필요하다고 주장했다. 유물론은 후에 마르크스와 엥겔스에 의해 사회개혁 운동의 기본 철학으로 채택되어 20세기 세계 정치와 사회에 큰 영향을 끼쳤다.

신의 존재 자체를 문제 삼는 새로운 철학의 등장은 기독교에 새로운 적이 등장했다는 것을 의미했다. 오랫동안 계속된 기독교의 교리 논쟁은 '누구의 생각이 더 신의 뜻에 가까우냐'를 두고 일어난 논쟁이었다. 따라서 그들의 논쟁은 하나님이라는 테두리 안에서 진행되었다. 그러나 새로운 철학에서는 신이나 성경, 그리고 교회 자체의 존재나 권위를 논쟁의 대상으로 삼았다. 이런 논쟁에서는 교회나 성경이 아무런 권위를 가질 수 없었다. 따라서 이단이라는 정죄나 파문과 같은 교회의 처벌이 아무런 효력을 발휘할 수 없게 되었다.

기독교 안에서 특정한 교리나 교파를 선택해야 했던 서양 사람들은 이제 기독교와 새로운 철학 중 하나를 선택할 수 있게 되었다. 로마가 기독교를 국교로 채택한 후 서양 사회 전체를 지배해왔던 기독교 교리가 기독교를 받아들이는 사람들만의 원리로 후퇴하게 된 것이다. 기독교 신자들 중 많은 사람들은 기독교 신앙과 새로운 철학 중 하나를 선택하는 대신 기독교 신앙과 새로운 철학 모두를 포용하는 방법을 모색하고 있다.

## 불가지론

불가지론은 몇몇 명제의 경우에는 인간이 그 진위 여부를 알 수 없거나, 인간이 사물의 본질을 인식하는 것이 불가능하다는 철학적 관점을 말한다. 불가지론은 절대적이며 완전한 진실이 존재하고 인간이 그것을 알 수 있다고 주장하는 교조주의dogmatism의 반대 개념이다.

그림13-10 토마스 헉슬리

불가지론은 '신의 본체는 알 수 없다'는 중세의 신학 사상에서 비롯되었다. 지적 직관인 영지(그노시스)에 의하여 신의 본체를 직접 알 수 있다는 영지주의자들의 주장에 대하여 그노시스를 부정한 것이 불가지론의 기원이라고 할 수 있다. 로마 가톨릭교회에서는 신의 존재는 인간이 태어나면서부터 가지고 있는 자연의 빛을 통하여 알게 되지만, 신의 본체 자체는 알 수 없다고 하여 그노시스를 부정했다. 한정된 인식 능력을 가진 지상에 사는 인간은 신과 직접 마주할 수 없다는 것이다.

근대에 들어 불가지론은 인간의 인식 능력은 한정되어 있어 세상 자체가 무엇인지를 알 수 없다고 하는 철학으로 다시 등장했다. 신, 즉 자연의 속성은 무한하지만 그중에서 인간이 인식할 수 있는 것은 연장과 사유뿐이라고 주장하는 스피노자의 주장이나, 인간의 지식은 인상과 관념에 한정되어 있어 그것을 초월한 것은 지식의 대상이 되지 않는다는 흄의 주장, 그리고 사물 자체는 인식하지 못하고 시간과 공간 내에 나타나는 현상만을 인식할 수 있다는 칸트의 물자체thing-in-itself에 대한 설명도 일종의 불가지론이다. 1869년에 불가지론이라는 용어를 처음 사용한 영국의 생물학자 헉슬리Thomas Henry Huxley(1825–1895)는 지식을 경험 가능한 사실로 한정시키고 인간이 알 수 없는 것들의 예를 들었다.

① 신의 존재 여부, 또는 초자연 현상을 인간이 이해할 수 있는지 그 여부를 알 수 없다.

② 신의 계시와 같은 초자연적인 현상을 통해 어떤 것을 알 수 있다고 해도, 그것을 증명하는 것과 그것을 확인하는 것이 불가능하다.

③ 신의 존재나 신의 계시를 인식하는 것도 불가능하다.

신의 존재 여부나 신의 실제 모습을 인간이 알 수 없다는 불가지론은 신이 존재하지 않는다고 주장하는 무신론과는 다르다. 무신론은 신이 존재하지 않는다는 것을 증명하려고 하지만 불가지론은 신의 존재를 논하려고 하지 않는다. 불가지론은 모든 것이 불분명하다는 회의주의와도 구분이 된다. 그런가 하면 불가지론은 18세기에 등장한 이신론과도 다르다. 이신론에서는 세계를 창조한 신의 존재를 인정하지만 그 신은 우리가 사는 세상과는 다른 세상에 존재하며 세상을 창조한 뒤에는 물리법칙이나 인간사에 관여하지 않는다고 보기 때문에 계시나 기적과 같은 일은 있을 수 없다고 주장한다.

불가지론은 철학적 관점이지 종교가 아니다. 객관적으로 인식될 수 있는 사실과 재현성 있는 사실만을 과학적 사실로 인정하는 현대 과학이 자연현상의 많은 부분을 이해하는 데 성공하면서 이성적 합리주의가 널리 확산되자 인간의 인식능력이나 사고능력으로 알 수 없는 것에 대한 논쟁을 무익한 것이라고 생각하는 불가지론자들이 많아졌다.

2007년에 조사된 미국 통계에 의하면 불가지론자들은 전체 인구의 21%에 이른다고 조사되었으며, 2008년 캐나다의 해리스 드시마사가 1,000명을 대상으로 조사한 결과로는 6%가 불가지론자였다. 『파이낸셜 타임스』지의 보도에 의하면 해리스 인터액티브 연구소가 행한 2006년 조사에서 프랑스인들의 32%가 불가지론자이고 32%가 무신론자인 것으로 나타났다.

## 과학철학

17세기에 뉴턴역학이 등장한 후 18세기와 19세기에는 과학의 여러 분야가 크게 발전했다. 물리학에서는 전자기학, 열역학, 광학이 크게 발전하여 자연에 대한 이해의 폭을 넓혔고, 화학에서는 원자론이 등장하여 물질의 상호작용을 새롭게 이해할 수 있도록 했으며, 생물학에서는 세포에 대한 이해를 바탕으로 진화론이 등장하여 인간을 포함한 생명체의 기원을 기독교와는 전혀 다른 방법으로 설명하기 시작했다.

이러한 과학의 발전을 바탕으로 새롭게 등장한 철학사조가 과학철학이다. 과학철학의 기초를 닦은 사람들은 다양한 학문적 배경을 가진 30여 명의 학자들이 모여 여러 가지 철학적 문제에 대해 토론을 진행하던 비엔나 서클Vienna circle이었다. 비엔나 서클에 속했

그림13-11 에른스트 마흐

던 학자들의 공통 관심사는 과학 분야에서 이루어진 혁신적 변화를 반영하는 과학철학을 정립하는 것이었다.

이들이 추구했던 논리실증주의는 에른스트 마흐Ernst Mach(1838–1916)의 감각적 경험론의 영향을 많이 받았다. 논리실증주의의 핵심 내용은 참일 조건과 거짓일 조건이 명확하지 않은 명제는 그 명제가 의미하는 것이 확실하지 않고, 의미가 명확하지 않은 명제는 무의미한 명제라는 것이다. 그들은 철학에서 무의미한 명제를 다루는 것은 시간 낭비에 지나지 않으므로 그런 명제들은 철학에서 배제해야 한다고 주장했다.

논리실증주의에 의하면 "신은 존재한다"는 명제는 참인지 거짓인지를 검증할 방법이 없으므로 무의미한 명제이다. 마찬가지로 그동안 교회와 신학에서 있었던 교리 논쟁이나 신의 존재 논쟁은 모두 더이상 철학에서 다룰 필요가 없는 무의미한 논쟁이 되어버렸다. 과학철학은 과학이 다룰 수 있는 명제의 한계를 명확하게 한 것이다. 과학의 한계는 인간의 한계이기도 했다.

과학철학의 입장에서 보면 교리 논쟁이나 신의 존재 논쟁은 옳고 그름을 가릴 수 있는 과학적인 논쟁이 아니라 선택의 문제가 되었다. 기독교를 선택하든, 다른 종교를 선택하든, 아니면 무신론을 선택하든 그것은 옳고 그름의 문제가 아니라 개인 취향의 문제라는 것이다. 이것은 과학의 발전이 가져온 새로운 종류의 불가지론이었다. 사람의 이성이나 감각으로 옳고 그름을 판별할 수 있는 과학적 명제가 아닌 것을 논의의 대상으로 삼지 않는 것은 역설적으로 과학적으로 규명할 수 없는 미지의 영역을 인정한 것이라고 할 수 있다.

다시 말해 우리가 알 수 있는 과학적인 사실과 우리가 아무리 노력해도 알 수 없는 사실을 구별한 것이다. 따라서 기독교를 비롯한 종교들은 사람들의 판단으로부터 자유롭게 되었다. 현대사회를 지배하는 과학으로부터 얻은 이런 자유는 종교의 자유를 기본권으로 채택하고 있는 사회체제와 함께 과학이 크게 발달하기 시작한 17세기 이후 새로운 기독교 종파가 계속 출현하게 되는 토양을 제공했다고도 할 수 있다.

현재도 세계 곳곳에서는 성경의 새로운 해석과 계시를 주장하는 새로운 종파가 계속 출현하고 있다. 이러한 새로운 종파의 출현은 사람들에게 선택의 폭을 넓혀 준다는 긍정적인 효과도 있지만 종파들 사이의 분쟁과 사회적 비판을 불러와 기독교 전체에 상당한 위협이 되고 있기도 하다.

# 기독교적 세계관 형성에 영향을 준 문학 작품

## 단테의 『신곡』

단테Dante Alighieri(1265-1321)는 1265년 이탈리아 중부의 피렌체에서 태어났다. 단테가 아홉 살이 되었을 때 그는 동갑내기 베아트리체를 처음 보고 애정을 느꼈다. 이 유년 시절의 경험은 단테의 인생을 좌우했다. 단테는 베아트리체가 스물네 살에 사망할 때까지 베아트리체에게 열정을 쏟았다.

단테는 1275년에서 1294년에 걸쳐 약 20여 년간 피렌체에서 신학과 스콜라 철학의 근간을 이루는 아리스토텔레스 철학을 배웠고, 1303년까지는 정치 분야에서 활동했다. 이로 인해 당파 싸움에 휘말린 단테는 피렌체에서 추방되어 망명 생활을 시작했다. 반대파의 회유를 끝까지 거절한 단테는 궐석재판에서 사형 선고를 받았다. 단테는 이후 이탈리아 북부의 라벤나에서 그곳의 영주 노벨로의 비호를 받으며 살다가 그곳에서 말라리아로 생애를 마감했다.

단테는 피렌체에서 추방된 후 이탈리아의 여러 곳을 돌아다니며 『신곡』, 『향연』, 『토착어에 대하여』 등의 작품들을 썼다. 그의 대표작이라고 할 수 있는 『신곡』의 원제목인 『신성한 희극La Divina Commedia』은 단테가 붙인 것이 아니라 보카치오가 쓴 단테의 생애에서 언급된 'divina'라는 말을 인용하여 1555년에 출판업자가 책을

그림13-12 단테의 초상(산드로 보티첼리, 1495)

새로 찍어낼 때 붙인 제목이다.

『신곡』은 이탈리아 문학의 대표적인 서사시이자 중세를 대표하는 문학작품이다. 『신곡』은 저자와 같은 이름을 가진 여행자 단테가 여행 안내자 베르길리우스와 베아트리체의 안내를 받으며 지옥, 연옥, 천국을 여행하면서 수백 명의 인물들을 만나 철학과 윤리에 대해 이야기를 나누며 기독교 신앙에 바탕을 둔 죄와 벌, 기다림과 구원, 천문학적 세계관에 대해 광범위한 토론을 벌이는 내용을 다루고 있다.

『신곡』은 중세의 사후 세계관을 잘 보여주고 있는 작품이다. 또한 『신곡』은 라틴어가 아닌 토스카나 방언으로 쓰여 있어 이탈리아어의 발전에 큰 영향을 주었다는 평가를 받고 있다. 밤에 길을 걷다 산짐승들에게 위협 당하던 단테를 로마의 시인 베르길리우스가 만나 지옥과 연옥을 안내하고, 이후 베아트리체가 천국 여행을 안내하는 이야기로 되어 있는 『신곡』의 줄거리는 다음과 같다.

야생 동물들로부터 단테를 구한 베르길리우스는 단테를 지옥으로 인도해준다. 지옥의 입구에서는 뱃사공 카론이 죄인들을 강 너머 지옥으로 실어 나르기 위해 꾸물거리는 죄인들을 노로 후려치며 배에 태우고 있다. 예수를 알 수 없었던 고대인이나 아기 등 세례를 받지 않은 선한 자가 가는 곳인 림보 지옥에서는 어떠한 형벌도 받지 않고 좋은 대우를 받지만 신을 만날 수는 없다. 림보는 지옥이지만 죄를 짓지 않은 아기나 현인들이 모여 있는 곳이라 매우 평화로운 분위기이다. 림보에서는 플라톤이나 아리스토텔레스를 포함한 대부분의 그리스 철학자와 시저와 같은 정치가들이 궁전에서 살며 대접받는 생활을 하지만 천국에 가서 신을 만나지 못한다는 것 때문에 괴로워하고 있다.

그림13-13 〈단테의 신곡〉(도메니코 디 미켈리노, 1465)

지옥에서는 꼬리 달린 괴물 미노스가 죽은 사람의 죄를 판단하는데, 그 꼬리로 자신의 몸을 감는 횟수대로 그에 해당하는 층의 지옥으로 떨어진다. 2층은 색욕 지옥으로 색욕에 빠져 죄를 저지른 자들이 가는 곳이다. 이곳에서는 시도 때도 없이 폭풍에 휩쓸린다. 3층은 폭음과 폭식에 빠진 자가 가는 폭식 지옥으로 죄인들이 더러운 비를 맞고 흙탕물에 누워 신음하고 있다. 4층은 탐욕 지옥으로 재물로 죄를 지은 자들이 갇혀 있다. 그들은 가슴으로 무거운 짐을 굴리면서 서로 몸이 부딪힐 때마다 서로의 죄를 탓한다. 여기에는 성직자들도 많이 와 있다.

5층은 분노의 감정을 억제하지 못해 죄를 저지른 자들이 가는 분노의 지옥이다. 6층은 이단자들이 뜨거운 관 속에서 고통을 당하는 이단 지옥이다. 6층에서 7층으로 내려가는 길목을 괴물 미노타우르스가 막고 있지만 베르길리우스가 물리치고 단테를 안내한다. 7층은 폭력을 휘두른 자들이 고통을 받고 있는 폭력 지옥이다. 8층은 사기로 주변 사람들을 파멸로 몰아놓은 자들이 가는 사기 지옥이다. 9층에 있는 반역 지옥에는 국가, 가족, 친구, 스승, 은인 등을 배신한 배신자 및 패륜아들이 차가운 얼음 속에 처박혀 신음하고 있다.

지옥을 모두 돌아본 단테와 베르길리우스는 지하에서 빠져나와 햇살을 받으며 연옥산으로 간다. 연옥 입구에서 문지기 천사가 단테의 이마에 일곱 가지 죄를 뜻하는 P자를 일곱 개 새겨준다. 단테가 각 층을 통과할 때마다 천사들이 P자를 하나씩 지워준다.

연옥의 1층은 교만의 죄를 지은 자들이 등에 바위를 짊어지고 있다. 2층에는 질투의 죄를 지은 자들이 철사로 눈이 꿰매진 채 벌을 받고 있다. 3층은 분노의 죄인들이 짙은 연기 속에서 벌을 받고 있다. 4층에서는 나태했던 죄인들이 계속 달리는 벌을 받고 있다. 5층에는 탐욕의 죄인들이 땅에 납작하게 엎드려 있고, 6층에는 탐식의 죄인들이 비쩍 마른 모습으로 걸어가고 있다. 7층에는 색욕의 죄인들이 둘레를 돌며 서로 인사하면서 서로의 죄를 각인시키고 있다.

연옥은 정죄와 희망의 왕국으로 영적 구원을 받을 가능성이 있는 영혼들이 천국에 가기 전에 수양을 하는 곳이다. 수양을 통해 모든 죄를 씻고 나면 영혼들은 구원을 받아 천국에 오를 수 있다. 연옥에서 벌을 받는 죄인들의 죄는 지옥에서 벌 받고 있는 이들의 죄와 비슷하지만 지옥은 자신의 죄를 뉘우치지 못한 자들이 영원한 벌을 받기 위해 가는 곳이고, 연옥은 구원 받은 영혼들로서 천국에 올라가기에 앞서 죄의 대가를 치루는 사람들이 가는 곳이다. 연옥에서 천국으로 올라가기 전에는 지상의 죄를 망각케 하는 레테 강에서 몸을 씻고 선행의 기억을 새롭게 하는 에우노에 강물을 맛보는 정화 과정을 거쳐야 한다.

연옥의 꼭대기를 통과한 단테는 지상 천국에 도달하여 성서와 교리를 상징하는 행진을 목격한 후 베아트리체를 만난다. 천국은 믿음에 따라 지구를 둘러싸고 있는 여러 겹의 하늘로 이루어져 있다. 각각의 죄에 따라 다른 벌을 받는 지옥이나 연옥과 마찬가지로 천국에서는 각자의 선행의 종류에 따라 다른 행복을 누리고 있다.

제1영역인 월성천에는 착하긴 한데 끝까지 충실하지는 못했던 사람들이 머물고 있으며, 제2영역 수성천에는 야심 있는 자들이 머물고 있다. 제3영역인 금성천에는 사랑에 불탄 자들이 머물고 있고, 제4영역인 태양천에는 지혜로운 자들이 머물고 있다.

제5영역인 화성천에는 용감한 자들이 머물고 있으며, 제6영역인 목성천에는 정의로운 사람들이 머물고 있다. 목성천에 머물고 있는 영혼들은 다른 하늘에서와는 다르게 개인으로 존재하는 것이 아니라 거대한 독수리를 이루고 있다. 독수리 자체가 하나의 인격체로 자신의 어느 부위에 어느 영혼이 있는지를 말해 준다. 제7영역인 토성천에는 사색하는 자들이 머물고 있다.

제8영역인 항성천으로 간 단테는 자신의 별자리인 쌍둥이자리에서 지구와 지금까지 거쳐 온 천국의 7영역을 돌아보고 사도들과 믿음, 소망, 사랑에 대해서 토론한다. 항성천에는 베드로, 야곱, 사도 요한, 아담이 머물고 있다. 물리적 우주의 마지막 영역인 제9영역은 원동천이다. 마지막으로 신의 영역이자 천국 그 자체인 최고천은 천국의 모든 영혼들의 본 거주지이다. 여기서 단테는 신의 모습을 볼 수 있도록 빛에 감싸진다.

한편, 단테가 『신곡』을 쓰기 훨씬 전인 18세부터 26세 사이에 쓴 『신생』은 영원한 연인 베아트리체에 대한 사랑을 중심으로 다루고 있다. 단테는 이루지 못하고 끝나버린 베아트리체에 대한 사랑을 원동력으로 하여 『신곡』에 뒤지지 않는 연애시를 썼지만, 여기에서 자신의 부인에 대해서는 한 번도 언급하지 않았다.

『토착어에 대하여』는 이탈리아 토착어를 언어학적으로 분석한 최초의 작품이지만 라틴어로 썼다. 『토착어에 대하여』에서 단테는 군주들이 국가를 효율적으로 지배하기 위해서는 통일된 토착어의 보급이 중요하다고 역설했다.

밀턴의 『실낙원』

존 밀턴John Milton(1608-1674)은 영국의 시인이자 청교도 사상가이며, 서사시인 『실낙원』의 작가로 널리 알려져 있다. 밀턴은 런던에서 청교도 신앙을 가진 부유한 공증인의 아들로 태어났다. 일찍부터 문학적 재능을 보인 밀턴은 케임브리지 대학을 졸업하고 아버지의 별장에 은둔한 채 독서와 사색으로 문학적 역량을 쌓으며 작품을 썼다.

밀턴은 1637년부터 1639년까지 이탈리아를 여행한 후 영국에 돌아와 청교도들을 탄압하던 영국국교회에 반대하고 청교도 혁명을 주도한 올리버 크롬웰을 지지했다. 그는 청교도 혁명이 일어난 뒤 약 10년 동안 외국어 장관을 지내면서 종교, 언론, 정치 문제에 대한 소논문들을 집필했다. 이 시기에 쓴 글 중에는 언론의 자유를 옹호하는 글도 있다. 이런 글에서 그는 국가에 대해 건전한 조언을 할 수 있는 사람이 자유롭게 말할 수 있을 때, 그리고 그렇게 할 의지가 있는 사람이 칭송을 받을 때, 그렇게 할 수도 없고 할 의지가 없는 사람이 침묵을 지킬 수 있을 때, 그것이 진정한 자유라고 주장했다.

또한 간통을 이혼 사유로 여기던 영국사회의 전통을 깨고, 부부간의 성격과 사상이 맞지 않는다면 이혼할 수 있다고 주장한 이혼의 자유에 대한 글을 써서 논란을 일으키기도 했다. 밀턴은 또한 하나님의 형상을 지닌 인간을 어른으로 대접하는 정치를 해야 한다는 신념에 따라 왕정에 반대하고 공화주의를 주장했다.

밀턴의 작품 중에는 『실낙원』이 대표작이다. 밀턴은 라틴어로 글을 쓰면 여러 나라에서 읽힐 수 있다는 것을 알았지만, 영어에

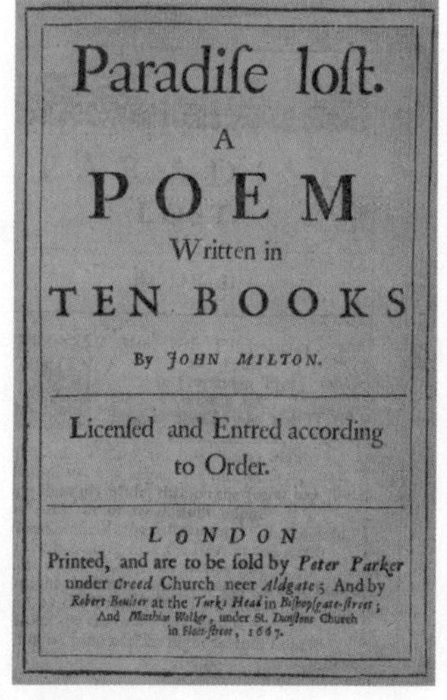
Paradise lost.
A
POEM
Written in
TEN BOOKS
By JOHN MILTON.
Licensed and Entred according
to Order.
LONDON
Printed, and are to be sold by Peter Parker
under Creed Church neer Aldgate; And by
Robert Boulter at the Turks Head in Bishopsgate-street;
And Matthias Walker, under St. Dunstons Church
in Fleet-street, 1667.

그림13-14『실낙원』의 1667년판 표지

대한 자부심을 가지고 있었기 때문에『실낙원』을 영어로 썼다.『실낙원』은 영문학 역사상 가장 위대한 서사시로 후세에 큰 영향을 끼쳤다. 1660년 왕정이 복구되고 찰스 2세가 즉위하자 밀턴은 추방되어 실명한 채 딸들의 도움을 받아가면서 1667년에『실낙원』을 완성했다.

『실낙원』이 처음 출판될 때는 10권으로 되어 있었으나 1674년 두 번째 판이 나올 때 오늘날과 같은 12권이 되었다.『실낙원』의 1권과 2권에서는 신에 반역하여 지옥에 떨어진 후, 하나님이 창조한 낙원에 사는 아담과 이브를 유혹하여 신의 계획을 무산시키는 것으로 신에게 복수하려는 사탄에 대해 이야기했고, 3권에서는 천상의 소식, 4권에서는 에덴의 축복을 노래했다. 5권에서부터 8권까지는 천사 라파엘이 아담에게 사탄의 반역과 천지창조의 전말을 이야기하고 경고하지만 이브는 9권에서 뱀으로 변신한 사탄의 유혹에 빠지고 만다. 10권에서는 죄를 지은 후에 찾아오는 재앙을 설명하고, 11권과 12권에서는 인류의 역사와 구원의 예언을 묘사했다. 아담과 이브는 신이 준비한 구원을 믿으며 낙원을 떠난다.

『실낙원』은 인류 모두와 관련이 있는 보편적 주제를 다룬 서사시로 밀턴의 종교적, 철학적 입장을 잘 나타내고 있다. 밀턴이 『실낙원』에서 중요하게 다룬 주제는 인간의 자유의지의 문제였다. 밀턴은 로마 가톨릭교회든 영국국교회든 장로교회든 교회의 권위를 내세우는 것은 참된 신앙의 장애물이라고 생각했다. 그는 인간 개인이 무한한 잠재능력을 가지고 있다고 생각했다. 밀턴은 개인의

그림13-15 〈아담과 하와의 유혹〉(티치아노, 1576)

양심과 올바른 이성이야말로 하나님의 뜻을 이해하는 가장 강력한 도구라고 생각했다.

밀턴은 아담과 이브의 자유의지를 강조했다. 다만 이브나 아담처럼 사탄의 유혹을 받아 불가피하게 선택한 것과 사탄처럼 스스로 선택한 것에 차이를 두었다. 밀턴은 아담과 이브가 사탄의 유혹에 넘어가 타락한 것이 오히려 하나님의 지극한 은총에 의한 사랑과 용서의 계기가 되었으며 그리스도가 이 땅에 오도록 하는 원인이 되었다는 생각을 『실낙원』에 담았다. 『실낙원』을 발표한 후에도 밀턴은 『투사 삼손』, 『복낙원』 등 청교도 사상이 담긴 작품들을 발표했다.

〈비오 9세와 제1차 바티칸 공의회〉(그랜저, 1870)

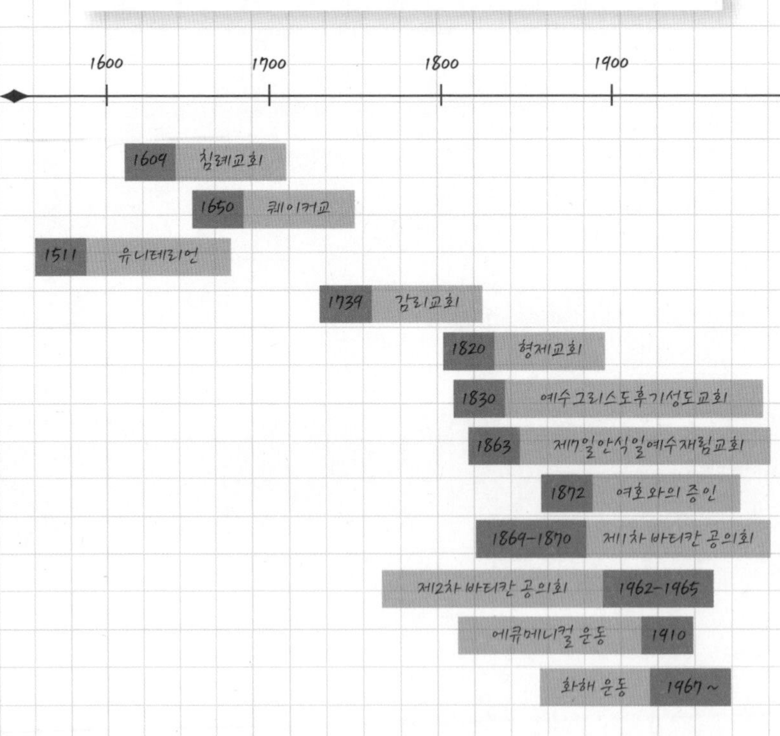

# IX

## Chapter 14

# 17세기 이후에 나타난 교단들과 교회일치 운동

# 들 어 가 며

사제들만이 성경을 해석할 수 있었던 가톨릭교회에서도 여러 가지 다른 교리들이 나타났었다. 그러나 가톨릭교회에서는 교리 논쟁을 교회 회의를 통해 해결할 수 있었다. 이 과정에서 많은 교리들이 이단으로 단죄되었지만 교회가 분열되는 것은 막을 수 있었다. 종교개혁 이후 누구나 성경을 읽고 해석할 수 있게 되자 교리 논쟁이 더욱 활발하게 전개되었지만 교리 논쟁을 해결할 조직이 존재하지 않았기 때문에 교리 논쟁은 새로운 교파의 등장으로 이어졌다.

17세기 이후 새롭게 등장한 교파들 중에는 성경을 새롭게 해석한 교회 지도자들에 의해 성립된 교파도 있지만, 성경과는 다른 새로운 경전이나 계시를 받았다고 주장하는 사람들에 의해 창립된 교파도 있다. 새로운 경전이나 계시를 성경보다 더 중요하게 여기는 교파들은 기독교의 한 분파라고 볼 수 없지만, 자신들은 새롭게 탄생한 기독교라고 주장하는 경우가 많다. 따라서 기독교 역사 이야기에 어떤 교파까지를 포함시키느냐 하는 것도 쉽게 결정할 수 있는 문제가 아니다. 기독교와 관련된 궁금증을 다루는 우리 이야기에서는 기독교 범주에 포함시킬 수 없는 교파라고 해도 널리 알려져 있어 사회적으로 중요한 교파들은 포함시키기로 했다.

수많은 교파들이 나타나자 예수를 구세주로 믿는 기독교가 성경의 해석이나 교리의 지엽적인 차이로 인해 여러 교파로 분리되어 서로 비난하는 것이 바람직하지 않다는 생각으로 교회들의 화해와 일치를 주장하는 사람들도 나타났다. 오랫동안 개신교를 인정하지 않던 가톨릭교회에서도 개신교를 분리된 형제로 인정하여 화해하기 위한 노력을 시작했다. 그러나 많은 교파로 분리되어 서로를 비난해 온 교파들 사이의 골이 깊어 이런 노력들이 아직 큰 진전을 보지는 못하고 있다.

## 새로운 교단의 설립

### 침례교회

침례교회의 기원에 대해서는 여러 가지 설이 있다. 일부에서는 세례 요한과 예수에게까지 침례교의 기원이 거슬러 올라간다고 주장하는 사람들도 있다. 침례교회에서 세례 요한이 행하던 방법으로 침례를 행하기 때문이다. 일부에서는 1500년대에 유아세례를 인정하지 않고 유아세례를 받은 경우에도 성인이 된 다음에 다시 세례를 받아야 한다고 주장했던 재세례파의 영향을 받은 청교도들이 1620년 런던에서 침례교회를 설립했다고 주장한다. 그러나 많은 교회 역사학자들은 1609년 네덜란드의 암스테르담에서 영국인 존 스미스John Smyth(1570–1612)를 목사로 하여 설립된 침례교회를 최초의 침례교회라고 보고 있다.

케임브리지 대학을 졸업하고 성공회 신부가 되었으나 1606년 성공회에서 이탈한 후 영국의 박해를 피해 암스테르담으로 망명했던 스미스는 신약성경에 근거해 유아세례를 거부하고 자신의 의지로 신앙을 고백할 수 있는 이들에 대해서만 침례를 주었다. 1639년에는 로저 윌리엄스Roger Williams(1603–1683)가 미국에 최초로 침례교회를 설립했다. 미국의 자유정신은 침례교회의 자유정신과 유사한 점이 많아 침례교회가 급속하게 성장할 수 있었다.

침례교회의 각 교회는 정책, 조직 형태, 가르침에 있어서 자치권을 가지고 있다. 침례교회는 각 교회의 독립을 강조하여 총회와 같은 기관이나 지도자에 의한 관리를 받지 않는다. 교회 운영, 지도권, 가르침은 각 교회의 평신도에 의해 민주적으로 결정된다. 침례교회에도 협의회와 총회들이 있지만, 이런 기관들은 선교나 교육, 그리고 자선을 위해 존재하고 있으며, 개별 교회의 운영에 간여하지 않는다. 따라서 어느 총회에도 소속되지 않은 독립 침례교회들도 존재한다.

침례교회에서는 마르틴 루터와 존 위클리프가 강조한 모든 신자가 제사장이라는 만인제사장설을 받아들여 모든 신자가 성직자들의 도움 없이 하나님과 직접 만날 수 있으며 성경을 통해 계시된 진리를 받을 수 있다고 가르친다.

침례교회에서는 침례와 주의 만찬이라는 두 가지 전례를 행한다. 침례는 예수를 그리스도로 고백한 후 물 속에 온몸이 완전히 잠기는 의식으로, 옛사람이 죽고 새사람으로 거듭난다는 상징적인

그림14-1 〈로저 윌리엄스의 귀환〉(C.R. 그랜트, 1886)

의미를 지니고 있다. 대부분의 침례교회에서는 구원을 얻은 후 받는 침례를 회원의 자격으로 삼고 있다. 침례교회에서는 구원은 그리스도에 대한 믿음의 고백으로 얻어지는 은혜이므로, 부모가 자식의 구원을 결정할 수 없다고 보기 때문에 유아세례를 인정하지 않는다.

침례교회에서는 물에 완전히 잠기는 침례를 강조한다. 이는 침례(세례) 요한이 사용했던 방식으로, 침례를 주는 목회자가 침례받는 사람을 뒤쪽으로 몸을 낮추게 하여 물에 잠기게 하고, 성부와 성자와 성령의 이름으로 침례를 주고 그리스도의 제자로 삼으라는 예수 그리스도의 명령이나 다른 신앙 고백문을 낭독함으로써 이루어진다. 그러나 침례의 방식과 주체도 교회별로 차이가 있다. 많은 침례교회들은 물에 완전히 잠기는 침례만을 인정하나, 몇몇 교회에서는 장애인이나 노인 등 예외적인 경우에 한하여 물에 잠기는 침례를 다른 것으로 대체하기도 한다. 교회에 따라서는 다른 교파에서 받은 세례를 침례로 인정하는 교회도 있다.

교파에 따라 성찬식 등 여러 가지 이름으로 부르는 전례를 침례교회에서는 주의 만찬이라고 부른다. 주의 만찬에 참여하는 사람들은 예수의 몸과 피를 상징하는 빵과 음료를 함께 먹는다. 침례교회에서는 빵과 음료가 예수의 몸과 피라는 것을 상징적인 의미로 해석하며, 가톨릭교회에서 받아들이는 빵이 실제로 몸으로 변한다는 화체설은 받아들이지 않는다. 침례교회에서는 목사와 집사를 성경에 나타난 직분으로 보고 있지만 장로의 직분은 목사나 집사의 직분에 해당하는 것으로 간주하여 독립적인 직책으로 보지 않는다.

## 퀘이커교

퀘이커교의 창시자 조지 폭스George Fox(1624–1691)는 "네 상태에 대해서 말할 수 있는 이는 오직 예수 그리스도 한 분밖에 없다"는 음성을 들은 후 신약성경을 따르는 교회를 세우기로 했다. 폭스는 교회는 그리스도가 직접 가르치며 인도해야 하고, 특별한 건물이나 안수 받은 성직자가 필요 없으며, 그리스도의 가르침을 생활 전체에 적용하도록 가르쳐야 한다고 주장했다. 따라서 초기 퀘이커교도들은 어떤 종류의 의식이나 사전 준비, 또는 정해진 설교자 없이 예배를 드렸다.

그림14–2 〈설교하는 조지 폭스〉(로버트 스펜스, 1914)

퀘이커교는 기존 교회의 전례를 무시했기 때문에 많은 박해를 받았다. 1662년에 발표된 퀘이커 조례에 의해 450명 이상이 영국 감옥에서 죽었다. 폭스는 이러한 적대적인 분위기 속에서 영국 전역을 다니며 전도했다. 1681년 찰스 2세가 영국의 퀘이커교 지도자 윌리엄 펜 William Penn(1644–1718)에게 웨스트뉴저지를 주어 퀘이커교도들의 신앙 자유를 위한 안식처로 삼게 했다. 이 지역을 펜의 아버지 이름을 따서 펜실베이니아라고 부르게 되었다. 1689년 발표된 관용법[53]으로 퀘이커교에 대한 박해는 끝났지만 비국교도들에게는 공무원이 되거나 고등교육을 받을 수 있는 자격을 제한했기 때문에 퀘이커교도들은 주로 상업과 공업에 종사했다.

18세기 이후 퀘이커교 내부에서도 많은 분파가 생겨났으나 교회 제도는 폭스 시대 이후 크게 변하지 않고 유지되고 있다. 그러나 많은 지역에서 찬송을 부르고, 기도 순서를 마련하고, 설교를 미리 준비하는 등 수정된 예배 형식을 받아들이고 있다. 퀘이커교는 외적인 전례보다 영적인 세례와 성찬을 중요시한다. 또한 전쟁이 하나님의 뜻과 반대되는 것이라고 주장하고, 노예제 철폐, 여성들의 권리 신장, 금주령, 사형제도 폐지, 형법개혁, 정신장애인들에 대한 보호 등을 주장한다.

### 유니테리언

삼위일체를 반대하고 하나님이 한 위로만 존재한다고 주장하는 유니테리언의 신학적 기반은 예수의 신성을 부정해 가톨릭교회에서 이단으로 배척받은 아리우스로까지 거슬러 올라간다. 현대적 유니테리언의 기원은 16세기 종교개혁에서 그 기원을 찾을 수 있다. 종교개혁자들 중에서 자유주의적이고 급진적이며 이성주의적이었던 사람들은 이성적 사고를 통해서만 진리에 도달할 수 있다

53 관용법은 비영국국교도 개신교들의 종교의 자유를 인정한 법률이다. 그러나 삼위일체를 부정하는 단체나 로마 가톨릭교회는 관용법에서 제외되었다.

고 주장했던 플라톤의 생각을 받아들여 이성적이고 합리적인 성경 해석을 통해 하나님을 이해하려고 시도했다. 이들은 하나님은 유일한 존재여서 아버지 하나님, 아들 하나님, 성령 하나님이 따로 있을 수 없다고 주장했다.

그림14-3 〈칼뱅과 세르베투스〉(테오도어 픽시스, 1861)

대표적인 신플라톤주의적 유니테리언주의자는 마이클 세르베투스Michael Servetus(1511–1553)였다. 1511년 스페인에서 태어난 세르베투스는 1536년 파리에서 미술과 의학 분야 학위를 받고 유럽에서 최초로 혈액의 소순환을 주장했다. 소순환을 알지 못했던 당시에는 온몸을 돌아 대정맥을 통해 우심방으로 들어온 피가 우심실을 거친 다음 좌심실에서 대동맥을 통해 다시 온몸으로 나가는 것을 설명하기 위해 피가 심장 벽을 통해 우심실에서 좌심실로 흘러간다고 했다. 그러나 세르베투스는 우심실에서 허파로 갔다가 좌심방을 거쳐 좌심실로 들어오는 소순환이 있다고 주장했다. 세르베투스의 이런 주장은 받아들여지지 않았다.

세르베투스는 가톨릭교회의 부패와 스페인에서 행해진 유대인과 무어인에 대한 박해를 보면서 가톨릭교회에 회의를 느끼게 되었다. 그는 역사와 성서 연구를 통해 콘스탄티누스와 신학자들이 성경에 없는 삼위일체를 교리로 채택했다고 단정하고 1531년에 『삼위일체론의 오류』를 출간했다. 이 책에서 그는 삼위일체의 존재 방식은 머리 셋 달린 케르베로스이며 아우구스티누스의 망상이고, 마귀의 착상이라고 주장했다. 이로 인해 세르베투스는 로마 가톨릭교회와 칼뱅주의자들에게 이단으로 단죄되었고, 1553년 10월 27일 칼뱅주의자들로 구성된 제네바 시의회의 결의로 산 채로 화형에 처해졌다.

영국의 유니테리언주의는 청교도 사상을 바탕으로 성장했다. 빠르게 발전하는 과학적 세계관과 결합한 칼뱅의 교리는 본래의 교리에서 멀어지게 되었다. 따라서 자유주의적인 경향을 띤 성직자들은 칼뱅의 신학에서 주장하는 신의 선택에 의한 구원보다는 이성과 도덕을 더 중요시하게 되었다.

산소를 발견한 저명한 과학자로 비국교회 목사이기도 했던 조지프 프리스틀리Joseph Priestley(1733–1804)는 삼위일체 교리와 예수가 천지창조 전부터 성부와 같이 존재했다는 교리 등을 부정하고, 성서를 새롭게 해석했다. 1772년에 1권이 출판되고, 3권이 1774년에 출판된 『자연과 계시 종교의 원리』에서 그는 자연 종교, 계시의 진실성을 뒷받침하는 논거, 그리고 계시로부터 얻을 수 있는 진실 등에 대해 논했다. 약 50년 동안의 자유주의 신학자들의 주장을 요약한

그림14-4 조지프 프리스틀리의 초상(엘렌 샤플즈, 1794)

이 책은 오랫동안 유니테리언의 대표적인 해설서가 되었다.

프리스틀리는 또한 기독교 교리의 불합리성은 그리스의 이단적인 철학을 신학에 도입했기 때문이라고 주장하고, 순수한 기독교는 초기 기독교뿐이라고 주장했다. 1782년에 출판한『기독교 부패의 역사』에서는 삼위일체설이나 예정설과 같은 기독교의 교리가 만들어진 역사적 기원을 설명하고 이를 부정했다.

유니테리언이라는 명칭이 분파적이고 분열적인 느낌을 준다고 해서 이 명칭을 거부했던 몇몇 그룹은 자유 그리스도교도라는 이름을 선호했다. 미국 중서부 지역에 보급된 유니테리언주의는 성경이 아니라 인간의 열정과 과학적 진리를 존중하는 방향으로 발전해 갔다. 영국과 미국의 유니테리언주의 분파들은 1825년에 각각 영국 유니테리언협회와 미국 유니테리언협회를 조직했다.

## 감리교회

1703년에 영국국교회 성직자의 아들로 태어난 존 웨슬리John

Wesley(1703-1791)는 1720년 옥스퍼드 대학 크라이스트처치에 입학해 히브리어, 그리스어, 라틴어, 논리학, 윤리학, 철학, 물리학, 신학 등 다양한 학문을 공부했다. 웨슬리는 1725년에 영국국교회의 집사목사가 되었고, 1728년 9월 성직 안수를 받은 후에는 옥스퍼드 대학으로 돌아와 동생 찰스 웨슬리가 결성해 놓은 '거룩한 모임'의 지도자가 되었다. 웨슬리는 1738년 5월 24일 마르틴 루터가 쓴 로마서 서문을 읽고, 마음이 뜨거워지는 놀라운 경험을 했다. 그 후 웨슬리는 잉글랜드, 스코틀랜드, 웨일스, 아일랜드를 돌아다니며 전도했다.

1739년, 미국 뉴저지 주에서 선교를 하고 있던 한 집사목사에게 영국국교회가 성직 안수를 하지 않자 자신이 직접 성직 안수를 한 것이 계기가 되어 웨슬리는 더이상 영국국교회의 성직자로 일할 수 없게 되었다. 이후 웨슬리는 자신이 주도한 영국 내 복음주의 운동으로 인해 성립된 감리교회에서 활동했다.

그림14-5 존 웨슬리의 초상(조지 롬니, 연도 미상)

웨슬리를 중심으로 한 복음주의 운동은 감리교회로 발전했고, 영국국교회가 성공회로 발전하는 데 큰 영향을 주었다. 웨슬리는 교리 중심의 사상적 신학보다는 실천 중심의 신학을 중요하게 생각했다. 신앙의 핵심은 어떤 교리를 선택하느냐가 아니라 성화, 즉 거룩한 삶을 살아가는 데 얼마나 도움이 되느냐가 중요하다고 생각한 것이다.

웨슬리는 칼뱅의 예정설과는 달리 구원은 예정되어 있지 않고 예지되어 있으며 하나님의 은총에 대해 자유의지에 의한 인간의 반응이 수반되어야 구원이 완성된다고 주장했다. 따라서 한 번의 구원 은총에만 멈추지 말고 성화의 과정을 거쳐야 한다는 성화사상이 나타나게 되었다. 성화는 인간의 의지와 하나님의 은총으로 더 높은 수준에서 하나님에게 가까이 다가가는 과정이다.

감리교회는 보수적인 성향을 띠는 루터교회와 복음주의 신학을 배경으로 한 새로운 신학에 대해서 모두 포용적이다. 따라서 신학적으로 보았을 때 감리교회는 다양한 신학을 존중하는 진보적인 성격을 띠고 있으면서도 기독교의 전통을 중요하게 생각하는 보수적 성격도 동시에 지니고 있다.

미국의 감리교회는 영국 감리회와 달리 감독제 교회 형태로 발전하여 1950년대까지 미국 내에서 가장 큰 개신교 교단으로 성장했다. 1968년 감리교회와 감리교회 계통의 복음주의 연합 형제교회가 통합하여 만들어진 연합감리교회가 미국의 대표적인 감리교회 교단이다.

20세기 초에 감리교회 내에서 있었던 개인의 성화를 중요시하는 성결 운동으로 인해 성결교회가 출발했고, 영적 체험과 은혜를 강조하는 오순절 운동이 벌어지면서 오순절교회, 즉, 순복음교회가 나타났다.

우리나라에 감리교회가 들어온 것은 1800년대 말이었다. 1884년 6월 27일 미국 감리교 선교사인 맥클레이Robert Maclay(1824–1907)가 김옥균을 통해 고종에게 감리교회의 선교사업을 윤허해 줄 것을 요청했으나 고종은 교육사업과 의료사업만을 허용했다. 따라서 우리나라에서의 직접적인 선교 활동은 미국의 감리교 선교사인 헨리 아펜젤러Henry Appenzeller(1858–1902)가 1885년 인천에 도착한 후에 시작되었다.

아펜젤러는 배재중학교, 배재고등학교, 배재대학교의 전신인 배재학당을 설립해 기독교 전파와 교육에 공헌했고, 그의 아들 헨리 다지 아펜젤러는 미국에서 공부한 뒤 아버지를 이어 배재학당의 교장으로 일했으며, 그의 딸 엘리스 레베카 아펜젤러는 이화여

그림14–6 헨리 아펜젤러와 학생들

자고등학교와 이화여자대학교의 전신인 이화학당에서[54] 학생들을 가르쳤다. 아펜젤러는 1902년 인천에서 목포로 가던 배가 충돌한 해상 사고에서 여학생을 구하려다 익사했다.

### 형제교회와 세대주의

법학을 공부하다가 아일랜드교회의 성직자가 된 존 넬슨 다비 John Nelson Darby(1800–1882)를 중심으로 영국국교회의 지나친 교파주의와 형식적인 교인들의 신앙생활에 환멸을 느낀 사람들이 모여 플리머스 형제단Plymouth Brethren을 결성했다. 영국의 여러 지역에서 독립적으로 만들어진 모임들이 다비의 지도 아래 하나의 운동으로 자리잡았기 때문에 이러한 모임이 시작된 시기를 정확하게 알 수는 없다.

플리머스 형제단은 성서 제일주의를 표방했다. 그들은 자신이 심판을 받아야만 할 죄인이지만 예수 그리스도의 대속으로 자신의 죄가 사해져 거듭났다는 것을 확실하게 깨달은 사람들만 형제로 인정했다. 플리머스 형제단은 다비의 탁월한 조직 관리 능력에 의해 그 세력이 크게 확장되었지만 이후 성경 해석의 차이로 분열을 계속했다. 이후 플리머스 형제단은 형제교회로 발전했다. 형제교회는 만인사제의 입장에서 교회의 조직 체계를 철폐하여 성직자를 따로 두지 않아 성직자와 평신도의 구별을 없앴으며, 교단을 구성하지 않고 개별 교회가 하나님 앞에 책임을 지도록 하고 있다.

---

54 이화학당을 설립한 사람은 미국의 교육자이자 감리교 선교사였던 메리 스크랜튼(Mary Scranton, 1832–1909)이다. 메리 스크랜튼은 아펜젤러가 배재학당을 설립하자 이에 자극을 받아 이화학당을 설립했다. 1885년 아펜젤러와 함께 우리나라에 들어와 연세대학교의 전신인 연희전문학교를 세운 호러스 그랜트 언더우드(Horace Grant Underwood, 1859–1916)는 장로교 선교사였다.

형제교회에서는 모든 헌금을 의무가 아니라 감사함으로 하며 무기명으로 하는 것을 원칙으로 하고 있다. 매 주일마다 성찬예배를 하는데, 성령의 인도에 따라 찬송과 감사기도를 한 후 떡과 잔을 나눈다. 믿음을 간증한 새 신자들을 검증한 후에 침례의식을 행한다. 형제교회에서는 "그러나 나는 너희가 알기를 원하노니 각 남자의 머리는 그리스도요 여자의 머리는 남자요 그리스도의 머리는 하나님이시라 무릇 남자로서 머리에 무엇을 쓰고 기도나 예언을 하는 자는 그 머리를 욕되게 하는 것이요 무릇 여자로서 머리에 쓴 것을 벗고 기도나 예언을 하는 자는 그 머리를 욕되게 하는 것이니 이는 머리를 민 것과 다름이 없음이니라"고 한 고린도전서 11장의 말씀을 따라 여성은 모자나 수건을 사용하여 머리를 가린다. 형제교회는 매킨토시나 조지 위그람과 같은 저명한 성경 신학자들과 죠지 뮬러, 디엘 무디와 같은 유명한 설교자들을 다수 배출했다.

세대주의는 플리머스 형제단을 주도한 존 넬슨 다비가 처음 주장했고 1900년도 초에 미국의 스코필드C.I. Scofield(1843-1921)에게 전수되어 1909년 스코필드 성경이 발행된 후 전 세계에 급속도로 전파되었다. 세대주의에서는 인류의 역사를 ①무죄시대, ②양심시대, ③인간통치시대, ④약속시대, ⑤율법시대, ⑥은혜시대, ⑦천년왕국시대의 일곱 시대로 구분하고 각 시대마다 하나님이 그의 백성을 다스리는 방법이 다르다고 주장한다. 은혜시대에 살고 있는 현대인은 율법인 십계명을 존중하기는 해야 하지만 생활과 신앙의 절대적 법칙으로 지킬 필요는 없다고 주장한다.

또한 세대주의에서는 성경을 문자 그대로 해석해야 한다고 주장하며 구약은 이스라엘만을 위한 것이라고 주장한다. 구약에 포함된 선지자들의 예언은 이스라엘 백성을 위한 것으로 이 세상에서 모두 성취된다고 믿는다. 성도는 대환란이 오기 전에 휴거되어 환란을 면하게 되고 휴거가 있은 후에는 유대인들 중 남은 자가 교회를 맡게 되며 이들을 통해서 이스라엘과 이민족들이 회심하게 된다고 주장한다.

### 예수그리스도후기성도교회(몰몬교)

1805년 버몬트 주 샤론에서 가난한 농부의 아들로 태어난 조셉 스미스 2세Joseph Smith, Jr.(1805–1844)는 개신교 간의 대립을 보면서 혼란을 겪다가 1820년 봄에 어떤 종파에도 속하지 말라는 하나님의 답을 들었다. 몇 년 후 기도 중에 그를 방문한 모로나이라는 천사의 지시로 그는 뉴욕 서부의 구모라Cumorah 언덕에서 땅속에 묻혀 있던 고대 기록이 새겨진 금판을 받아 이를 영어로 번역하여 1830년 3월 27일 몰몬경 5,000부를 출간했다. 몰몬경 출판 직후인 1830년 4월 6일 뉴욕 주에서 스미스 2세를 포함한 6명이 설립 등기인으로 공식 교단을 설립했다.

예수그리스도후기성도교회에서는 성경과 더불어 몰몬경을 경전으로 사용하고 있기 때문에 몰몬교라는 이름으로 더 널리 알려져 있다. 한때는 말일성도예수그리스도교회라고 부르기도 했으나 2005년부터 예수그리스도후기성도교회라는 명칭을 사용하고 있다. 그러나 후기성도교회라는 약칭이 더 널리 알려져 있다.

조셉 스미스 2세는 교회를 설립한 지 얼마 되지 않아 예수그리스도후기성도교회의 기본적인 신조가 포함된 신앙개조를 발표했다. 신앙개조에는 성부, 성자, 성령에 대한 믿음, 원죄설 교리의 부정, 그리스도의 대속, 예수 그리스도에 대한 신앙과 회개, 침례와 안수례 등의 의식, 복음 전파자의 권능, 초대교회와 동일한 조직, 국가 통치자와 법률에 대한 지지와 순종, 이스라엘의 회복, 새로운 예루살렘인 시온이 아메리카 대륙에 세워질 것이라는 예언 등이 포함되어 있다.

1831년에는 본부를 오하이오 주의 커틀랜드로 옮겼다가 다시 일리노이 주의 나부로 옮겼다. 유럽 선교사업으로 개종한 많은 신도들이 나부로 이주하여 나부 시의 인구가 급속히 증가했다. 이 무렵 조셉 스미스 2세는 일부다처제를 허용하고 자신도 여러 명의 아내를 두었다. 활발한 선교로 교회가 성장하자 1844년 2월에는 러닝메이트 시드니 리그돈Sidney Rigdon과 함께 미국 대통령 후보로 출마하기도 했다.

그런가 하면 그는 적대자들로부터 여러 가지 죄목으로 평생 동안 약 40차례나 고소를 당하기도 했다. 대부분의 경우에는 무혐의로 결론이 났다. 그러나 1844년 6월 27일 반역죄로 수감되어 있던

그림14-7 조셉 스미스 2세의 초상(저작권 불명, 1842)

중 약 2백여 명의 무장 폭도들의 총격을 받고 그의 형 하이람 스미스와 함께 사망했다.

조셉 스미스 2세가 사망한 후 브리검 영Brigham Young(1801–1877)이 임시 총회에서 만장일치로 후계자가 되었다. 브리검 영이 후계자가 되고 2년 후에 나부에서는 예수그리스도후기성도교회와 주민들 사이에 격렬한 충돌이 있었다. 전쟁으로 비화되는 것을 막기 위해 브리검 영은 그를 따르는 성도들과 함께 네브래스카를 거쳐 1847년 유타 주로 이동하여 유타 주를 중심으로 하는 미국 중서부의 넓은 지역에 정착했다.

1857년 예수그리스도후기성도교회와 시민들 사이에 긴장이 다시 높아지기 시작했다. 미국 시민들은 그때까지 지속되고 있던 일부다처제와 유타 주 초대 주지사 브리검 영의 신정 정치를 비판했다. 이로 인해 1857년에서부터 1858년 사이에 무력 충돌이 일어났다. 유타몰몬전쟁으로 불리는 이 충돌은 미국 대통령 제임스 뷰캐넌의 명령으로 연방에서 파견된 군대와, 브리검 영의 지휘로 계엄령을 선포하고 자위권을 행사하는 몰몬 민병대 사이의 교전으로 확대되었으나 협상을 통해 해결되었다.

뷰캐넌 대통령은 포고문을 통해 유타에 새로운 주지사를 파견하겠다고 통고하고, 유타 지역의 모든 사람들이 연방법을 준수할 것을 요구했다. 브리검 영은 이 제안을 받아들여 연방에서 파견한 알프래드 커밍에게 주지사의 자리를 내주었다. 이러한 충돌 이후에도 유타 주에서 이 교회의 정치적 영향력은 여전히 지속되었다.

그 후에도 미국 의회는 후기성도교회의 일부다처제를 문제 삼았고 1889년 연방 정부는 예수그리스도후기성도교회의 모든 재산을 동결했다. 국법을 따르라는 교리와 성경시대와 같이 일부다처제를 허용해야 한다는 교리가 상충되자 브리검 영의 후계자인 우드러프가 다시 계시를 받고 1890년에 더 이상 일부다처제를 인정하지 않는다는 선언문을 발표했다.

1896년 유타 주가 정식으로 미국 연방에 포함되고 8년이 지난 1904년에 당시 후기성도교회의 회장이었던 조셉 F. 스미스는 다시 한번 선언을 통해 이 교회가 더 이상 일부다처제를 허용하지 않는다는 점을 분명히 했다.

예수그리스도후기성도교회는 처음부터 스스로 가톨릭이나 개신교에서 파생된 종파가 아니며, 오직 회복된 기독교임을 천명하여 왔기 때문에 가톨릭교회나 개신교에서는 기독교와 관련이 없는 별개의 종교로 간주하고 있다. 그러나 예수그리스도후기성도교회에서는 자신들이 하나님의 계시와 친사들의 시현을 통해 초대교회를 회복한 교회라고 주장하고 있다.

이들은 삼위일체의 교리를 받아들이지 않고 성부와 성자는 구분된 존재라고 믿고 있다. 그들은 또한 아담의 원죄가 인류에게 유전되어 모든 사람들이 형벌을 받는다는 기독교의 교리를 부정하고, 오직 자신이 지은 죄에 대해서만 책임지게 된다고 믿는다. 또한 예수가 재림하여 지상에 천년왕국을 건설할 것이란 것과 그 천년왕국의 중심인 시온이 아메리카 대륙 내에 세워지게 될 것이라고 믿는다.

### 제7일안식일예수재림교회(안식교)

제7일안식일예수재림교회는 앨런 G. 화이트Ellen Gould White(1827–1915)에 의해 미국에서 창립되었다. 엘런 화이트는 시한부 종말론자인 윌리엄 밀러 William Miller(1782–1849)의 열성적인 추종자였다. 윌리엄 밀러는 요한계시록을 해석하여 1844년 10월 예수가 재림하고 세상에 종말이 온다고 주장했다. 그러나 그런 일이 일어나지 않자 그를 따르던 사람들이 흩어지게 되었다. 하지만 앨런 화이트는 1844년 12월 기도하던 중 성령으로부터 계시를 받았다. 앨런 화이트는 재림의 날은 아무도 모른다고 한 성경 말씀을 받아들여 재림 시기를 정하지 않기로 하고 재림파 신도들을 다시 결집했다.

그림14–8 앨런 G. 화이트(저작권 불명, 1864)

제7일안식일예수재림교회는 성경에는 오류가 없다는 성서 무오설을 주장하고 있다. 이들은 윌리엄 밀러가 주장한 재림의 날이 이루어지지 않은 것은 성경에 오류가 있기 때문이 아니라 성경을 잘못 해석했기 때문이라고 설명하고 성경을 올바로 해석하기 위해 더 많은 성경 연구가 필요하다고 주장한다. 이들은 또한 엘런 화이트가 받은 계시를 과거 예언자들이 받은 계시와 같은 정도로 중요하게 생각한다. 제7일안식일예수재림교회는 1844년부터 예수 재림 전에 조사심판이 이루어지고 있다고 주장한다.

제7일안식일예수재림교회는 토요일을 안식일로 지킨다. 그들은 콘스탄티누스 황제와 가톨릭교회가 성경에 기록된 안식일과 아무 관계없는 일요일을 예배일로 정했다고 주장하고 성경에 기록되어 있는 안식일인 제7일, 즉 토요일을 안식일로 지킨다. 또한, 제7일안식일예수재림교회는 구약에 기록되어 있는 식사규정을 지킨다. 예를 들면 쇠고기와 닭고기는 먹지만 돼지고기를 먹지 않으며 그 외에 다른 육류, 어류, 해산물, 조류 같은 동물성 식품도 먹는 것과 먹지 않는 것을 구분한다. 이러한 구분은 우리 몸을 깨끗하게 하기 위해 필요하다고 주장한다.

### 여호와의 증인

여호와의 증인은 1870년 찰스 테이즈 러셀Charles Taze Russell(1852–1916)에 의해 미국에서 성서 연구 모임이 조직되면서부터 시작되었다. 그는 1872년에 펜실베이니아 주 피츠버그에 국제성서연구자협회를 설립했고, 이 협회는 현재 비영리 법인체로서 워치타워성서책자협회라는 정식 명칭으로 등록되어 있다.

여호와의 증인이라는 명칭은 이사야 43장에 "나 여호와가 말하노라 너희는 나의 증인 나의 종으로 택함을 입었느니라"고 한 내용과 요한계시록 1장 5절에 "충성된 증인으로 죽은 자들 가운데서 먼저 나시고 땅의 임금들의 머리가 되신 예수 그리스도로 말미암아 은혜와 평강이 너희에게 있기를 원하노라"라고 언급한 내용을 근거로 하여 1931년부터 공식적으로 채택하여 사용하기 시작했다.

여호와의 증인에서는 삼위일체론과 영혼 불멸, 지옥불 사상은 성경에 기록되어 있지 않은 내용으로 이교로부터 유입된 교리라고 보아 인정하지 않는다. 그들은 성경에 기록된 죄의 대가는 사망이라는 성경 구절을 말 그대로 해석하여 죄를 지은 영혼은 사망하여 없어지는 것으로 보고, 죄를 지은 영혼이 지옥에서 영원히 고통당한다는 것을 인정하지 않는다. 그들은 또한 예수를 하나님과 동일하거나 동등하다고 여기지 않는다. 그들은 예수 그리스도는 하나님의 첫 창조물인 맏아들로 신성을 지닌 영적 존재이며, 성령은 인격체가 아니라 하나님이 사용하고 있는 활동력이라고 주장한다.

그림14-9 찰스 테이즈 러셀(에릭 패터슨, 1911)

여호와의 증인은 정치에 개입하지 않고 모든 나라에서 정치적 중립을 지키고 있으며 성직 계급과 십일조가 없는 것이 특징이다. 이들은 각자 생업에 종사하면서 자원하여 성서 교육과 전도 활동을 한다. 여호와의 증인은 전쟁을 위한 병역을 거부하고, 도덕적 생활을 할 것을 강조한다.

## 유니테리언 유니버셜리즘

개신교의 한 분파로 분류할 수 있는 유니테리언과, 기독교를 떠나서 종교 다원주의를 주장하는 유니테리언 유니버셜리즘Unitarian Universalism은 전혀 다르다. 최근에는 유니테리언 유니버셜리즘을 받아들이는 사람들이 많아지면서 유니테리언이라고 하면 이들을 가리키는 경향이 있다. 기독교에서 유니버셜리즘이란 만인이 구원을 받는다는 신학 사조이다. 1961년에 미국 유니테리언협회와 유니버셜리즘교회가 통합해서 유니테리언유니버셜리즘협회가 창립되었다.

유니테리언 유니버셜리즘은 초월주의, 휴머니즘, 뉴 에이지, 이방종교 등을 혼합함에 따라 마치 종교 연합체와 같이 되었다. 유니테리언들은 그리스도교의 유일신론을 포기하고, 인간의 본성이 우주적인 신의 일부라고 주장한다. 종교 다원주의를 추구하는 이들은 힌두교와 동양 신비주의, 그리고 진화론과 같은 과학 이론에서도 영향을 받았다.

1948년 미국 매사추세츠에서 열린 유니버셜리스트 컨벤션에서 이들은 다양한 지구상의 종교를 혼합한 우주적 세계종교를 만들 것을 천명했다. 그들은 성경에 기록되어 있는 창조에 관한 이야기를 설화나 신화로 간주하고 인간의 전적인 타락을 부정한다. 약한 인간이 죄에 빠질 수는 있지만 그것이 완전한 타락을 의미하지는 않는다고 본다.

# 19~20세기에 개최된 공의회

## 제1차 바티칸 공의회

교황 비오 9세(재위 1846-1878)는 교회 안으로 침투하는 새로운 철학과 자연과학 등 새로운 사조와 국제 정치적 환경 변화에 대한 대응책을 마련하기 위해 공의회의 개최 필요성을 인식하게 되었다. 트리엔트 공의회(1545-1563)에서 공포되어 300여 년 동안 사용되어 온 교회법이 현실성을 상실한 것도 공의회의 개최 필요성을 더했다. 교황은 우선 당시 사조의 오류 목록을 작성하여 발표했다.

이 오류 목록에는 범신론과 이성주의, 모든 종교가 같다고 생각하는 신앙무차별주의, 사유재산권을 부정하는 사회주의, 가정의 국가예속주의, 혼인에 관한 잘못된 생각들, 자유방임주의, 교황의 속권 부정, 교권을 속권에 예속시키려는 생각, 독점국가주의, 그리고 사회의 종교 경시사상 등이 포함되어 있었다.

이 오류 목록에 대해 시대착오적이라고 비난하는 사람들이 많았다. 교황은 오류 목록을 공식화하기 위한 공의회를 개최하기로 하고 준비 위원회를 결성했다. 1868년 교황은 공의회 소집 칙령을 발표하여 5개의 소위원회를 구성하고 각각 신앙, 교회법, 수도회, 동방교회와 선교, 교회 문제를 내용으로 한 의안을 작성했다.

1869년 12월 8일 제1차 바티칸 공의회가 베드로 대성전에서 시작되었다. 전 세계 주교 1,050명 가운데 약 700명이 개회식에 참석했고 회의 중에는 최고 774명까지 참석했다. 의안 논의가 시작되자 교황 무류성Papal infallibility 주창자들이 우선적으로 이 문재를 다루기를 강력히 주장했다. 400명의 주교들이 동의하고 136명이 반대하여 이 문제가 공식 의제로 추가되었다. 1870년 5월 9일 교황의 무류성에 관한 심의가 시작되어 37차례의 회의와 140회에 이르는 연설을 통하여 격렬한 토의가 벌어졌다. 1870년 7월 13일 중간표결에서 451명이 교황의 무류성에 찬성했고, 88명이 반대했으며, 62명이 조건부로 찬성했다. 일부 주교들이 떠난 후인 18일에 있었던 최종표결에서는 반대 2명, 찬성 533명으로 교황의 수위권과 무류성의 교의가 포함된 〈그리스도 교회에 관한 교의헌장〉이 통과되었다.

교회에 관한 교의헌장에서 제일 중요한 부분은 교황의 최고 수위권과 교도권을 천명하는 제3장과, 교황의 무류지권을 선포하는 제4장이었다. 제3장의 가장 중요한 내용은 다음과 같다. "로마의 주교는 으뜸 사도인 성 베드로의 후계자요 그리스도의 대리자이며, 모든 그리스도인들의 아버지요 선생이다. 이는 주님 예수 그리스도께서 전체 교회를 돌보고 지도하도록 성 베드로 위에 세우신 전권이 로마의 주교에게 맡겨졌기 때문이다. 따라서 로마 주교는 사도성좌로서 전 세상 위에 수위권을 가진다."

교황의 무류지권을 담은 제4장의 중요한 부분은 다음과 같다. "만일 로마의 주교가 교좌로부터 말한다면 즉, 로마의 주교가 자신이 지닌 최고의 사도적 권한으로 전체 교회를 다스리고 가르치는 직무를 수행하는 가운데, 전체 교회를 위한 신앙과 도덕에 관한 가르침을 최종 결정한다면, 이 결정은 성 베드로 위에 확약된 신적 조력으로 말미암아 무류성을 가진다. 이는 구세주 스스로께서 자

그림14-10 〈비오 9세와 제1차 바티칸 공의회〉(그랜저, 1870)

신이 세우신 교회가 신앙과 도덕을 가르침에 있어서 어떠한 그르침이 있음을 관망하길 원하지 않기 때문이다. 따라서 로마 주교의 이런 결정들은 교회의 동의를 필요치 않고 그 자체로서 불변한다."

교회법, 수도회, 동방교회와 선교에 관한 의안들은 논쟁을 거듭하다 일치를 보지 못하여 공의회 문헌으로 공포되지 않았다. 1870년 7월 19일 프랑스와 프러시아 사이의 전쟁이 발발하자 주교들은 급히 자신의 나라로 귀국하고 교황은 공의회의 무기 연기를 발표했다. 이로서 공의회는 공식적인 폐회식 없이 사실상 막을 내렸다.

## 제2차 바티칸 공의회

제2차 바티칸 공의회(1962–1965)는 2,800명이 참가하여 4회기 동안 로마에서 개최된 로마 가톨릭교회의 제21차 공의회이다. 요한 23세 교황의 재위 기간 동안에 개최된 첫 번째 회기는 1962년 10월 11일부터 12월 8일까지 진행되었고, 바오로 6세 교황의 재위 기간 동안에 개최된 나머지 세 개의 회기는 1963년 9월 29일부터 12월 14일까지, 1964년 9월 14일부터 11월 21일까지, 1965년 9월 14일부터 12월 8일까지 진행되었다.

제2차 바티칸 공의회에서는 교회헌장, 계시헌장, 전례헌장, 사목헌장의 4개 헌장과 주교의 사목직, 교회일치 운동, 동방 가톨릭교회, 사제의 직무와 생활, 사제양성, 수도생활의 쇄신, 교회의 선교사 활동, 평신도의 사도직, 대중매체 등을 다룬 아홉 개의 교령, 타 종교와 교회의 관계, 종교의 자유, 교회의 다종교에 대한 태도,

그림14–11 제2차 바티칸 공의회(로타르 볼레, 2012)

기독교 교육을 다룬 3개의 선언(총 16개 문서)을 채택했다.

제2차 바티칸 공의회의 결과로 가톨릭교회 내에는 많은 변화가 있었다. 트리엔트 공의회 이후 라틴어로 봉헌되던 미사가 각국의 언어로 봉헌되기 시작했고, 신자들과 함께 제단을 바라보며 올리던 미사를 신자들과 마주보며 올리게 되었다. 그러나 명시적으로 제단을 바라보면서 올리던 미사가 금지된 것은 아니었다.

종교개혁 이후 개신교를 폄하하는 표현이었던 열교裂教를 '분리된 형제'라는 표현으로 순화했다. 그러나 개신교를 독립적인 교회로 인정하지는 않았다. 1054년 서로 파문하여 분열된 서방교회와 동방교회의 분열에 대하여 동방정교회와 화해했다. 또 로마 가톨릭교회 신학자 칼 라너Karl Rahner(1904-1984) 사제가 제2차 세계대전 당시 교회의 안위를 위해서라는 이유로 나치독일의 전체주의에 저항하지 않은 점을 지적함으로써, 사회적 불의에 하나님의 말씀으로 저항하는 교회의 사회적 책임에 더 많은 관심을 가지게 되었다.

# 교회일치 운동

## 에큐메니컬 운동

에큐메니컬ecumenical이란 단어는 사람들이 살고 있는 온 세상을 뜻하는 그리스어 '오이쿠메네'에서 유래했다. 그리스와 로마에서는 오이쿠메네가 문명세계 또는 로마제국 전체를 의미했다. 3세기경에는 이 말이 사람들이 살고 있는 온 세상 속에 흩어져 있는 세계 교회를 가리키는 말로 사용되다가 4세기에서 5세기에는 지중해 세계의 보편교회를 지칭하는 말이 되었다. 381년의 콘스탄티노폴리스 공의회에서는 325년 니케아 공의회를 제1차 에큐메니컬 공의회라고 불렀다.

제1차 세계대전 이후 에큐메니컬이라는 말은 교회들의 다양성 속에서 일치를 추구하는 신앙과 질서 운동, 교회의 사회참여에 해당하는 삶과 봉사 운동, 복음전파와 하나님의 선교를 추구하는 복음전도와 세계선교 운동과 관련된 신학을 가리키게 되었다. 에큐메니컬 운동은 세계 교회일치 운동이라고도 한다.

에큐메니컬 운동은 예수를 그리스도라고 믿는 기독교가 여러 교파로 분열되어 다투는 것은 예수 그리스도의 뜻이 아니라고 생각한 사람들이 예수의 기도와 명령대로 하나가 되어야 할 필요성을 느끼고 1910년에 에딘버러에서 제1회 세계선교 회의를 개최하면서 본격적으로 시작되었다. 2차 세계대전 후인 1948년에는 암스테르담에서 성공회를 포함하는 개신교의 여러 종파와 동방정교회가 참여하는 세계교회협의회WCC를 결성했다. 신앙과 질서, 삶과 봉사, 세계선교의 세 가지 목표를 달성하기 위해 결성된 세계교회협의회는 예수를 그리스도라고 믿는 기독교 종파 사이의 일치를 의미하는 것이어서 모든 종교의 일치를 의미하는 것은 아니다.

### 가톨릭교회의 화해 운동

로마 가톨릭교회는 이단으로 단죄했던 동방정교회 및 개신교 교파들을 제2차 바티칸 공의회 이후 분리된 형제라고 인정하기 시작했다. 제2차 바티칸 공의회가 진행 중이던 1964년에 교황 바오로 6세가 동방정교회 수장인 콘스탄티노폴리스 총대주교를 방문했고, 이듬해 12월에는 1054년의 상호 파문을 취소하는 공동선언을 발표했다. 이를 바탕으로 1979년에는 로마 가톨릭교회와 동방정교회가 대화위원회를 구성해 대화의 물꼬를 트기도 했다. 성공회와 로마 가톨릭교회의 국제위원회도 두 개의 최종 보고서와 2개의 합의 선언을 내놓아 대화를 이어가고 있다.

로마 가톨릭교회는 1967년부터 루터교와 대화위원회를 구성해 1972년부터 1994년까지 세 차례의 합동위원회를 열고 1972년 말타 보고서를 비롯한 두 개의 공동보고서를 발표했다. 1999년에 로마 가톨릭교회와 루터교가 함께 발표한 교리에 관한 공동선언은 지난 450여 년 동안 계속된 두 교회의 논쟁에 종지부를 찍고 교회 일치를 위한 새로운 장을 연 커다란 성과였다. 로마 가톨릭교회는 1970년부터 장로교와의 대화도 꾸준히 진행하고 있다. 1977년에는 교황청과 세계개혁교회연맹 간의 제1기 대화 보고서인 〈교회와 세계

안에서의 그리스도의 임재〉라는 제목의 보고서가 작성되었으며, 1984년부터 1989년까지 진행된 제2기 대화에서는 〈교회에 대한 공동 이해를 향하여〉라는 보고서를 내놓았다. 감리교회, 오순절교회, 침례교회와도 각각 대화위원회를 구성해 보고서들을 발표했다. 그러나 로마 가톨릭교회가 주도하고 있는 이러한 교회일치 운동에 대하여 비판적인 교회들도 많아 교회일치 운동은 아직 시작 단계에 있다고 할 수 있다.

에필로그

# 과학과 종교

중·고등학교에 가서 과학과 관련된 강의를 하다가 어떤 학생으로부터 "과학적으로 볼 때 하나님은 있습니까?"라는 질문을 받은 적이 있다. 한마디로 대답하기 힘든 난감한 질문이 아닐 수 없다. 이 질문에 답하기 위해서는 우선 과학이 무엇인지 생각해 보아야 한다. 과학은 실험이나 관찰, 즉 경험을 통해 확인할 수 있는 사실들만을 다룬다. 다시 말해 과학은 관찰이나 실험을 통해 재현성 있고, 객관적이라고 인정된 사실만을 모아놓은 학문체계이다. 재현성이 있다는 것은 같은 조건에서는 항상 같은 현상이 나타나는 것을 말하고, 객관적이라는 것은 모든 관찰자들이 같은 현상을 관찰한다는 의미이다.

과학이 크게 발전해 우리 생활에 많은 영향을 주다 보니 과학적으로 증명된 것이 아니면 사실이 아니라고 생각하는 사람들이 많다. 그러나 과학은 과학적 방법으로 증명할 수 없는 사실에 대해서는 어떠한 결론도 내리지 않는다. 다시 말해 사실이라고 인정하지도 않고, 사실이 아니라고 부정하지도 않는다. 종교적인 경험들은 재현성이나 객관성이 없다. 같은 상황에서도 오늘과 내일 경험하는 것이 다르고, 같은 시간 한 공간에 있는 사람들도 서로 다른 것을 보고 느낀다. 이런 경험들의 진위에 대해서는 과학적으로 어떤 결론도 내릴 수 없다. 따라서 하나님이 있느냐 하는 질문에 과학자가 해 줄 수 있는 대답은 별로 없다.

갈릴레오 갈릴레이는 1632년 태양중심설을 지지하는 『두 우주 체계에 대한 대화』라는 책을 썼다는 이유로 종교재판을 받았고, 종신 가택연금형을 언도 받았다. 그러나 관측기술의 발전으로 새로운 사실들이 밝혀지면서, 가톨릭교회는 교리에 어긋난다는 이유로 과학적 사실을 부정하는 데 한계가 있다는 것을 알게 되었다. 따라서 세상이 어떻게 운행되고 있는지를 밝혀내는 문제는 과학에 맡기고, 교회는 하나님 나라에 갈 수 있는 방법만을 다루기로 했다. 과학과 교회가 역할 분담을 하기로 한 것이다.

그럼에도 불구하고 종교와 과학은 충돌과 타협을 반복해 오고 있다. 특히 진화론과 관련된 주제에서는 정면충돌을 피할 수 없다. 구약성경 창세기 1장에는 하나님이 세상을 창조할 때 '각기 종대로' 창조했다는 것이 거듭 강조되어 있다. 이것은 마치 진화론을 강력하게 부정하기 위한 것처럼 보인다. 따라서 과학이 생명체가 언제 어떻게 시작되었는지를 밝혀낸다면 종교와 과학의 관계가 다시 한번 크게 달라질 것이다.

종교와 과학의 대립과 타협은 일상생활에도 많은 영향을 주고 있다. 중세에는 몸이 아프면 교회에 가서 기도를 했지만 과학이 발전한 오늘날에는 교회에서 기도를 한 후 병원에 가서 과학적 치료를 받는다. 그러나 인류와 개인의 모든 것을 섭리하는 전지전능한 신의 존재에 대한 믿음과 과학적 치료 사이에서 균형을 잡는 일은 생각처럼 쉽지 않다. 과학적 치료에 의존하다 보면 세상의 모든 일을 주관하는 신의 존재를 부정하는 것처럼 보이고, 신에게만 매달리면 세상과 어울리지 못하는 광신자로 낙인찍히기 쉽다. 이런 문제는 개인적 고뇌의 차원을 넘어 사회적 갈등의 원인이 되기도 한다.

기독교의 역사를 다루는 이 책에서는 교회와 과학의 대립과 타협에 대해서도 다룰 예정이었다. 그러나 이 문제는 따로 본격적으로, 그리고 좀 더 진지하게 다루어 보는 것이 좋을 것 같아 여기에서는 제외했다. 따라서 정말 중요한 이야기를 빼놓은 것 같은 허전함이 있다. 기회가 된다면 과학과 종교가 대립과 타협을 통해 인류의 역사와 생활에 어떠한 영향을 끼쳤는지에 대해서도 같이 이야기해 볼 수 있게 되기를 바란다.

**과학자의**
**종교노트**
기독교 편

**초판 1쇄 인쇄** 2020년 10월 15일
**초판 1쇄 발행** 2020년 10월 22일

**지은이** 곽영직
**펴낸곳** (주)엠아이디미디어
**펴낸이** 최종현
**기 획** 최종현
**편 집** 최종현 김한나
**교 정** 김한나
**디자인** 박명원

**주 소** 서울특별시 마포구 토정로 222 한국출판콘텐츠센터 303호
**전 화** (02) 704-3448 **팩스** (02) 6351-3448
**이메일** mid@bookmid.com **홈페이지** www.bookmid.com
**등 록** 제2011 - 000250호
ISBN 979-11-90116-30-5 (93200)
책값은 표지 뒤쪽에 있습니다. 파본은 바꾸어 드립니다.

이 도서의 국립중앙도서관 출판예정도서목록(CIP)은 서지정보유통지원시스템 홈페이지(http://seoji.nl.go.kr)와 국가자료공동목록시스템(http://www.nl.go.kr/kolisnet)에서 이용하실 수 있습니다.(CIP2020043276)